Enfin libre !

Tony Chapron

En collaboration avec Patrick Lafayette

Enfin libre !

Itinéraire d'un arbitre intraitable

ARTHAUD

87, quai Panhard-et-Levassor
75647 Paris Cedex 13

ISBN : 978-2-0814-2343-5

« Aux cinq étoiles qui, chaque jour,
illuminent mon chemin. »

AVANT-PROPOS

Ce dimanche 14 janvier 2018, lorsque j'ai donné le coup de sifflet final du match entre Nantes et le Paris Saint-Germain (PSG), pour moi, tout s'est arrêté.

Ou bien, devrais-je dire, tout a commencé.

Après quatorze saisons en Ligue 1 et quelque mille cinq cents matches arbitrés, ma carrière a pris fin en un éclair et dans un certain tumulte médiatique. On pourrait croire que cet événement, ce malencontreux tacle réflexe sur un joueur nantais qui a tant fait parler, a déclenché mon envie d'écrire, mais ce livre était déjà bien avancé. Sa rédaction avait commencé en juillet 2017. J'avais alors décidé de mettre un terme à ma carrière d'arbitre professionnel à l'issue de la saison qui allait débuter.

Au fil de ces pages, je veux vous parler de ce personnage qui, trop souvent, alimente les conversations après les matches, cristallise toutes les passions, les tensions et parfois même les haines. Je souhaite vous faire partager mon vécu d'arbitre de football. Cet homme si décrié, et pourtant indispensable au jeu, fait beaucoup parler mais, lui, ne s'exprime jamais. Voué aux gémonies, l'arbitre, stoïque, se tait ; son rôle se limite à rendre la justice sportive, pas à l'expliquer.

Pendant trente ans, j'ai endossé ce costume avec passion, enthousiasme, résignation, colère et parfois abattement ;

avec toujours cette sensation de ne pas être compris. Mais comment l'être quand on est ainsi muré dans le silence ?

Le calendrier vous paraîtra sûrement étrange, bien sûr. Pourquoi n'ai-je pas parlé auparavant ? C'eût été plus simple. Toutefois, après quelques pages, vous comprendrez aisément que, dans le milieu, la parole est réellement muselée. D'abord parce que l'institution (la Fédération française de football, la Ligue de football professionnel, la Direction technique de l'arbitrage) la contrôle, la formate et la limite au strict minimum, ensuite parce qu'émettre un avis divergent constitue un crime de lèse-majesté dans bien des cas.

L'une des premières choses que l'on apprend en devenant arbitre, c'est à se taire et à se soumettre. Dans l'arbitrage, l'arbitraire règne plus que nulle part ailleurs. Pour plaire et gravir les marches de la hiérarchie, mieux vaut être docile et faire allégeance. Cela implique quelques renoncements mais l'ambition et l'argent justifient souvent que l'on perde certaines libertés, à commencer par celles de penser et s'exprimer.

Alors aujourd'hui, retiré des terrains, je peux enfin dire ce que j'ai vécu et ce que vivent mes collègues. C'est le sens du titre de cet ouvrage. Je suis « enfin libre » !

Désormais je ne m'expose plus à la contrainte d'un quelconque devoir de réserve qui m'interdit de raconter ce que je pense du football, de son fonctionnement, de l'arbitrage et de ses petits arrangements entre amis.

C'est l'une des vocations de ce livre : partager avec vous l'envers du décor, les coulisses de l'arbitrage, tout ce qui se passe en interne et qui explique, mieux que toute chose, certains comportements des arbitres sur le terrain. Je veux vous dévoiler, aussi, les relations avec les joueurs et les différents acteurs du jeu – entraîneurs, présidents de club –, tout ce que vous ne pouvez percevoir à la télévision ou même depuis les tribunes. Ces échanges, ces gestes ou ces mots doux que l'on entend, nous, sur la pelouse et dans les couloirs.

Me voici enfin libre aussi de revenir sur certains moments de ma carrière et de remettre quelques points sur les « i ». Forts de ne jamais être contredits, dirigeants, joueurs ou journalistes ont, parfois, su déverser leur fiel avec délectation. Je peux donc répondre tranquillement, sans acrimonie. Rétablir quelques vérités. Cela a du sens pour moi, celui de la justice.

Mais au-delà de ces mises au point, j'ai voulu vous proposer une sorte d'état des lieux d'un sport passionnant. Le football est bien plus qu'un simple jeu, il est un véritable miroir de nos sociétés. Né au cœur de la révolution industrielle et en plein essor du capitalisme, le football accompagne les mutations sociales, politiques et économiques depuis plus d'un siècle et demi. Expliquer l'arbitrage et ses enjeux, la place de l'arbitre et ses missions, c'est aussi une manière de mieux comprendre le football.

Tout au long de cet ouvrage, j'ai voulu vous emmener sur le terrain, au plus près du jeu et des joueurs, vous faire partager ma vision du sport le plus populaire au monde, vous faire pénétrer dans ses entrailles comme Jonas dans la baleine. Pendant ma carrière, j'ai souvent regretté de ne pas pouvoir vous dire ce que je voyais et entendais. J'aurais aimé vous montrer les choses à partir de ma position, de mon rôle. Je rattrape ici un peu de ce temps perdu.

Mon souhait est donc de vous faire découvrir la vie quotidienne d'un arbitre, sa vision du jeu, ses obligations, ses devoirs, ses envies, sa passion. Vous transporter, le temps de quelques pages, dans un stade de cinquante mille personnes où vous serez au cœur du jeu, seul, dans l'arène, sur la pelouse, dans les vestiaires. Vous y côtoierez les joueurs que vous aimez, adorez, adulez ou détestez.

Au terme d'une carrière qui m'a emmené des terrains du Bocage normand aux plus grands stades du monde, il y a une multitude d'histoires et d'aventures que je ne pouvais garder pour moi. J'ai toujours voulu transmettre et ce mot porte un sens profond. L'idée de passer le témoin à quelqu'un, d'assurer une continuité du savoir. Si je tourne la page de l'arbitrage, fort de cette expérience extraordinaire, j'aspire à partager mon vécu pour ouvrir de nouvelles perspectives.

Cet ouvrage évoque d'ailleurs des pistes pour l'avenir du football et des évolutions possibles pour le rendre plus beau, plus agréable à jouer et à regarder, plus respectueux de ses acteurs aussi.

Quand vous refermerez ce livre, j'espère que vous aurez mieux compris ce sport et que, devant un match, au stade ou à la télévision, vous serez capable de vous transposer quelques secondes à la place de l'arbitre et ferez alors preuve d'indulgence devant la complexité de sa tâche.

Enfin, pour ceux qui ne sont pas des passionnés de football, peut-être y trouverez-vous matière à réfléchir sur les relations humaines et les qualités nécessaires d'un homme – ou d'une femme – qui doit maintenir l'équilibre d'un jeu en rendant la justice instantanément et en courant, entre deux équipes de onze joueurs, devant vingt ou quatre-vingt mille personnes et souvent quelques millions de téléspectateurs.

Peut-être serez-vous convaincu qu'un arbitre doit être à la fois témoin, juge, procureur, censeur, décideur, chef d'orchestre, manager, psychologue, pédagogue, expert en sciences sociales, diplomate, facilitateur de jeu, athlète… et un peu fou, aussi.

Partie I

Arbitre, pourquoi pas ?

Chapitre 1

Le foot par passion

J'ai toujours été joueur. Cette passion pour le jeu, le football, ne m'a jamais quitté. Arbitrer, ce n'est pas incompatible avec l'amour du jeu ; c'est même indispensable.

Mais avant cela j'étais un vrai joueur. Et malheureusement, comme tous les joueurs, j'ai passé beaucoup de temps à râler contre les arbitres.

Ailier droit plutôt frêle, rapide, face à un arrière gauche souvent lourd et maladroit, je prenais des coups. Et j'étais excédé de ne pas être assez protégé. Bien sûr, il s'agissait d'arbitres bénévoles mais, pour moi, ce n'était pas une excuse !

Quant aux juges de touche qui signalaient des hors-jeu à tout va pour couvrir leur propre équipe, ils me rendaient fou ! On les appelait les chefs de gare. Bref, j'étais passablement agacé et je dispersais mon peu de talent dans des contestations inutiles.

Un dirigeant de mon club, l'ESM Condé-sur-Noireau, en Basse-Normandie, très clairvoyant sur les effets bénéfiques que cela pourrait avoir sur moi, est venu me demander d'arbitrer un match lors d'un tournoi de sixte. C'était à Saint-Germain-du-Crioult, un village de huit cents habitants. Comme je ne me débrouillais pas trop mal, le dirigeant m'a dit de passer à son bar récupérer un livre qui, je l'ignorais, aller changer ma vie : *Les Règles du foot, lois du jeu*, édité par la Ligue du Nord. Il m'a proposé de m'inscrire pour devenir arbitre officiel et m'a informé que les arbitres étaient payés. Première nouvelle. J'y ai vu une opportunité de glaner un peu d'argent de poche.

Je grandissais dans une cité ouvrière de cette vallée dite de « la mort[1] », là où les usines crachaient de l'amiante à longueur de journée. Mes parents, d'un milieu très modeste, avaient dû se saigner pour m'offrir une Mobylette, mais je n'avais pas un sou pour mettre de l'essence dedans. Arbitrer m'a permis de remplir mon réservoir…

Séville 1982 : comme une soif de justice

Je suis allé aux journées de formation du district, où j'ai bien bossé, de manière très scolaire. J'étais motivé et sérieux ; je suis sorti major de la promotion. Je me souviens très bien de cette salle d'examen austère, un samedi matin d'hiver. La plupart des garçons présents – il n'y avait pas beaucoup de filles arbitres à l'époque – étaient là pour « couvrir » leur club, chaque club ayant l'obligation de fournir des arbitres à la ligue en fonction de son niveau, sous peine de sanctions. Eh oui, certains arbitres le deviennent par simple devoir administratif, pour servir leur club, pas par vocation.

Moi, j'étais là parce que ça me plaisait. Mais il y avait autre chose de plus enfoui sans doute. À la réflexion, il me semble que ma carrière d'arbitre est née un soir de juillet 1982. Du haut de mes dix ans, je me souviens avoir pleuré toutes les larmes de mon corps quand le défenseur français Patrick Battiston s'est effondré après que Harald Schumacher, le gardien de but allemand, l'a percuté violemment et volontairement. Puis j'ai pleuré de joie quand Alain Giresse a traversé la pelouse dans tous

1. La vallée en question était une place forte de l'industrie. L'utilisation de l'amiante était une de ses principales caractéristiques ayant entraîné de nombreux décès, notamment celui de mon grand-père.

les sens après avoir marqué le but du 3-1 pour la France. Avant d'aller me coucher en sanglots quand le valeureux Maxime Bossis a manqué son tir au but.

L'ascenseur émotionnel de cette demi-finale de Coupe du monde entre la République fédérale d'Allemagne et la France est resté gravé en moi, tout comme ce sentiment d'injustice et de spoliation. Quel cauchemar ! Tout cela à cause d'un arbitre ! Déjà.

Je ne sais pas si cette rencontre a réellement déclenché l'envie de me lancer dans l'arbitrage et je serais bien en peine de dire ce qui au juste me plaisait dans cette affaire... Le côté justicier ? Le côté missionnaire, désigné pour protéger le jeu ? Ou le besoin de faire le plein de ma 103 Peugeot ?

Après tout, j'avais quinze ans et le temps de changer d'avis.

Ma première désignation officielle est intervenue en février 1988 à Ussy, près de Falaise, en championnat minimes. J'ai... annulé le match ! Terrain gelé, impraticable. En fait, j'étais mort de froid... et sûrement de trouille. Tout le monde semblait d'accord pour ne pas jouer, alors pas de match !

Problème : le district avait envoyé un observateur, Serge Duval, pour m'évaluer ; quand il est arrivé, il n'y avait plus personne... Je sortais du stade sac sur l'épaule, en compagnie de mon père. Il m'a demandé : « Qu'as-tu mis sur la feuille de match ? Rien ? Mais il fallait la remplir ! » Le bonhomme était sympa, formateur dans l'âme, il nous a invités au bistrot du coin (en Normandie, on va souvent au bar) et m'a fait un topo rapide sur les obligations administratives d'un arbitre. Quand on a repris la voiture, mon père m'a passé un savon : « Tu as fait ça comme un sagouin ! »

Je n'avais pas encore donné un coup de sifflet et déjà je me faisais engueuler : ça commençait bien, l'arbitrage !

La semaine suivante, à Thury-Harcourt, impossible de se cacher, on ne va pas annuler le match à chaque fois.

Un nouvel observateur est présent et la rencontre se passe bien. Les débuts sont positifs, pas question de décourager les jeunes qui se lancent dans la fonction. Déjà qu'il y a pénurie…

Fan de…

Devenu arbitre officiel, je continuais à jouer le dimanche matin alors que j'avais arbitré la veille. En tant que joueur, j'améliorais mon niveau parce que j'appréhendais mieux les choses, j'avais une vision « arbitrale », un peu en dehors du match. Et quand tu connais bien les règles, tu trouves les moyens de les contourner, de jouer avec. On devrait d'ailleurs apprendre aux jeunes les règles du football (pas celles des commentateurs, les vraies) : cela éviterait bien des problèmes et ils n'en seraient que meilleurs.

Ainsi, l'arbitrage me donnait pleinement satisfaction, j'étais content de mes cent francs par week-end, ça me permettait d'offrir un verre à mes potes. Et à la fin de la première saison, j'ai été promu au niveau régional.

Mon souci d'alors, c'est que j'adorais le foot. Je jouais avec mes copains du quartier à longueur de semaine au pied des HLM. Comme on cassait souvent les carreaux, le gardien de l'immeuble nous avait installé des petits buts sur un coin d'herbe. Il avait bien compris qu'il valait mieux encourager notre passion que l'interdire et nous laisser en proie au désœuvrement et, peut-être, à la délinquance.

Je mangeais en un quart d'heure et hop, c'était foot ! Bilan, j'ai eu une sciatique à l'âge de seize ans, à cause d'une pratique sportive trop intense en pleine croissance. Alors, j'ai décidé de me concentrer sur mon rôle d'arbitre. J'avais certes participé à des journées de détection en tant que joueur, disputé une finale de coupe départementale chez les jeunes, mais je n'aurais jamais fait une carrière professionnelle. Je n'en ai d'ailleurs jamais rêvé.

À l'époque, à la fin des années 1980, le foot n'occupait pas le même espace social et, pour voir des matches, il fallait aller au stade ou bien attendre les grandes rencontres qui passaient à la télé. J'étais fan du FC Nantes, de son beau jeu, de ses jolis parcours européens. Le mercredi soir, c'était le rendez-vous de la semaine ! Et puis le but de José Touré en finale de la Coupe de France 1983 [1], quel souvenir ! Depuis lors, j'ai eu des dizaines de maillots de beaucoup d'équipes. Mais je me souviens du seul que j'ai acheté : le maillot des Canaris nantais.

En bon supporter normand, j'allais parfois soutenir le Stade Malherbe de Caen, dans le vieux stade de Venoix, en Division 2. Un stade champêtre dans une ambiance populaire ; c'est cela qui me manque le plus aujourd'hui, ce côté festif des matches avec les copains. On se moquait bien du résultat, on allait passer un moment ensemble pour voir un spectacle sportif. On ne savait pas qu'on pouvait se taper dessus pour un ballon. Même si la tragédie du stade du Heysel [2], en mai 1985, nous avait tous choqués. C'était un phénomène lointain, ce n'était pas notre football à nous. Dans le Bocage normand, les vaches broutaient paisiblement.

L'arbitrage comme passeport

On ne peut pas dire qu'arbitre était une vocation mais j'ai pris du plaisir dans la fonction, je m'y sentais reconnu. Je suis de nature timide et devoir assumer ces responsabilités me libérait. J'avais trouvé un lieu d'expression formateur, une sorte d'école de la vie valorisante, où des adultes viennent t'encourager et te féliciter. À l'école j'étais bon

1. Finale de la Coupe de France : Paris Saint-Germain-Nantes (3-2), le 11 juin 1983.

2. Lors de cette finale de Coupe d'Europe des clubs champions, opposant le 29 mai au stade du Heysel, à Bruxelles, la Juventus de Turin de Michel Platini aux Anglais du FC Liverpool, les violences déclenchées par les hooligans anglais dans les tribunes causèrent la mort de trente-neuf spectateurs (il y eut également plus de quatre cent cinquante blessés).

élève, mais cela se traduisait par de simples notes sur des copies. Là, c'était plus concret, plus « humain ». Ça m'a plu.

J'ai vite évolué et intégré le groupe des jeunes arbitres de la Fédération française de football (FFF) pour les sélections de ligue ou la Coupe nationale cadets à La Pommeraye et à Clairefontaine. Je ne visais pas au-dessus, je sortais simplement de ma région en partant diriger des matches de cadets nationaux ; j'allais à Rennes, Laval, parfois plus loin. Mes potes du lycée me regardaient différemment quand je revenais de Lille ou de Paris et qu'on parlait des matches.

J'ai gravi les échelons marche par marche, c'est comme ça qu'on réussit sans trébucher. Je n'ai jamais eu de plan de carrière. J'ai vraiment commencé à regarder en haut quand j'ai officié en National[1], parce qu'on est alors quelque fois appelé comme quatrième arbitre en Ligue 1.

Comme je n'imaginais pas construire ma vie autour du football, je me suis d'abord concentré sur mes études et mon orientation. Après avoir été un bon collégien puis un lycéen perturbateur, je me suis cherché une voie professionnelle. J'ai obtenu un DUT de commerce mais ce n'était pas mon truc. J'ai ensuite un peu tâtonné : économie, droit, anglais, rien ne collait vraiment. Je me suis orienté vers les STAPS (sciences et techniques des activités physiques et sportives), j'ai passé une licence et une maîtrise de management du sport, un DEA de sociologie du sport et enfin une thèse sur la justice sportive à la fac de Nanterre, en sciences politiques. Une thèse mise entre parenthèses, avec un peu d'amertume : en exposant ce que je savais déjà sur ce milieu, j'allais me tirer une balle dans le pied. J'ai alors écrit quelques articles sur l'arbitrage dans des revues scientifiques.

1. Troisième niveau des compétitions nationales, après la Ligue 1 et la Ligue 2 (voir annexe sur la structure du football p. 305).

Pour financer mes études, j'étais surveillant au lycée de Falaise quand mon chef d'établissement, Michel Challois, m'a aperçu à la télé. Je ne lui avais jamais dit que j'étais arbitre. Le lundi suivant, il m'a convoqué dans son bureau. Il m'a presque engueulé de ne pas l'en avoir informé. C'était un passionné de sport ; alors, il m'a offert un accompagnement particulier, m'a libéré du temps généreusement. Il a été vraiment sympa.

Les petites sommes que me rapportait le foot, je les dépensais chaque été dans un séjour de deux mois à l'étranger : sac à dos, guide du Routard en poche, j'ai sillonné le Mali, la Bolivie, l'Équateur, le Zimbabwe, le Sri Lanka… Ce n'étaient pas des vacances de luxe, je dormais parfois dans des gares, dans des parcs. Mais j'ai rencontré des gens vrais et la même humanité partout. L'arbitrage m'a ouvert au monde, en quelque sorte.

Ensuite, en tant que thésard, j'ai décroché un poste d'enseignant-chercheur à l'université de Grenoble. J'ai tenu deux ans à la fac. Avec mon emploi du temps, c'était devenu incompatible. Et comme je gagnais plus en arbitrant qu'en enseignant… je suis devenu arbitre professionnel – sans en avoir le statut. Je me suis préparé comme un joueur pro mais tout seul. Simplement, avant d'en arriver là, j'ai parcouru un chemin semé d'embûches.

CHAPITRE 2

Une ascension comme un Everest

Jeune arbitre, on dirige des jeunes joueurs, et globalement les comportements sont corrects, surtout dans les championnats nationaux. En revanche, la passerelle vers les adultes, ces divisions qui font le lien entre le niveau départemental et le niveau régional, c'est une autre histoire.

J'avais les cheveux longs, rassemblés en une queue-de-cheval. Cela m'a valu de vivre les pires moments de ma carrière ! Le dimanche au coup d'envoi à 15 heures, certains joueurs, à ce niveau de compétition, sortent du bistrot, d'un café-calva… Ils ont trente-cinq ans ou plus, un peu de bedaine, vingt ans de pratique derrière eux, et ils voient débarquer l'arbitre : un gamin. Ça ne leur est pas facile de l'accepter et j'ai été traité de tous les noms… L'idée c'était : « On va se payer le jeune ! »

Là, soit j'abdiquais (j'ai écrit cinq ou six lettres de démission jamais envoyées), soit je partais au combat. J'y ai été poussé par mon caractère et mes parents, et c'est sans doute ainsi que je me suis forgé une carapace. Certains matches ont été chauds ! Et pour ma mère, c'était difficile à vivre. Elle était fan de foot, elle venait régulièrement me voir quand je jouais et là, son garçon se faisait insulter, était parfois molesté – j'ai pris un coup de poing en pleine figure, une fois, après avoir donné un carton rouge – et cette période a souvent été dure, démoralisante. La promotion d'honneur et la première division de district furent particulièrement inhospitalières, avec des assistants bénévoles qui « trichotaient », drapeau levé pour signaler des hors-jeu inexistants. J'en ai déjugé quelques-uns, ce qui m'a valu d'être considéré comme intransigeant, rigide et incapable de faire des compromis. Sous la pression, certains peuvent laisser un peu « glisser », moi non.

Ces compétitions sont vraiment difficiles à arbitrer ; l'arbitre y est seul et exposé à toutes sortes de comportements déviants. J'ai donc tout fait pour passer à l'étage supérieur et arbitrer en Division d'honneur (DH), où c'était moins compliqué. Et j'y suis rapidement parvenu ; j'avais à peine vingt ans. Toujours avec ma queue-de-cheval.

Cela avait marqué un dirigeant caennais qui m'avait dit, bien plus tard : « Je me souviens bien de vous, vous étiez un personnage à part, vous arriviez au stade en tongs, bermuda et chemise à fleurs, avec votre catogan. » J'étais original c'est vrai, un peu perché peut-être, un esprit baba mais je n'ai jamais fumé, ni cigarette ni cannabis !

Avant de passer l'examen pour devenir arbitre national, le directeur de la ligue de Basse-Normandie et membre de la commission centrale d'arbitrage (CCA), Jean-Pierre Peauger, un ancien de l'armée de l'air, était venu me voir lors d'une rencontre de Division d'honneur. Autant dire que j'étais au garde à vous : c'était un petit bonhomme mais un grand monsieur. Après le match, il était rentré dans le vestiaire : « J'ai passé un très bon après-midi. Ce fut un beau match, bien arbitré. Mais avec cette coiffure, vous ne serez jamais arbitre de la Fédé [1] ! Si vous changez ça en revanche, on fera peut-être quelque chose de vous ! »

Moi, un peu rebelle, j'avais décidé de garder mes cheveux longs. C'est Philippe Fourrier, un entraîneur de DH à

1. Être arbitre de la Fédé, c'est arbitrer au niveau fédéral donc national.

Flers, qui m'a décidé : « Tu es un excellent arbitre, mais si tu ne vas pas chez le coiffeur, tu ne feras jamais carrière ! »

J'ai cédé. Sans faire les choses à moitié : j'ai d'abord coupé ras puis j'ai tout rasé ! De toute façon, ma calvitie naissante ne me laissait que peu de répit.

J'ai passé l'examen fédéral : vingt candidats étaient retenus chaque année sur soixante-dix à quatre-vingts au départ. La première fois, j'ai échoué à l'écrit. La deuxième, j'ai été recalé sur les matches et classé vingt et unième ou vingt-deuxième… Coup de chance : il a été décidé d'en repêcher trois qui devraient juste repasser l'examen pratique.

Ça s'est joué lors d'un match à Viry-Châtillon. Un match heurté, avec trois exclusions. Le superviseur, qui avait garé sa voiture devant le stade, l'a retrouvée défoncée. Mais ça ne l'a pas empêché de me mettre une bonne note ! J'ai fini quinzième, ça passait !

Me voilà donc promu en CF3 (le Championnat de France amateur), sans gloire, mais je suis tout de même arbitre de la Fédération. La saison suivante, lors d'un match à Friville-Escarbotin (Somme), face à une équipe de la région parisienne, c'est le déclic. L'observateur de la FFF, Maurice Charreire, me dit : « J'adore ton arbitrage, ta façon de laisser jouer. »

Ça m'a donné confiance en moi, il me manquait un truc, et là, j'ai franchi le cap. Je me classe alors premier en Championnat de France 3 (CF3), puis premier en Championnat de France 2 (CF2), puis premier du National la deuxième année et premier en Ligue 2 pour ma troisième saison…

Nous sommes en 2004 et j'arrive donc en Ligue 1 !

Message de bienvenue

Mon premier match de Ligue 1 se joue à Toulouse, le 7 août 2004. Le Toulouse Football Club (TFC) reçoit le Racing Club de Lens (RCL) pour l'ouverture du championnat. Évidemment, c'est un match à part dans une carrière.

D'autant que tout se passe parfaitement bien. Les débuts sont idylliques, trop sans doute. La suite le sera moins.

Mais profitons de ces instants heureux. À la fin du match, tout le monde me félicite. L'entraîneur de Lens, Joël Muller, sympa, déclare même dans la presse que le match a été bien arbitré. C'est la première fois que j'entends cela. À la réflexion, peut-être bien la dernière aussi...

Quoi qu'il en soit, au terme de ma première saison au plus haut niveau, en juin 2005, je suis classé dixième (sur vingt-deux arbitres). Autant dire que c'est un petit exploit, car en général les premières années sont celles de l'initiation. Ce classement me permet même de briguer le titre d'arbitre international, attribué aux dix meilleurs arbitres français. Simplement, le règlement de la Fédération ne prévoit pas ce cas de figure puisqu'il faut avoir arbitré deux saisons en Ligue 1 pour espérer devenir international. Mais j'ai une chance incroyable, l'alinéa dudit règlement a été supprimé quelques semaines plus tôt.

Lors du stage de préparation de juillet, à Courchevel, je rencontre Jean-Louis Piette, le président de la Commission supérieure d'arbitrage (CSA), l'organe politique, et je lui demande si cette nouvelle disposition a un effet immédiat. Réponse : oui. L'affaire est entendue, je vais devenir arbitre international.

Eh bien non ! Marc Batta, directeur de l'arbitrage, me convoque *illico* et m'annonce qu'elle ne s'appliquera finalement que l'an prochain... Pourquoi ? Il est fort probable que quelques anciens aient été protégés. Pas question de leur retirer leur écusson de la FIFA (Fédération internationale de football association), même s'ils étaient moins bien classés que moi. Et désormais sans avenir au niveau international.

Alors j'ai attendu un an de plus. Un an de perdu. Finalement, j'ai obtenu ce titre après une deuxième saison lors de laquelle j'étais classé septième. Un collègue qui avait le même parcours que moi, Philippe Malige, n'y parviendra jamais par la suite… Il doit encore se demander s'il a bien fait d'écouter le conseil de cet assistant expérimenté. Celui-ci nous avait attrapés pour nous dire : « Fermez votre gueule cette année ! Et vous aurez votre titre l'année prochaine. Si vous l'ouvrez, ils vont vous dézinguer ! » Il venait de résumer le fonctionnement de l'arbitrage français.

Ne pas toucher au système, la boucler et raser les murs.

J'y reviendrai…

PARTIE II

Face aux instances

CHAPITRE 1

Devenir arbitre, c'est entrer dans les ordres

Si atteindre le haut niveau relève d'un petit exploit, eu égard aux multiples embûches qui jalonnent le parcours, devenir arbitre relève en revanche d'une simple formalité. Il faut dire que le nombre d'arbitres est insuffisant pour couvrir l'ensemble des matches organisés chaque week-end sur le territoire national. Cette pénurie incite donc à une sélection qui n'en est pas une. Celui qui s'inscrit à l'examen d'arbitre débutant a de grandes chances d'être reçu. Les critères d'évaluation sont assez rudimentaires, il s'agit de faire du chiffre. La sélection viendra plus tard. D'ailleurs, les profils des candidats sont très disparates. Il y a les jeunes ambitieux, les jeunes dont le potentiel physique et technique ne leur permet même pas d'être titulaires dans une équipe de district et à qui un dirigeant aimable est venu conseiller la voie arbitrale et, enfin, ceux qui sont là pour rendre service à leur club.

Il faut rappeler ici que chaque saison un club de football a l'obligation de fournir à sa ligue un contingent d'arbitres. Ce contingent est plus ou moins important en fonction du niveau auquel évolue l'équipe première du club. Un club de district devra fournir un arbitre quand un club de Ligue 1 devra en avoir dix. Les équipes qui ne remplissent pas leurs devoirs concernant le statut de l'arbitrage s'exposent à des sanctions financières et parfois sportives (limitation du nombre de mutations par exemple). On comprend aisément que certains candidats à l'arbitrage ne viennent pas là pour faire carrière mais uniquement pour permettre à leur club d'échapper aux sanctions. Par conséquent, on a vite fait de repérer ceux qui viennent par obligation et ceux qui sont là par passion ou par curiosité.

Je me situais dans cette dernière catégorie. Armé de mon livre prêté pour l'occasion par un dirigeant de mon club, je me présente aux deux sessions préparatoires à l'examen. Sur le rétroprojecteur, un bénévole de la commission départementale de l'arbitrage (CDA) nous passe en revue les dix-sept lois du jeu. Suivent quelques questions sur ces lois et des cas spécifiques à traiter. En deux samedis matin, le tour est joué, il ne reste plus qu'à réviser et c'est l'heure de l'interrogation écrite : vingt questions sur les lois du jeu et une dissertation sur un sujet en lien avec le football ou l'arbitrage. Le temps de la correction et on vous annonce les résultats. Tout le monde est reçu ou presque.

Je pars dans le néant car chez moi, si on s'intéresse au foot, ce n'est pas une culture familiale. Je suis l'aîné et le premier footballeur de la famille. Quant à l'arbitrage, personne ne m'en a jamais parlé à la maison. Avec le temps, je vais constater que ce n'est pas le cas de mes camarades arbitres. En effet, la plupart suivent les traces de leur père ou de leur oncle, parfois de leur grand-père. On devine une certaine forme de patronage ou de compagnonnage, c'est d'ailleurs une caractéristique importante de l'arbitrage, la transmission d'une tradition ; comme un artisan transmettrait à son fils les clés de son savoir-faire et la passion de son métier. Être arbitre, c'est presque une affaire de famille dans certains cas.

On comprend mieux pourquoi on ne passe pas par une phase d'apprentissage pratique. Il paraît évident qu'on a tous quelqu'un qui nous a initiés aux rudiments de l'arbitrage en situation. Seulement, pour certains dont je fais partie, la pratique se fera directement en compétition, sur le terrain. Un peu comme si on vous lançait dans la circulation avec juste en poche la partie « code » du permis de conduire. La première fois qu'on siffle, c'est dans un vrai match ! Sur les deux premières désignations, un observateur est envoyé pour vérifier qu'on s'en sort correctement. Ce dernier nous fait un débriefing en fin de rencontre avec quelques conseils, rédige un rapport et met une note qu'il adresse ensuite à la commission d'arbitrage. Et puis c'est tout ! Le reste de la saison, vous allez arbitrer tout seul comme un grand, vous ne verrez plus personne.

En fin de championnat, je reçois un courrier : je suis convoqué pour le stage des jeunes arbitres de ligue. J'ai donc été repéré parmi les meilleurs débutants. Je repasse un examen écrit, cette fois plus compliqué. Je suis alors nommé jeune arbitre de ligue. À l'issue de la saison, je fais partie des meilleurs, alors on me propose de passer le concours pour devenir jeune arbitre de la Fédération (JAF). Nous sommes deux par ligue régionale. Et je pars avec mon comparse Fredy Fautrel pour cette aventure. Nous allons arbitrer la Coupe nationale des cadets à La Pommeraye (Loire-Atlantique). Au cours de cette semaine de compétition, on va sérieusement travailler, on apprend par cœur les règles, les cas particuliers, un vrai bachotage. Ça tombe bien : je passe mon bac dans quelques semaines, cela me fait un entraînement. Au cours du séjour, on passe l'examen. La moitié des candidats est retenue. Mais il faut encore faire ses preuves sur le terrain et les observateurs présents ne sont pas des plus drôles. Ils sont missionnés par la Commission centrale des arbitres, autant dire qu'on est impressionné du haut de nos dix-huit ou dix-neuf printemps. Mais pour moi tout se passe bien. Je suis nommé JAF. Cela me permet d'avoir une passerelle vers les adultes et d'éviter de traîner dans les divisions du district. J'arbitre donc rapidement en Division d'honneur régionale (DHR).

Comme je fais partie des meilleurs jeunes français, on croit en moi. Je passe alors vite de la DHR à la DH, le plus haut niveau régional. Mais pour franchir le prochain palier, il va falloir être sacrément costaud ! Il s'agit de l'examen fédéral, pour officier dans les championnats nationaux. C'est un gros travail, les questions vont dans le détail : on peut vous demander si le but est valable alors que le ballon a été détourné par un oiseau avant de venir rebondir sur le poteau de corner et être heurté par un supporter entré sur la pelouse[1]...

Une fois ce cap franchi, on exerce en Championnat fédéral 3 (la division 5 du niveau national) et il n'y a plus d'examen à passer, tout se jugera sur la pratique, sur les notes attribuées par les superviseurs. Même lorsqu'on accède au niveau international, la FIFA se contente de valider la nomination par une batterie de questions sur le jeu, un entretien en anglais avec un membre de la commission d'arbitrage, une session de recyclage et un test physique.

L'arbitrage, un sacerdoce

Tout peut aller très vite finalement, car, en quelques années, je suis passé des matches de jeunes du district aux championnats nationaux. Enfin, très vite, c'est relatif. Il m'aura fallu cinq ans tout de même. Reste que cette ascension mérite une analyse. À partir de ce recrutement hétéroclite mêlant jeunes en devenir et humbles serviteurs de leur club, il faut séparer le bon grain de l'ivraie. Le premier choix s'opère souvent sur un critère d'âge : si l'on veut préparer l'avenir et porter vers les sommets un débutant, il vaut mieux miser sur un jeune, d'autant qu'il existe des barrières à la progression. Par exemple, on ne peut plus devenir arbitre fédéral au-delà de trente et un ans. Aujourd'hui, un candidat à l'arbitrage âgé de vingt ans est déjà « trop vieux » pour espérer faire carrière à un haut niveau.

1. Réponse : but refusé et reprise du jeu par balle à terre.

Autre critère, la silhouette. Dans la mesure où les exigences physiques sont très élevées, mieux vaut arriver avec de bonnes dispositions athlétiques. L'époque des arbitres un peu bedonnants est révolue. Par ailleurs, les dirigeants auront tendance à privilégier les têtes bien pleines. Puisque les examens théoriques au niveau national sont des concours, la sélection s'opère aussi sur la capacité à ingurgiter des textes de loi, à analyser des situations de jeu complexes d'un point de vue théorique ; quant à la dissertation, elle est un épouvantail pour celui qui ne maîtrise pas correctement la langue française ou n'est pas capable de développer une argumentation. Pour établir un profil type de l'arbitre sur lequel on va pouvoir investir, on peut résumer de façon caricaturale mais proche de la réalité : un jeune (moins de dix-huit ans), au profil d'athlète et au parcours scolaire impeccable.

Une fois rempli ces conditions, la compétition commence entre les arbitres. Au niveau départemental et régional, elle reste plutôt bon enfant ; au-delà, on verra que ce n'est plus la même ambiance.

Pour sortir du lot, qui s'est déjà restreint à quelques unités, il va falloir montrer des qualités particulières afin de s'attirer les bonnes grâces des dirigeants de l'arbitrage régional. Et ces qualités sont basiques : l'arbitre en devenir doit faire preuve de motivation, d'implication, d'assiduité et de courage. Car, lorsqu'on est jeune, on préfère sortir en boîte de nuit avec ses copains plutôt que d'aller le week-end en stage de préparation dans un centre de ressources, d'expertise et de performance sportive (CREPS) décrépit. Idem pour ce qui est de la conduite alimentaire : pas de fiesta où l'on boit jusqu'à l'ivresse, il faut garder la ligne ; l'hygiène de vie est un critère indispensable à la sélection. Pas question non plus de ne pas être disponible tous les week-ends et de rester tranquillement à la maison avec sa copine. Il faut prouver que l'on est prêt à certains sacrifices. C'est souvent à partir de tous ces éléments de sélection qu'un ange gardien vous prend sous son aile. Quelqu'un (généralement un ancien arbitre ou un membre d'une commission) qui croit en vous et va vous épauler pour franchir les étapes. Je ne connais aucun arbitre qui soit arrivé au sommet sans un tuteur bienveillant. En ce qui me concerne, j'ai eu la chance d'avoir Jean-Pierre Peauger, le secrétaire de la Commission centrale d'arbitrage, comme mentor. Il m'a aidé tout au long de mon parcours, m'a dispensé des conseils, a fait jouer son entregent et sa connaissance des arcanes pour me guider. Notre rencontre est un peu singulière. Un jour, je reçois un courrier du directeur de la ligue de Basse-Normandie, il se trouve que c'est un certain Peauger. Mais je ne le connais pas, je fais mes matches et ne me soucie guère de savoir qui est qui dans ce milieu. Je vais apprendre qu'il vaut mieux, pourtant, s'intéresser à son environnement. Car ce courrier qui me parvient est salé. En gros, cette personne m'accuse d'être un voleur : j'aurais gonflé ma note de frais. Sauf que j'ai déménagé et que je compte mes kilomètres à partir de mon nouveau domicile. La ligue n'a pas mis à jour ma fiche. Je réponds donc à ce monsieur en lui disant qu'avant d'accuser, il serait bien avisé de vérifier toutes les données du problème, et qu'à son poste éminent, je m'étonne qu'il n'ait pas eu la délicatesse d'entreprendre des recherches qui lui auraient été utiles. On est au bord de l'insolence. Du haut de mes dix-neuf ans, je ne compte pas me faire marcher sur les pieds (déjà) et je ne me laisse pas impressionner. Quand je reçois le second courrier, je comprends que j'ai dû vexer le monsieur et, surtout, à la lecture de la signature et des références qui l'accompagnent, je constate que je ne me suis pas attaqué au premier *quidam* venu. Les deux pages sont à la hauteur de mon effronterie : une mise au point. Pour clore la discussion, quinze jours plus tard, entre dans mon vestiaire un observateur : M. Peauger ! Notre échange est courtois. À la fin du match, son débriefing est court mais ma prestation a convaincu. J'ai peut-être un sale caractère mais je suis un bon arbitre. Le *crash-test* est concluant, je viens de rencontrer celui qui va aider à ma progression.

Le terrain comme juge de paix

Lorsque l'on accède au niveau fédéral, il n'y a plus que le terrain qui compte. Fini le bachotage des règles du jeu, les questionnaires. On peut se concentrer sur les vraies qualités d'un arbitre. Mais ce système est infantilisant. À chaque fois qu'un contrôleur entre dans votre vestiaire, tout est fait pour ne pas le froisser, le mettre dans les meilleures dispositions, afin qu'il nous attribue une bonne note. En fonction des niveaux, les contrôles sont plus ou moins fréquents ; ainsi en Championnat national 3 (CN3), on est observé quatre fois au cours de la saison ; en Championnat national 2 (CN2), cinq fois ; en National 1, sept fois ; en Ligue 2, neuf fois ; et en Ligue 1, à tous les matches. À chaque match, il convient d'accepter sans broncher les remarques de l'observateur, quand bien même elles mériteraient d'être contredites ou nuancées. On ne prend même pas la peine d'argumenter ; c'est souvent un débat d'une stérilité affligeante et parfois d'une expertise discutable, tant et si bien qu'après mon arrivée en Ligue 1, je n'ai trouvé personne pour me faire progresser à ce niveau. Il m'a fallu aller chercher en dehors du football et de l'arbitrage des ressources pour évoluer.

Quoi qu'il en soit, ceux qui font et défont les carrières sont bien ces observateurs. Ils rédigent un rapport fondé sur différents critères tels que personnalité et management, compétences disciplinaires, compétences techniques ou encore qualités athlétiques au service du jeu. À l'issue de ce rapport, une note est attribuée. Puis à la fin de la saison, on fait le total des notes et on effectue une moyenne. On compare alors l'ensemble des moyennes et on établit un classement[1]. En fonction des catégories, il y a un certain

1. Sauf en Ligue 1 depuis quelques années, comme je l'expliquerai plus loin.

nombre de promotions mais également des rétrogradations. Si l'on compare les modèles, on fonctionne exactement comme pour les clubs, à la différence près que nous n'apprenons notre classement qu'au terme du championnat. Durant la saison, on ne sait pas où l'on se situe, même à mi-parcours ; on marche à l'aveuglette.

Tous les ans donc, votre place est remise en jeu. Une vraie bagarre pour terminer dans les premiers ou tout simplement sauver sa peau. Un bel instrument de soumission quand on sait que le « délit de sale gueule » peut vous rétrograder à cause d'une seule mauvaise note. À chaque fin de saison, la panique gagne les rangs. Et à chaque match le retour au vestiaire est vécu avec angoisse : tout le monde fonce sur son portable pour vérifier, grâce à la vidéo, les actions litigieuses.

C'est régressif, l'école à quarante ans sans même pouvoir discuter son redoublement en conseil de classe : on n'a aucun moyen de contester son classement. Il faut dire oui à tout, même à l'injustice. Pour ne pas se griller la saison suivante, certains arbitres retoqués vont jusqu'à écrire des lettres d'adoubement, du genre : « J'accepte cette décision légitime et me mets d'ores et déjà au travail, sur la base de vos conseils, pour rebondir l'an prochain. » Soumission, j'écris ton nom.

CHAPITRE 2

Malheur aux insoumis !

De la soumission insidieuse
à l'évaluation du plus docile

Jusqu'à l'arrivée de Pascal Garibian à la tête de la Direction technique de l'arbitrage (DTA), le classement au niveau national était mathématique. Certes, comme on vient de le voir, il était perfectible mais il reposait sur la base logique (même si elle pouvait être contestable sur certains aspects) d'une évaluation, par la moyenne, qui établissait une hiérarchie globalement justifiée. Mais en 2014, l'arbitraire le plus total est entré en vigueur. Et avec lui tous les risques de petits arrangements visant à promouvoir untel ou à protéger un « ami » en difficulté.

Lors du stage d'avant-saison à Quiberon en juin 2014, Pascal Garibian et son staff nous réunissent. Un bilan et une projection sur la saison à venir sont au programme. C'est ainsi que l'on apprend qu'une nouvelle évaluation est mise en place. Le système des observateurs perdurera mais sera complété par une note supplémentaire : la note DTA que j'aurai tôt fait de rebaptiser « note de vie scolaire ». À quoi va-t-elle servir ? C'est simple, c'est un outil pour ajuster le classement à sa guise. Au terme de la saison 2014-2015, Ruddy Buquet finit premier au classement classique, sur la base de ses performances sur le terrain. Qu'à cela ne tienne, la DTA passe par là et corrige le tir en attribuant la meilleure note DTA à… Clément Turpin ! Buquet est donc deuxième au classement final. Mais alors sur quels critères [1] juge-t-on ?

Comme si tout cela avait en fait été inventé pour évaluer le degré de docilité des arbitres. On se pare ainsi d'instruments pour justifier cette note : la rigueur administrative, le suivi médical, la disponibilité, etc. C'est le concours de l'élève le plus zélé. Pour un peu, on saluerait l'arbitre capable de laisser sa femme en plein accouchement pour aller diriger un match de Ligue 2 à Niort. Et j'exagère à peine en pensant que certains en seraient capables, de peur de représailles. Car de représailles, il en est bien question. Comme nous allons le voir.

Grâce à cette note, on dispose d'un outil pour faire glisser les fortes têtes vers le fond du classement, une façon délicate de s'en débarrasser et de montrer aux autres le droit chemin. Ainsi Saïd Ennjimi, qui vient de critiquer vertement le système, se voit classer au douzième rang par la DTA alors qu'il figurait depuis sept saisons dans les six ou sept meilleurs ; Stéphane Lannoy qui, depuis cinq ans est le numéro un, se retrouve placé en dixième position par la DTA : il faut dire qu'il a osé critiquer lors d'une interview sur Canal + « la gestion autocratique » de Pascal Garibian [2].

---

1. Le règlement intérieur décrit ces critères : la disponibilité de l'arbitre ou de l'assistant en période de compétition ; le respect des obligations fédérales de l'arbitre en termes de présence aux stages et actions de formation organisés par la DTA ; le respect et la régularité du retour des suivis d'entraînements hebdomadaires au préparateur physique de la DTA ; le respect et la régularité du retour des débriefings techniques personnels d'après-match à la DTA ; la rigueur et l'efficience dans les domaines administratifs liés à l'exercice et aux devoirs de la fonction.

2. Pour avoir dénoncé la « gestion autocratique » de la commission fédérale des arbitres à la fin de la saison 2014/2015, Stéphane Lannoy sera suspendu cinq mois (dont quatre avec sursis) par le comité exécutif de la FFF et démissionnera de la présidence du SAFE.

Enfin, on touche au sublime concernant Alexandre Castro. Au classement des treize observateurs, il termine 17e avec un total au rang de 53 points ; suivent Olivier Thual (52 points), Sébastien Moreira (51 points) et Mikael Lesage, dernier avec 49 points. Cette année-là, seuls les deux derniers sont relégués en Ligue 2. Sont donc envoyés au purgatoire… Thual et Castro ! Lesage est classé 13e par la DTA, ce qui lui permet d'éviter la sanction. Joli tour de passe-passe ! J'oublie un détail dans cette histoire : Ennjimi a été président du Syndicat des arbitres du football d'élite (SAFE)[1], Lannoy est le président du SAFE, Castro a été président du SAFE, Thual a été vice-président du SAFE. La foudre tombe toujours au même endroit. Pour ce qui me concerne j'ai un paratonnerre, je suis arbitre FIFA classé dans le groupe 1 de l'UEFA (Union européenne de football association). Je vais m'apercevoir plus tard que l'invention de Benjamin Franklin aurait pu m'être utile après mon dernier match à Nantes.

Devant cet état de fait, on pourrait s'attendre à une levée de boucliers de la part des arbitres. Mais les voilà menacés et tenus par cette épée de Damoclès qui finira bien par s'abattre sur le premier indocile. Alors tous rentrent dans le rang ; il ne fait pas bon revendiquer ou émettre un avis contraire. Certains me disent lors du stage d'avant saison à Quiberon de la saison suivante, en juin 2015 : « Putain, c'est toi qui avais raison, c'est l'arnaque cette note ! » Et comment ! En 2014, j'avais interpellé Garibian pour lui dire que « depuis mes débuts dans l'arbitrage, ce sera la première fois que je ne serai pas jugé sur mes performances. Ce qui est inquiétant car on introduit ainsi une appréciation à la tête du client ! » Se voulant rassurant, il m'avait rétorqué qu'il n'y avait aucune crainte à avoir, qu'on pouvait lui faire confiance. Et de me demander, sans rire : « Tony, tu me fais

1. Syndicat créé en 2006 et qui regroupe les arbitres des championnats de football professionnel français.

confiance ? » Dans un conflit intérieur entre hypocrisie et autodestruction, je lui avais répondu devant tout le monde : « Non ! » Ce jour-là, ma réputation de tête brûlée avait été définitivement ancrée ! Mes dons prémonitoires confirmés eux aussi.

Face à cette injustice criante, les arbitres ont trouvé une arme discrète mais efficace, qui ne leur coûte rien et ne les expose pas : le vote du meilleur arbitre, organisé par le SAFE pour le compte des trophées de l'Union nationale des footballeurs professionnels (UNFP). Devant leur ordinateur, d'un clic anonyme, ils rétablissent tous les ans le classement sportif, et c'est ainsi que, tous les ans, c'est Ruddy Buquet qui est élu « meilleur arbitre de Ligue 1 »… sauf en 2018, puisque c'est moi qu'ils ont choisi ! Mais Garibian n'accepte pas qu'on vienne contrecarrer ses plans. Son obsession du moment était d'envoyer Clément Turpin au Mondial en Russie. Alors ce vote l'ennuyait et il a osé demander à Buquet, lequel me l'avait peu après raconté dans le détail, de laisser le trophée de numéro 1 à Turpin en 2017, histoire de lui donner plus de visibilité et augmenter ses chances d'être retenu pour la Coupe du monde. Devant son refus et le tollé prévisible, il a alors réclamé à l'UNFP de créer de toutes pièces, pour son poulain, le trophée du meilleur arbitre français… à l'international[1] ! Une distinction inventée pour l'occasion et qui, dès l'année suivante, disparaîtra du palmarès...

Audiard avait raison, ils osent tout.

L'arbitre idéal est un mouton qui court

Afin de conclure le tableau de cette soumission permanente, un exemple me revient en tête. Toujours lors d'un stage, à croire qu'il s'agit d'un lieu de conditionnement idéal (*dress code*, horaires stricts, régime alimentaire,

1. Sous le titre « Petits arrangements entre arbitres aux trophées de l'UNFP », le quotidien *Le Parisien* a raconté cet épisode dans son édition du 10 mai 2017.

transmission journalière des données d'entraînement, etc.), un camarade fait l'expérience de la coercition vestimentaire. Entre les trois séances de physique (7 heures, 11 heures et 18 heures), il y a des temps d'échange, d'entretiens individuels. Un collègue que nous préférons ne pas citer pour préserver sa carrière se présente à un entretien avec Pascal Garibian et Bertrand Layec, le manager général, avec, aux pieds, des chaussettes de récupération portant le logo « SAFE », celui du syndicat... Le directeur technique de l'arbitrage lui fait une scène et lui demande de ne plus porter ça lors du stage ! Le flicage permanent instaure un climat proche du modèle soviétique, à tel point que lors des repas le silence est souvent au rendez-vous. Plus personne n'ose s'exprimer de peur d'avoir une parole jugée déplacée. Quelle ambiance !

En écrivant cela, je me dis que certains collègues seront tentés de nier les faits tels que je les décris. Certains me diront sans doute merci, la plupart se tairont mais n'en penseront pas moins, enfin les plus ambitieux sortiront sûrement du bois en criant au loup pour défendre le chef et s'attirer ses bonnes grâces. Je les connais. En mettant leurs noms sous scellés aujourd'hui, je suis sûr de ne pas me tromper sur l'identité de ceux-ci. Le système continuera de fonctionner grâce à ces moutons de Panurge. Je ne leur en veux même pas, chacun agit avec ses armes pour survivre dans ce milieu.

Le physique, rien que le physique !

En attendant, ils courent. Et bien. Il faut dire que l'essentiel de la formation de l'arbitre repose sur le tout physique. La limite d'âge fixée autrefois à quarante-cinq ans ayant été supprimée[1], on a trouvé un moyen de dissuader les anciens de continuer en instaurant des tests physiques réguliers et

1. Suite à l'intervention de la Halde, la Haute Autorité de lutte contre les discriminations et pour l'égalité.

de plus en plus éprouvants. Au cours de ma carrière, j'ai d'abord été confronté au test de Cooper annuel, qui consistait à courir douze minutes et à parcourir une distance adaptée à l'âge (en moyenne 2 800 mètres, soit 14 kilomètres à l'heure) ; puis au test fractionné, semestriel, avec vingt répétitions de 150 mètres en trente secondes (18 kilomètres à l'heure), entrecoupées de trente-cinq secondes de récupération sur 50 mètres, le tout précédé de six sprints en moins de 6,2 secondes. Enfin au dernier test en date, appelé « yoyo test », qui consiste à effectuer des navettes de deux fois 20 mètres avec un demi-tour et un temps de récupération de dix secondes. Cet exercice est progressif et monte d'un kilomètre par heure, palier par palier. Objectif 18 kilomètres à l'heure sur la distance, départ arrêté, soit plus de 21 kilomètres à l'heure au final. Le tout précédé de six sprints en moins de six secondes. Avec une fréquence semestrielle pour les arbitres de Ligue 1 et trimestrielle pour les meilleurs internationaux. Dans ces conditions, l'entraînement quotidien est une exigence, sans quoi la réussite aux tests est impossible. Dès lors, les arbitres ne s'entraînent que pour réussir les tests, ils ne s'entraînent plus pour les matches. Car, après deux échecs aux tests, c'est la rétrogradation dans la catégorie inférieure. Un collègue de Ligue 1, pourtant très bon sur le terrain, s'est retrouvé en deux ans arbitre de Championnat national 2 !

Depuis plusieurs saisons, les arbitres sont équipés par la Fédération de montres de la marque Polar. Ce sont des outils qui recensent différents éléments d'entraînement. Outre la fréquence, elles mesurent également l'intensité, les distances parcourues, le rythme cardiaque, la vitesse, etc. Le dernier modèle permet même de nous géolocaliser, ce qui est aussi une forme de contrôle. Ainsi, chaque semaine, tous les arbitres doivent renvoyer leurs données « Polar » au préparateur physique chargé de leur suivi. Initialement, cet outil devait faciliter une meilleure programmation des entraînements grâce à un retour de notre coach ; en dix ans de suivi, je n'ai jamais eu un seul retour sur le contenu de mes séances…

Sans personnalité ni charisme, la recherche du neutre

Après avoir transformé les arbitres en bons coureurs de demi-fond, il s'est agi de les conditionner et d'en faire des moutons dociles. Car quand on atteint le sommet (la Ligue 1), il s'agit de se fondre dans le moule, de ne plus choquer, de ne plus dénoter ! Tant et si bien que nos détracteurs ont raison de pointer du doigt le manque de personnalité des arbitres. Mais ce constat n'est rien d'autre que la conséquence de choix politiques. Ordre a été donné d'écarter les quelques « rebelles » susceptibles de mener des actions collectives d'émancipation. Finies les grèves ou autres revendications, place aux bêlements d'un troupeau paisible. Afin de repérer les éventuels récalcitrants, les candidats à l'examen fédéral passent désormais un entretien préalable à leur nomination, devant le directeur technique de l'arbitrage et un psychologue notamment – on n'est jamais trop prudent. Le problème, avec cette logique, c'est qu'il y a un revers à la médaille. À force de fabriquer de bons petits soldats, on ne façonne pas de généraux. Ainsi, au niveau international, les Français passent pour de bons exécutants sans charisme ou prestance. Or voilà ce qui fait la différence dans les compétitions majeures : la personnalité. Citons quelques grands noms et l'on vérifiera aisément qu'ils n'étaient pas transparents : Pierluigi Collina, Howard Webb, Claudio Rossetti, Mark Clattenburg, Markus Merk, Urs Meier.

Ce n'est certainement pas en broyant les personnalités que l'on va construire le futur Webb ou le futur Collina. J'ai eu la chance de les côtoyer lors de stages à l'UEFA et je n'ai pas été insensible à leur charisme. Il se dégage de ces hommes-là une force naturelle qu'ils ont su canaliser et dont ils se servent aujourd'hui. En France, on espère jouer dans la même catégorie en envoyant des arbitres qui ont peur de donner leur nom dans un amphithéâtre empli de collègues étrangers.

Malheureusement, cette image de l'arbitre français n'est pas usurpée. D'ailleurs, une simple anecdote suffit à le vérifier. À chacun de mes matches à l'étranger, l'observateur me posait la même question et, avec mes camarades français, c'était devenu une sorte de blague récurrente. S'intéressant vaguement à ce qui se passe en France, mon interlocuteur me demandait : « Qui est votre directeur ? » Avec un sourire convenu, je répondais : « Garibian. » En attendant la question suivante : « *Who ?* » En revanche, quand mes concurrents anglais répondent « David Elleray », les Écossais « Hugh Dallas » ou les Italiens « Pierluigi Collina », avouons que cela pose son homme.

L'erreur de l'un rassure l'autre

Mais il serait trop facile de faire porter toutes les avanies sur un seul homme. À l'intérieur de ce microcosme, les relations entre arbitres ne sont pas glorieuses non plus. Dans la mesure où il s'agit d'une compétition, vos collègues sont aussi vos concurrents. C'est la guerre de tous contre tous. Difficile alors de croire en cet idéal qui fait passer les arbitres de Ligue 1 pour une bande de potes. Il y a bien quelques affinités mais il y a surtout des tensions. Elles se nouent pour l'essentiel avec vos concurrents directs. Et si la bienséance oblige à la retenue voire à la défense lorsqu'un collègue est attaqué ou critiqué publiquement, chacun rit sous cape, en se disant que cela arrange bien ses affaires ; un peu comme dans un peloton à l'approche du sprint final lorsqu'un coureur crève un pneu. On joue le fair-play en regrettant cet incident mécanique, mais on se réjouit de cette infortune ; cela fait toujours un adversaire en moins. Pis, entre collègues c'est la chasse aux erreurs des uns et des autres. Consultants et pseudo-journalistes n'ont pas le monopole de la critique, et s'ils entendaient les conversations des arbitres entre eux à propos des prestations de leurs collègues, ils pourraient se croire des enfants de chœur. Chaque lundi, c'est une sorte de rituel. On passe au crible les prestations de nos confrères et « amis ». C'est une façon de se rassurer en se disant qu'il y a pire que soi et que, légitimement, notre classement personnel en sera plus favorable. Arrive pourtant toujours le moment où c'est votre tour d'être sous les feux des projecteurs, et c'est rarement un bon signe. Dans l'arbitrage, on croit naïvement en l'adage « le malheur des uns fait le bonheur des autres ». Cependant, tout ce qui touche à la corporation a un effet désastreux sur chacun de nous. Une sorte de métonymie. Si Untel est nul, nous le sommes tous.

Notre esprit de corps a donc une limite : l'ambition. Dans ce contexte, vouloir construire une équipe soudée relève de la gageure. Car, pour réussir, tous les coups sont permis et les trahisons au groupe sont légion. Alors qu'un vent de rébellion souffle lors d'un stage au cours duquel on nous apprend que nous passerons des tests physiques très durs un 4 janvier, sans nous laisser le temps de souffler pendant la courte trêve hivernale, la DTA se trouve en fâcheuse posture. Les arguments avancés par les uns et les autres font mouche. Mais tout rentre dans l'ordre grâce à l'intervention de… l'un des nôtres. Benoît Bastien, d'habitude silencieux, prend la parole pour nous assurer que tout se passera bien, qu'il ne faut pas craindre ces tests et que la période n'est pas si défavorable pour s'entraîner. Fin du bal. La DTA tient là un bon disciple et saura le récompenser comme il se doit. Il sera désigné pour arbitrer la finale de la Coupe de la Ligue à la fin de la saison.

Bastien n'a rien inventé et s'inscrit dans la lignée de ceux qui sont prêts à tout pour réussir. Peut-on le lui reprocher ? Quelques mois auparavant, il a assisté à une scène mémorable lors du stage à Quiberon de juin 2014. Garibian nous annonce que la FFF, qui prenait jusqu'alors en charge notre complémentaire santé, a décidé de ne plus la financer. Une économie de 40 000 euros par an. Coïncidence fâcheuse, le journal *L'Équipe* nous apprend ce jour-là que les femmes des joueurs de l'équipe de France et leurs enfants viennent d'arriver au Brésil, et qu'après leur voyage en business class, elles vont pouvoir séjourner dans un hôtel cinq-étoiles, aux frais de la FFF. De quoi payer quelques années de notre complémentaire santé !

Le directeur technique de l'arbitrage nous déclare toutefois, sans rougir : « Vous pouvez bien vous payer votre mutuelle, 500 euros par an, ce n'est pas grand-chose ! » L'annonce passe mal auprès des arbitres et, sous la houlette du syndicat, on compte bien manifester notre mécontentement. On se réunit donc tous et, un à un, on s'engage solennellement devant le groupe à ne plus renvoyer nos données « Polar » au préparateur de la Fédération. C'est un geste plus symbolique que contestataire, et chacun affirme qu'il suivra le mouvement jusqu'à nouvel ordre. Le vendredi, on l'annonce à Garibian. Le dimanche, nous recevons un message de Bartolomeu Varela, un proche de Garibian et Patrick Lhermite (le vice-président de la CFA), qui nous informe que, finalement, après mûre réflexion, il transmettra ses données. Une heure plus tard, Clément Turpin nous envoie la même chose. Il faut dire que tous deux ont été désignés pour aller diriger le Trophée des champions à Pékin ! Leur engagement vis-à-vis du groupe a fait long feu. Depuis, tous ont compris que la parole donnée n'avait aucune valeur et que chacun joue sa partition dans son coin. Et aussi que le règne de l'individualisme avait de beaux jours devant lui. Désormais, c'est le SAFE qui paye pour nous et la cotisation syndicale coûte 560 euros contre 50 à l'origine. Comme le disait La Boétie : « Les tyrans ne sont grands que parce que nous sommes à genoux [1]. »

Les désignations : la carotte et le bâton

Pour nous tenir bien docilement dans sa main, la DTA dispose de tout un arsenal, y compris répressif (sanctions,

1. Étienne de La Boétie, *Discours de la servitude volontaire*.

commission de discipline, notation – très – subjective), mais l'outil le plus efficace demeure les désignations pour les matches. C'est une carotte, une récompense ou un moyen de coercition au choix. Mais c'est toujours un instrument de contrôle. Ainsi, lorsque l'arbitre se montre discipliné, il a de bonnes chances d'avoir de bons matches. En revanche, s'il se montre légèrement réfractaire à l'autorité du chef, on va le désigner sur des matches de seconde zone. Simplement pour lui envoyer un message. La qualité des prestations en devient presque secondaire, ce qui compte avant tout c'est la subordination.

À ce sujet, je reste suspendu à une énigme : celle de Mikael Lesage, l'homme qui a dirigé la finale de la Coupe de France 2018, PSG-Les Herbiers... Il n'a jamais été international, a toujours terminé dans les derniers du classement de L1 (et même dernier en 2015, avant de doubler Alexandre Castro, l'ancien président du SAFE, grâce au coup de pouce de la DTA, comme expliqué plus haut), ce qui ne l'a pas empêché d'être désigné sur cinq finales lors des quatre dernières saisons ! Dont deux en 2018, puisqu'il était le quatrième arbitre de celle de la Coupe de la Ligue, PSG-Monaco. Ce traitement de faveur m'a longtemps interrogé.

J'ai trouvé un début de réponse dans une interview du président de la CFA, Éric Borghini, sur le site de la FFF, suite à la désignation de Lesage pour la finale. Sous ses airs débonnaires, elle résume parfaitement le fonctionnement de l'arbitrage : « Mikael est très impliqué dans le football amateur en tant que conseiller technique régional en arbitrage en Normandie. Sa nomination est aussi un hommage à sa ligue[1]. » Ce choix est donc politique, il s'agit à travers lui de rendre hommage au président de la ligue de Normandie, Pierre Leresteux, qui n'est autre qu'un proche de Noël Le Graët, le président de la FFF. On sera moins surpris d'apprendre que Laurent Duhamel et

1. https://www.fff.fr/actualites/180990-une-premiere-pour-mikael-lesage

Fredy Fautrel ont intégré les rangs de la DTA... Tous deux sont de la ligue de Normandie !

Une professionnalisation en trompe-l'œil

Dans cette interview, personne ne s'est étonné du double discours tenu avec, notamment, la promotion de la politique menée et son point d'orgue : la mise en place de la professionnalisation de l'arbitrage. Reste que Borghini fait référence au métier de Lesage, lequel est effectivement conseiller technique régional en arbitrage (CTRA). Naïvement, je pensais que les arbitres « professionnels » étaient exclusivement concentrés sur cette mission et que leur métier était arbitre. Eh bien non, quand on parle d'arbitres professionnels on parle du temps plus important consacré aux stages mais pas au métier en lui-même. La plupart de ceux qui sont aujourd'hui considérés comme « professionnels » ont un autre travail. Finalement rien n'a changé, si ce n'est la rémunération, sensiblement plus élevée, et la profusion de stages de préparation et de conditionnement.

Quand je suis devenu arbitre international, j'ai fait le choix de me consacrer uniquement à l'arbitrage afin de trouver un minimum d'équilibre familial et professionnel. Je m'interroge toujours sur le planning de mes collègues qui cumulent deux emplois, avec des déplacements réguliers et incessants ainsi qu'une vie familiale à mener. Un mystère.

Si l'on veut avoir des arbitres professionnels, on ne peut accepter cette double activité qui contribue à laisser planer un doute quant à la rigueur de la préparation. Quand on fait plusieurs choses en même temps, on fait rarement tout parfaitement.

On the road again

Quand on parle de professionnalisme, ce n'est certes pas dans la préparation logistique des matches. Car pour ce qui concerne les arbitres, on est le plus souvent dans l'amateurisme le plus total. Voici donc comment se passe l'avant-match. Tout part de la désignation.

Douze jours avant le match, dans votre espace privé sur le site de la FFF, votre prédésignation apparaît. J'ai beau avoir arbitré quelque quatre cents matches professionnels, je dois avouer que ce moment est comme ouvrir un cadeau d'anniversaire. C'est à la fois la surprise, la récompense, parfois la déception, l'angoisse, le stress, l'impatience. J'ai l'impression d'être un gamin qui attend Noël. Une fois la destination et l'affiche découvertes, il nous appartient de tout mettre en œuvre pour organiser notre déplacement et notre séjour. On pourrait penser que la FFF s'occupe de ces problèmes logistiques, mais non, c'est aux officiels de s'organiser par eux-mêmes, pour être prêts le jour J. Autant dire que pour certains déplacements, cela peut se transformer en calvaire. Je me souviens des grèves en 1995 [1] qui conduisirent à une pénurie d'essence. La FFF ne se soucia pas de notre sort, il fallait être à l'heure pour arbitrer les matches. Essence ou pas. Alors chacun s'est débrouillé : auto-stop, covoiturage, système D.

C'est bien souvent le cas de toute façon, tout le monde gère comme il le peut. Certains posent des congés, d'autres roulent la nuit, prennent le dernier train, etc.

Certains arbitres délèguent la logistique à leurs assistants. En ce qui me concerne, j'ai toujours préféré assumer cette partie, j'ai des exigences particulières et des habitudes de vieux routier. Alors, je contacte les hôtels, réserve les chambres pour l'équipe, ensuite je prends des billets de train ou d'avion (je me déplace rarement en voiture). Tout cela est à nos frais. Chacun essaie donc de tirer sur les coûts. La FFF nous verse des indemnités de déplacement forfaitaires : 0,401 centime par kilomètre, 56 euros pour une nuit d'hôtel et 19 euros par repas. Sachant que nous

1. Contre le plan Juppé de réforme de la Sécurité sociale.

avons obligation de voyager en première classe et de dormir dans des hôtels trois-étoiles minimum !

On se coordonne ensuite entre les membres de l'équipe, notamment sur les horaires d'arrivée des uns et des autres. Nous devons arriver la veille du match en Ligue 1 et ne pouvons repartir que le lendemain de la rencontre.

Puis, on attend une semaine pour avoir la confirmation de notre désignation. Nous sommes donc à J – 5. On peut alors valider nos déplacements et autres réservations.

Sieste, massage et vidéo

Depuis que tous les arbitres du secteur pro ont accès à une plate-forme vidéo permettant de visionner tous les matches de la planète foot (ou presque), il est aisé de visionner les équipes que nous sommes amenés à diriger. Ainsi on peut donc préparer nos matches afin d'identifier le jeu des équipes, la stratégie, la tactique sur les coups de pied arrêtés et toutes sortes d'éléments qui vont permettre d'anticiper au mieux nos déplacements, d'avoir un œil particulier sur telle phase de jeu. L'autre intérêt, c'est l'identification des joueurs et de leurs caractéristiques techniques et psychologiques. Un joueur de couloir qui n'est habile qu'avec son pied droit n'aura pas la même course, les mêmes gestes qu'un joueur occupant le même poste capable de jouer avec ses deux pieds. Ce travail d'anticipation technique se double d'une approche relationnelle. Car comme nous le verrons plus loin certains joueurs ont leur caractère, leur rôle au sein de l'équipe ou auprès de l'arbitre. Tout cela s'anticipe et se prépare.

Le souci, c'est qu'en se préparant uniquement sur la base de vidéos, on a tôt fait de n'arbitrer qu'avec des préjugés et non plus avec une sensibilité, un feeling de terrain. Le recours à outrance aux images contribue à casser ce qui fait l'essence de l'arbitrage : le ressenti. C'est pourquoi j'ai fini par faire un usage très modéré de cet outil pour garder l'impression du terrain. Toutefois, cela permet de préparer son équipe à certains points lors du briefing d'avant-match. En général, cette réunion se tient le matin du match à l'hôtel. C'est un temps d'échanges et de réglages, une façon d'entrer dans le match mais également de fixer le cadre et les prérogatives de chacun des membres de l'équipe arbitrale. L'autre fonction de cette réunion, c'est de rompre l'ennui. Car arbitrer un match, c'est d'abord attendre. La veille je demande à mes assistants d'arriver tôt pour que l'on puisse dîner ensemble, alors que le règlement ne leur impose qu'une présence avant minuit. C'est aussi une façon de mieux se connaître car nous ne sommes pas toujours associés aux mêmes collaborateurs. Avant d'aller sur le terrain, autant savoir avec qui on va travailler et surtout, sur qui on va pouvoir compter.

Mais le jour du match, chacun est dans sa chambre et le temps passe lentement. Après notre réunion matinale, on part déjeuner dans un restaurant proche de l'hôtel pour être de retour en début d'après-midi. À 14 heures, c'est l'heure de la sieste mais quand le match est prévu à 21 heures, mieux vaut avoir une grosse dette de sommeil. Certains n'arrivent pas à fermer l'œil et les minutes comptent double quand on est pris par le stress. Deux heures trente avant le coup d'envoi, une personne missionnée par le club recevant vient nous récupérer à l'hôtel puis nous conduit jusqu'au stade. Plus que deux heures. On s'installe dans les vestiaires, on fait un tour sur la pelouse, histoire de prendre nos marques et de vérifier que les installations sont conformes au règlement. Un passage entre les mains du kinésithérapeute, mis à notre disposition par le club, et c'est l'heure de partir à l'échauffement. Nous y sommes enfin. La montée d'adrénaline qui précède l'entrée sur la pelouse avec les joueurs est un moment incomparable. Pénétrer dans un stade surchauffé devant cinquante mille personnes, c'est une expérience peu commune.

Au terme des quatre-vingt-dix minutes, le retour au vestiaire est toujours un moment singulier ; c'est à la fois un retour au calme et l'heure du verdict. Certains se précipitent sur leur portable pour vérifier, extraits vidéo à l'appui, l'exactitude de leurs décisions mais c'est l'entrée en action de l'observateur qui va sonner comme l'heure du jugement, un couperet. Son analyse va donner la tonalité de la suite de la soirée. Lorsque les choses se passent bien, la soirée est détendue et agréable. En revanche, en cas de mauvaise décision, c'est souvent la soupe à la grimace. Tout le monde a alors envie de se retrouver tranquille dans sa chambre.

Le temps de l'analyse

La coutume veut que le club recevant vous emmène dîner dans un restaurant en ville, même si ces dernières années la tendance est à un dîner dans une loge du stade. Ce temps de convivialité est surtout un temps de représentation. Pour certains présidents, c'est aussi une sorte de chantage : « Vous n'avez pas été bons, alors on ne vous invite pas à dîner. » J'ai résolu le problème et j'ai décliné toute invitation. Ma réputation d'ours mal léché n'a fait que se confirmer. Avec mes collègues, nous rentrons systématiquement à l'hôtel pour un pique-nique préparé par nos soins. Un vrai temps de convivialité, de décontraction, mais aussi d'analyse du match. Contrairement au cadre un peu formel de ces repas en présence des délégués et des représentants du club local, nous nous retrouvons entre nous, ce qui nous permet de parler librement du match que nous venons d'arbitrer. On y évoque nos erreurs, notre collaboration, les enseignements de la rencontre, les problèmes rencontrés, les joueurs et leur comportement. Un vrai retour sur l'expérience vécue ensemble. Auparavant, en se pliant à l'exigence du dîner officiel, on rentrait à l'hôtel à 1 heure du matin et on filait au lit. À aucun moment, nous n'avions le temps de revenir sur le match et d'ainsi tenter d'améliorer notre travail. Pour avancer, il faut prendre le temps de l'analyse, de la critique positive et des ajustements nécessaires.

CHAPITRE 3

Une formation par l'erreur

Se construire en négatif

Les arbitres vivent en permanence avec l'erreur. L'approche de leur fonction est entièrement consacrée à la recherche de la faute. A-t-on jamais lu ou entendu « le match s'est joué sur une bonne décision de l'arbitre » ? En revanche, tous les week-ends c'est le même refrain, le résultat du match est entaché d'une erreur d'arbitrage.

Alors oui, l'arbitre est une erreur en soi. Historiquement tout d'abord, car ce sont les joueurs qui l'ont inventé. Ils n'arrivaient pas à trancher lorsque certains litiges apparaissaient. Alors ils ont demandé à une personne de référence (*the referee*) de venir décider à leur place[1]. À l'origine donc, il n'existait pas. L'erreur n'a-t-elle pas été de l'introduire dans le jeu ?

Depuis, il endosse une large part des maux du football. On n'est pas toujours récompensé quand on rend service...

L'arbitre est aussi une erreur au sens où il est formaté par l'erreur. Tout au long de ma carrière, j'ai participé à des dizaines, des centaines de stages, de formations, de séminaires d'arbitres. Et à chacun d'eux, j'ai été construit autour de l'idée de l'erreur. Pas de la bonne décision. Mais

1. « Quand les joueurs inventèrent l'arbitre », Tony Chapron, faculté des Sciences du sport de l'université de Bourgogne, Dijon, 2011.

de la mise en lumière de nos errements. Ce sont des heures et des heures de vidéos qui tournent et dissèquent les erreurs. On cherche alors à comprendre les raisons de celles-ci : mauvais placement, fatigue, déconcentration, mauvaise communication, mauvaise connaissance des lois du jeu, manque de discernement, manque de courage, etc. Que du négatif !

Quand un enfant apprend à marcher, on ne lui fait pas remarquer – à ses débuts – qu'il tombe souvent ; on l'encourage, on s'émerveille de ses premiers pas, on l'applaudit.

L'arbitre, non, on lui dit surtout qu'il est nul !

Pour illustrer cette propension interne à véhiculer des messages décourageants, je me souviens d'un match de Ligue 1 au cours duquel j'étais supervisé. À la fin du match, commence le débriefing, comme de coutume. Cela dure cinq minutes à peine. « Écoutez, vous avez fait un très bon match. Simplement à la 42e minute, j'ai noté que vous vous étiez trompés sur une touche. » J'objecte que ce n'est pas bien grave. L'observateur me répond alors : « Certes, mais si je ne trouve rien de négatif, je ne sers à rien ! » Voilà comment nous sommes formés.

L'arbitre prend en moyenne une décision toutes les trente secondes, soit pas loin de deux cents décisions dans un match. Je ne connais personne qui soit capable de prendre 100 % de bonnes décisions. Alors oui, on fait des erreurs. Mais surtout sur ces quelque deux cents décisions, plus de 93 % sont justes, d'après une étude réalisée par la FIFA sur neuf cent soixante-douze matches [1]. Pourquoi ne nous forme-t-on pas par le positif ?

Car s'il y a un truc qui aide à la performance, c'est bien la confiance ! Voyez un avant-centre, regardez un gardien sur son premier arrêt. Tous les observateurs vous le diront, ils ont besoin de confiance. Eh bien, un arbitre, c'est pareil !

---

1. Voir les déclarations de Gianni Infantino, président de la FIFA, *L'Équipe,* 4 mars 2018.

Avec mes assistants, j'ai eu besoin de temps pour adopter une « positive attitude ». L'expérience m'a convaincu qu'il ne faut pas être négatif dans l'oreillette. Quand un assistant a une bonne réaction, je le valorise, je mets moins l'accent sur les faiblesses. Auparavant, je les engueulais et c'était finalement contre-productif. Certains perdaient leurs moyens.

Lorsque je prépare mon équipe avant les matches, je commence par leur demander : « Qu'est-ce qu'un bon arbitre ? » La réponse est souvent : « Celui qu'on ne voit pas ! » Je rétorque que, bien au contraire, il faut qu'on le voie, qu'il prenne les bonnes décisions, qu'il participe au spectacle. Parce que le foot, c'est du théâtre. Et l'arbitre en est un acteur, et un acteur marche à la confiance.

Je leur dis donc que le bon arbitre, c'est un arbitre en confiance, et que la confiance, ça se construit. Et ça se construit en équipe. Par la valorisation de chacun. Comme un manager amènerait ses hommes à donner le meilleur d'eux-mêmes.

Chapitre 4

Le syndicalisme ou comment se faire de nouveaux ennemis

L'entrée dans le monde du travail

Le Syndicat des arbitres est né le même jour que ma deuxième fille, le 21 juillet 2006. Mais si celle-ci a vécu de premières heures paisibles, on ne peut pas en dire autant du SAFE. Au soir de sa première assemblée générale, certains ont même voulu le dissoudre ! Pourtant, ce Syndicat des arbitres du football d'élite était le fruit d'une longue et délicate gestation.

Au sortir de ma deuxième saison, je vais intégrer le groupe des dix internationaux français[1]. Un honneur. Dans la hiérarchie, il y a les internationaux et les autres. Quand tu entres dans les dix meilleurs, tu n'en sors plus, tu gardes le statut jusqu'à la fin de ta carrière, sauf erreurs répétées. De plus, un point de règlement protège les internationaux d'une relégation d'une année sur l'autre[2]. Globalement, un arbitre sur deux est sûr d'être maintenu en Ligue 1, les autres se battent pour y rester.

---

1. Nous sommes passés de dix arbitres internationaux à neuf durant quelques années puis à nouveau à dix à partir de 2014.

2. Un arbitre international qui finirait dernier du classement serait maintenu en Ligue 1, mais perdrait son titre d'international. Pour être rétrogradé, il devrait encore finir parmi les derniers la saison suivante.

Par conséquent, j'entre dans une catégorie à part, privilégiée, il suffit pour ça de se montrer discret et de suivre le chemin tracé.

Évidemment, je vais faire un pari différent, j'aime m'engager. Si la FFF défend vaguement l'arbitrage, qui est là pour défendre les arbitres ? Personne. Alors, je pense qu'un syndicat pourrait être très utile. Nous sommes en manque de considération et de reconnaissance, notamment de la part de la Ligue de football professionnel (LFP) : nous ne sommes représentés dans aucune commission, nous sommes sous-payés par rapport au milieu économique dans lequel nous évoluons, nous n'avons aucun statut professionnel et juridique. En gros, on nous paie (beaucoup moins que tous les autres acteurs du foot) pour une prestation puis on nous jette. Pourtant, devenir arbitre implique des choix lourds, une vie personnelle et familiale transformée, comme dans toutes les fonctions qui vous éloignent de chez vous chaque week-end.

Nous partions de rien. Il y avait certes l'UNAF (Union nationale des arbitres de football) mais c'était simplement une amicale : un sapin de Noël, un barbecue de fin d'année, un peu d'entraide. C'est bien que ça existe, on en a besoin, mais ce n'est pas cette association qui pouvait être en pointe, car elle représente essentiellement le monde amateur. Le secteur professionnel n'a pas les mêmes contraintes, le même fonctionnement. On ne pouvait pas bouleverser le cœur de l'UNAF pour quelques-uns.

J'ai donc eu envie de me concentrer sur le statut de l'arbitre. Les collègues essayaient bien, de loin en loin, d'obtenir une revalorisation salariale. Mais c'était toujours de manière informelle et entre deux portes. Frédéric Thiriez, le président de la Ligue, leur disait : « Faites-moi une proposition ! » Mais qui pour la formuler ? Les gars ne pouvaient pas s'autodésigner. Et c'était facile pour les instances de réfuter les revendications ; elles n'émanaient d'aucune structure reconnue, personne n'avait un pouvoir de négociation. Il fallait de vrais représentants, un interlocuteur légitime.

L'ancien arbitre international Joël Quiniou avait déjà fait un peu avancer les choses. Mais de son propre chef, avec l'avantage d'être parisien, d'avoir l'envergure nécessaire, de savoir mener un dossier et d'avoir l'oreille de dirigeants importants. À la fin des années 1990, il avait obtenu quelques améliorations, notamment sur le plan financier.

Plus tard, Hervé Piccirillo, parisien également, à la personnalité brillante, avait pris les choses en main à son tour et monté un dossier sur la situation des arbitres français. Mais il s'agissait encore d'une initiative individuelle.

Lors d'un stage à Nantes au début de l'année 2006, j'en discute avec Marc Batta. Et il me tend une perche en me conseillant de créer un groupe de travail – il n'avait pas parlé de « syndicat », il ne faut pas exagérer tout de même ! Encouragé, je contacte les collègues par e-mail, leur propose qu'on s'organise. Et ça répond ! Le groupe se met en place, à dix-huit ou dix-neuf, avec des arbitres centraux et des assistants, de Ligue 1 comme de Ligue 2.

On se réunit plusieurs fois à Paris, au siège de La Poste ; c'est Bruno Derrien qui s'occupe de la logistique. Là, c'est un grand *brainstorming* où chacun apporte son idée. On réfléchit au nom, à l'objet social, aux statuts, à la forme à donner. De mon côté, je plaide pour un syndicat, en prenant modèle sur les joueurs : ils ont le leur (UNFP), qui défend plutôt bien leurs intérêts, il n'y a pas de raison que nous n'ayons pas le nôtre. Le mot « syndicat » heurte un peu – les arbitres sont majoritairement de droite – et ça évoque sûrement chez eux CGT, Sud Rail, piquets de grève, chars russes sur les Champs-Élysées…

Mais j'y tiens, je me bats. Le terme est important, il marque notre entrée dans la professionnalisation. Un syndicat, ça représente des travailleurs.

On fixe le cadre de tout ça, on a notre trame, on valide en obtenant un consensus du groupe de travail mais c'est une lutte de tous les instants. Comme dans toute organisation qui se met en place, on doit composer avec des « jaunes » qui tentent de saboter le projet, retardent la mise en place. Nombreux sont ceux qui intégreront la DTA plus tard. Ils jouent leur carte personnelle pour leur reconversion… La FFF est tout heureuse de récupérer ces gens-là !

Pour moi, le syndicat est une bonne manière d'accélérer le processus de la professionnalisation, d'avoir une vision à long terme. On se structure en cinq mois, de février à juin 2006, et on dépose les statuts à la préfecture de Paris. Je tiens Marc Batta, alors directeur de l'arbitrage, au courant de notre entreprise, en toute transparence. On profite du stage d'avant-saison à Courchevel pour organiser une réunion et l'élection du bureau. Le directeur a compris que cette organisation pouvait être bénéfique pour les arbitres et pour la DTA. Désormais, les arbitres négocieront en direct avec les instances sans passer par elle. Fini ce rôle de tampon entre l'institution et les porteurs de sifflet.

Un accouchement dans la douleur

On est donc le 21 juillet. 7 heures. Coup de fil de ma compagne d'alors qui est en route pour la maternité. En filant la rejoindre, je percute un camion : voiture pliée et entorse cervicale ! J'assiste tout de même à l'accouchement et je remonte en fin de journée à Courchevel pour être présent à cette autre naissance ! À mon arrivée, je prends connaissance de la liste des candidats : tous les arbitres de Ligue 1 se sont présentés (la veille nous étions deux…), auxquels s'ajoutent quelques arbitres assistants et arbitres de Ligue 2. Résultat du vote : sont élus quatre assistants et trois centraux. Laurent Duhamel et moi-même sommes passés, ainsi qu'un central de Ligue 2. Bruno Derrien me confie son amertume : « Des gars qui n'ont rien fait sont élus et pas moi… »

En sortant de l'assemblée, je tombe sur des centraux remontés qui tentent un mini-putsch : « On ne veut pas de cette composition, il y a trop d'assistants, ils vont nous “bouffer”, faire capoter tout le boulot en amont. Ce n'est pas bon pour les négociations : ils ont 1 000 euros par match, nous 2 000, ils vont améliorer leur situation, pas la nôtre. On quitte le syndicat. Nous ne voulons plus être adhérents. » C'est plutôt mal parti.

Je dois sérieusement batailler en interne, retourner des gens, les persuader qu'ils se trompent de combat, qu'on doit y aller comme ça. Les sept élus se réunissent et en dix minutes on compose le bureau. Je deviens le premier président élu du SAFE. Et on installe des binômes centraux/assistants pour rassurer les récalcitrants. On a quand même fini par le mettre en place ce syndicat, non sans peine ! J'étais loin d'imaginer que sa création serait aussi ma perte, à plus d'un titre.

Quinze minutes pour exister

Forts de cette nouvelle organisation, nous entrons dans le vif du sujet en demandant l'ouverture de négociations salariales et statutaires dès le mois d'août 2006. Mais nous allons vite comprendre que les arbitres, ce n'est pas une priorité.

On négocie d'abord avec Frédéric Thiriez, Jean-Pierre Hugues, son directeur général, et Jacques Lambert, celui de la FFF. Certes il y a de l'écoute mais pas vraiment d'intérêt. Et surtout va apparaître la nature des relations entre la FFF et la LFP. L'instance de référence, c'est la FFF. Mais celle qui a l'argent, c'est la LFP. C'est alors un jeu à trois bandes. D'un côté, la FFF s'interroge sur le pourquoi de telles revendications mais accepte de négocier ; de l'autre, la LFP comprend nos revendications mais demande combien ça coûte. Nous voilà au cœur du problème : en France, le football est gouverné par la FFF mais il est financé par la LFP. Et leurs intérêts ne sont pas les mêmes. Quant à nous, petits arbitres, nous sommes au milieu de ce jeu d'influences, de ces luttes de pouvoir. Alors, nous allons apprendre la négociation, et surtout la patience.

On multiplie les demandes de réunion, souvent repoussées, annulées… Et quand elles ont lieu, on nous mène en bateau. On informe nos adhérents (plus de 95 % des arbitres de Ligue 1 et Ligue 2) des tractations, des tensions et surtout du *statu quo*.

Un événement va précipiter les choses.

En cet automne 2006, la FFF ne nous paie plus. Il y a un problème de trésorerie et nos indemnités sont versées avec plusieurs semaines de retard : rien de tel pour fédérer ! Le Syndicat trouve l'occasion de former un front uni et prêt au combat, ce qui n'est pas gagné quand on connaît la logique de soumission qui sous-tend le fonctionnement interne. Nous nous appuyons sur ces problèmes de virements pour remonter les adhérents, leur expliquer combien on se moque de nous, leur en administrer la preuve. Les rendez-vous sont repoussés aux calendes grecques, nous ne touchons plus un centime, je n'ai guère de mal à convaincre. On envisage plusieurs modes d'action pour protester : ne pas remplir les feuilles de matches, arbitrer une mi-temps seulement, les idées fusent lors de nos assemblées. Parfois elles sont radicales, ce qui témoigne d'un profond malaise. On opte finalement pour le moins pénalisant : donner le coup d'envoi avec un quart d'heure de retard. Et comme nous sommes bien élevés, nous prévenons les instances.

Manifestement, les dirigeants pensent qu'on va se dégonfler. Je dois arbitrer Marseille-Monaco le samedi, je pars en voiture de chez moi le vendredi en fin d'après-midi et sur la route, j'écoute le multiplex de Ligue 2 à la radio. Entre-temps, j'ai appris qu'avant les matches, les délégués ont remis aux arbitres un courrier du président de la FFF, Jean-Pierre Escalettes, les sommant de donner le coup d'envoi à l'heure sous peine de sanctions. Les gars m'appellent depuis les vestiaires, en panique : « Qu'est-ce qu'on fait ? Ils vont nous virer… » Quand on a des références culturelles, autant s'en servir : « Qu'est-ce que tu veux qu'ils nous fassent ? Ils ne vont pas nous faire un trou au cul, on en a déjà un [1] ! »

Je sais que sur certains terrains, ce sera compliqué. Je n'ai pas affaire qu'à des téméraires. RTL m'appelle, il est 19 h 45 : « Pensez-vous que vos troupes vont vous suivre ? — On verra ! » Je ne suis pas hyperserein pour être honnête. Le multiplex commence, je suis au volant. À Montpellier, à Amiens, à Caen, à Guingamp, il est 20 heures et le coup d'envoi n'est toujours pas donné... Partout le mot d'ordre sera respecté ! Partout... sauf à Niort, où Bruno Derrien démarre à l'heure (il arguera qu'il est en conflit avec la FFF et qu'une procédure est ouverte). Huit sur neuf qui ne cèdent pas : c'est un succès ! Dès lors que la Ligue 2 a donné le ton, je sais que ceux de Ligue 1 ne vont pas flancher. Il y aura pourtant des menaces. La Ligue 2 passe encore, mais on ne touche pas à la Ligue 1 ! Thiriez m'appelle pour m'incendier, Escalettes est fou de rage. Je passe mon samedi au téléphone ; pas idéal pour préparer mon match. Je l'éteins à 15 heures. Je le rallumerai à 23 heures. Quatre-vingt-dix textos, répondeur saturé !

Mais tous les matches de Ligue 1 ont leurs quinze minutes de retard à l'allumage. Malgré les pressions, les mises en garde et le petit courrier de menace. Le délégué me le tend en arrivant au Vélodrome. Je lui demande où est la poubelle... Le ton est donné !

Nous avons essuyé des insultes tombées des tribunes mais obtenu notre caisse de résonance !

Le dimanche soir, je suis convoqué pour une réunion prévue le mardi au siège de la Fédération. Ça n'a pas traîné. Et dire que nous avions envoyé une dizaine de courriers pour obtenir ce rendez-vous, alors qu'il suffisait de quinze minutes de décalage des matches ! Le mardi, les présidents

1. Jean-Claude alias Gérard Depardieu à Pierrot alias Patrick Dewaere dans *Les Valseuses*, de Bertrand Blier.

et tout le gratin sont là. Il y a du monde. Histoire de m'amadouer ou de m'intimider, Escalettes me fait d'abord passer par son bureau, en tête à tête. Il est prof, comme moi, et me sort son violon : « Vous êtes dans l'Éducation nationale ? Vous vous rendez compte que vous gagnez en un match autant qu'en un mois de salaire… » Je lui réponds : « Et alors ? Nous sommes dans un établissement scolaire ? Combien gagnent les joueurs ? On ne demande pas la lune mais une rémunération un peu plus en rapport avec le milieu économique dans lequel nous évoluons et surtout des conditions d'exercice correctes. Quand Gérard Houllier a pris l'équipe de France, on ne lui a pas dit : “On va te payer un peu mieux que quand tu étais prof d'anglais !” »

Nous passons donc aux choses sérieuses. Pendant plusieurs mois, nous multiplions les réunions, les consultations, les négociations avec une date butoir avant la fin de la saison. Une bataille point par point. Finalement, nous signons un protocole qui court encore aujourd'hui, même si plusieurs tentatives de déconstruction ont eu lieu, orchestrées notamment par la DTA. Imagine-t-on la Direction technique nationale (DTN) remettre en cause le statut des joueurs ?

Avant ce protocole, les arbitres étaient rémunérés au match. Ainsi, les mois sans match étaient des mois sans salaire. De même, en cas de maladie ou de blessure, les arbitres ne touchaient rien et n'avaient aucune couverture sociale. Quand on pense que certains d'entre eux étaient obligés de quitter leur travail ou de prendre un mi-temps, on mesure la précarité de la fonction. Nous obtenons alors un fixe mensuel pour éviter les mois de disette.

Autre point non négligeable, chaque année deux ou trois arbitres de Ligue 1 sont rétrogradés en Ligue 2. Début juin, les classements sont communiqués aux arbitres dans un jeu de promotion et de relégation. Certains apprennent donc qu'à partir du 1er juillet, ils perdent la moitié de leurs salaires. Quand on a une famille, qu'on a renoncé à son emploi, il est inacceptable de voir ses revenus amputés de 50 % du jour au lendemain ! Il n'y a aucun travail avec aussi peu de garanties. Nous négocions donc une baisse de 25 % seulement pour les deux saisons suivant la relégation.

Enfin, nous obtenons la prise en compte des sacrifices sur le plan professionnel. Il faut comprendre qu'un arbitre, qu'il soit fonctionnaire ou employé dans une entreprise privée, ne connaît pas la même progression de carrière que ses autres collègues. Cela s'explique notamment par ses absences répétées.

Alors nous bénéficions d'un pécule de fin de carrière qui compense un tout petit peu ces pertes, l'équivalent d'une indemnité de licenciement.

Pour être plus précis, nous sommes passés de 2 000 euros environ à 2 931 euros (brut) pour un match de Ligue 1 et de 1 000 environ à 1 532 euros (brut) le match de Ligue 2, auxquels est venu s'adjoindre un fixe de 3 320 euros (brut) par mois. Aujourd'hui, un arbitre non professionnel, comme moi, gagne un peu moins de 10 000 euros nets par mois, en moyenne (en saison). Pour la quinzaine d'arbitres qui sont passés sous statut professionnel, le fixe étant doublé, cela peut aller jusqu'à 15 000 euros nets.

Même si ce fut une victoire, je persiste à penser que nous n'avons alors pas été très bons. Si nous avions demandé le triple ou le quadruple, ce serait passé ! Nous étions alors en position de force. Ce n'est plus le cas désormais.

D'un point de vue personnel, ce fut une victoire à la Pyrrhus. J'étais monté au créneau et m'étais exposé. J'allais payer cher cet engagement syndical et cette mini-révolution des arbitres.

Certains membres du bureau, plus malins que moi, ont compris le risque de cette posture syndicale et ont vite quitté le navire, à commencer par Laurent Duhamel, qui a privilégié sa carrière internationale. Se battre pour les autres a un coût.

Marre d'être Che Guevara…

Après deux ans de mandat à la tête du SAFE, j'ai gagné en popularité auprès de mes collègues reconnaissants. Je me suis bagarré, me suis mis en avant, en danger aussi, et, si certains se cachaient derrière le buisson, tous en ont profité.

Le Syndicat est lancé, c'est un partenaire incontournable et reconnu, tout est gravé dans le marbre, il n'y a plus qu'à le faire tourner. Je quitte donc la présidence en 2008. Je n'avais aucune envie de m'enkyster dans la fonction, je suis farouchement opposé à toute personnalisation du pouvoir. Dans le milieu, certains me surnomment le « Che » ou bien le « soixante-huitard ». Chapron est synonyme de syndicalisme, ça finit par être pesant. J'y ai dépensé beaucoup d'énergie, avec des réunions de bureau sans fin, des heures de négociations au téléphone et des soucis de couple qui finiront par une séparation notamment à cause de cet engagement chronophage au détriment, entre autres, d'un minimum de vie familiale.

Philippe Kalt reprend le flambeau mais pour un intérim de quelques mois seulement, à la suite de dissensions internes. Arrive alors Éric Castellani, un assistant, qui entre en conflit personnel avec Marc Batta ; des tensions apparaissent. Le Syndicat perd en lisibilité et représentativité.

En 2010, nouvelles élections, Alexandre Castro devient président, je l'accompagne en tant que secrétaire pour assurer la pérennité du SAFE. Il faut poursuivre sa croissance et garantir le maintien du protocole, sans quoi tous les acquis risquent de voler en éclats.

Il faut reconnaître à Batta sa vision stratégique et politique. Il a laissé au Syndicat la possibilité de se développer et accepté que les réunions syndicales se tiennent librement lors des stages. Mais à son départ, on nous a soudain interdit de nous réunir en ces occasions. Le Syndicat prenait du poids, il fallait donc nous réduire au silence. Pascal Garibian, devenu directeur technique de l'arbitrage en 2013, aurait pu s'en faire un interlocuteur, une force de proposition. Mais son rapport au syndicalisme est archaïque. On peut penser que, dans son imaginaire de fonctionnaire de police, cela renvoie aux piquets de grève, aux gaz lacrymogènes, etc.

Avec le recul, je constate que tous les présidents du SAFE ont été un jour ou l'autre sanctionnés sportivement et/ou administrativement. Castro a été, nous l'avons vu, rétrogradé en Ligue 2 dans des conditions invraisemblables, idem pour Castellani[1], Ennjimi et Lannoy[2] ont été suspendus pour avoir donné des interviews critiques sur la DTA.

Tous les présidents successifs, au bout du compte, ont payé cash ! Nous avons tous été dézingués les uns après les autres. Dans ces conditions, qui oserait encore s'engager ?

Le message est on ne peut plus clair : dans ce milieu, on ne veut pas de syndicat. Comme à l'armée ! Malheur à celui d'entre nous qui oserait repartir au combat...

Nike, quand la virgule se transforme en point final

Naïvement, je pensais que ce qui est écrit se respecte. J'avais compris depuis longtemps que la parole donnée n'a que peu de valeur dans cet univers. Mais ce qui est signé est signé. Alors quand, en 2010, Nike devient le partenaire de la FFF et par répercussion l'équipementier des arbitres, on se dit qu'on va en bénéficier financièrement. Dans notre protocole de 2007, il est bien stipulé que les arbitres

1. Qui finira sa carrière dans l'anonymat d'un match de bas de classement, alors qu'il était un grand assistant.

2. Suspendu cinq mois dont un mois ferme suite à ces déclarations, Stéphane Lannoy, arguant de sa situation de représentant syndical, a saisi le Comité national olympique et sportif français (CNOSF) lequel rendra un arbitrage en sa faveur.

doivent être consultés pour tout accord de sponsoring. On pensait spécifiquement à La Poste à ce moment-là. Car si nous portons le logo sur nos tenues, aucun centime ne nous est versé pour servir d'hommes-sandwichs. Pas une miette, alors qu'on exhibe la tenue sur tous les terrains, tous les week-ends ! La FFF engrange des revenus importants sur notre dos.

Mais là, Nike, c'est une somme de vingt millions d'euros versée à la FFF. Même si nous n'en récupérions que 500 000, ce ne serait pas indu ; nous sommes les agents de la FFF et ceux qui ont la plus large et la plus visible exposition. Mais on ne touche rien ! Nous demandons donc le respect du protocole en rappelant, d'une part, que nous aurions dû être consultés et, d'autre part, quc nous aurions dû être intéressés à ce genre de contrat. Mais on nous rit au nez.

Nous décidons alors d'aller au bras de fer. Nous achetons des survêtements neutres floqués au logo du SAFE pour notre stage de préparation hivernale organisée à Canet-en-Roussillon. Pas question de porter les tenues Nike. Le groupe est solidaire dans cette démarche. En amont de la visite du président de la FFF, nous nous réunissons et actons que seul Castro, le président du SAFE, prendra la parole. Fernand Duchaussoy, qui a succédé à Escalettes, débarque au stage. Au lieu de se montrer solidaires, certains se mettent en avant pour des questions de stratégies personnelles.

Surgissent donc des dissensions entre nous. Au sortir de cette réunion, certains sont prêts à en venir aux mains. Quelle sale ambiance !

Duchaussoy comprend tout de suite que l'unité n'est que de façade ; il a aussi des relais dans le groupe, qui doivent lui rapporter que le SAFE n'a pas la solidité d'action nécessaire. Avec Castro et Olivier Thual, le vice-président, nous exigeons pourtant l'application de l'article *ad hoc* du protocole à propos du contrat Nike. Duchaussoy nous fait répondre que ce n'est pas prévu, que ça n'engageait que son prédécesseur. Une supercherie !

Chacun reste sur ses positions. Nous obtenons un rendez-vous au siège pour clarifier la situation. Nous sommes reçus par le triumvirat Fernand Duchaussoy, Noël Le Graët et Florence Hardouin, la directrice générale, brillante mais cassante. Elle attaque bille en tête (« Si encore vous étiez bons ! »), aussitôt tempérée par Le Graët. Je lui rétorque que ses connaissances en la matière doivent être limitées « à la lecture assidue de *L'Équipe* ». Nous sommes bien partis pour nous entendre. Évidemment, ils restent sourds à nos revendications pourtant légitimes : il y a un texte, des engagements. On sait que les promesses n'engagent que ceux qui y croient mais là, nous avons un document signé par trois présidents (Thiriez pour la LFP, Escalettes pour la FFF et moi pour le SAFE). Alors, on maintient le cap, pas question de céder, le droit est pour nous, la morale aussi. Nous irons au combat. Seulement, nous ne tenons pas compte du contexte. Et il ne nous est guère favorable, nous sommes en pleine tempête, les critiques pleuvent de toutes parts (à croire que cela ne s'arrête jamais, en fait), une vraie campagne de dénigrement et Batta n'y est pas pour rien. Le directeur technique de l'arbitrage a une image pourrie – pas chez les arbitres qui le respectent –, mais il ne veut plus parler à la presse, il s'isole : rien de tel pour se transformer en victime expiatoire, d'autant que Thiriez veut son scalp. Alors, pour le faire tomber, nos prestations servent de parfait prétexte. Lancer une offensive sur fond de négociations salariales est une hérésie.

Quinze minutes pour mourir

Nous sommes en février 2011. Je m'apprête à partir pour Kiev, où je suis désigné pour un match de Ligue Europa, mais on me demande de passer par Clairefontaine pour faire un bout de stage (ce qui m'agace, car cela m'oblige à des déplacements inutiles plutôt que de me préparer pour mon match). Nous en profitons pour organiser une réunion syndicale afin d'informer nos adhérents de la situation. On évoque les moyens d'agir pour faire pression et obtenir un intéressement au contrat Nike. Je suis partisan de s'abstenir de signer les feuilles de matches, ce qui paralyserait le système sans empêcher les rencontres d'avoir lieu. Mais l'effet de groupe nous amène à nous prononcer de nouveau pour un report d'un quart d'heure des coups d'envoi, comme en 2006. J'ai beau expliquer que le contexte n'est pas favorable, qu'on est décriés et que ce n'est pas le moment d'en rajouter avec, de plus, des interlocuteurs qui ne sont pas à notre écoute, mes arguments ne sont pas entendus. Nous avons bien sûr une revendication légitime mais nous sommes payés, et plutôt bien payés. Nous courons derrière un objectif pas vraiment tangible et surtout l'expérience de Canet-en-Roussillon m'a alerté sur le sens relatif de l'unité.

Je m'envole vers Kiev en me disant que, certes le principe est acté, mais que la date est encore assez lointaine. Ça donnera le temps de réfléchir, de réviser notre position. Quand je rentre d'Ukraine, quatre jours après, je demande au bureau un point sur la situation ; on me répond : c'est voté ! Le coup est parti, plus question de faire machine arrière. Fleur au fusil, sans aucune stratégie de communication.

Autre élément de contexte, la FFF et l'équipe de France sortent d'une Coupe du monde désastreuse en Afrique du Sud[1]. En haut lieu, on a fait comprendre à Duchaussoy qu'il est temps de restaurer l'autorité de l'institution. Alors, une grève des arbitres après celle des internationaux, ce serait une catastrophe.

Pour autant, nous voici lancés dans une campagne d'autodestruction, qu'aucun de nous ne tente d'arrêter.

1. La Coupe du monde 2010 en Afrique du Sud a été une catastrophe pour l'équipe de France qui a été éliminée au premier tour et a offert au monde le piteux spectacle de joueurs refusant, à Knysna, de descendre de leur autocar pour s'entraîner à l'avant-veille d'un match décisif…

Nous recommençons notre scénario victorieux de 2006 : nous prévenons instances et médias ; le vendredi matin, *L'Équipe* sort une demi-page sur notre menace de grève. Mais les planètes ne sont pas alignées. Malchance ou amateurisme, ce matin-là a lieu, au siège de la FFF, une réunion des présidents de districts. Tous ont lu l'article, Duchaussoy tient une occasion rêvée de faire preuve de poigne, les élus le galvanisent, d'autant que l'arbitrage représente un budget qui les agace. Jean-Michel Larqué (président des Pyrénées-Atlantiques) doit tenir son rôle de pyromane, Duchaussoy attrape Marc Batta et ne lui laisse pas le choix : « Ou bien ils arbitrent, ou bien je te vire ! »

Batta ne nous contacte même pas pour négocier. Fusil sur la tempe, il trouve une solution dans son coin pour survivre. Il abat sa propre carte et décide de nous remplacer par des arbitres de National. La « grève du quart d'heure » est toutefois bien suivie en Ligue 2, le vendredi soir (même par Florent, le fils de Marc Batta), mais la portée est limitée. Je reçois un coup de fil, comme mes collègues, alors que je suis en route pour diriger Auxerre-PSG le samedi soir : « Tu rentres chez toi, on te retire ta désignation. »

J'ai quand même roulé jusqu'à Auxerre, harcelé de coups de fil, 400 kilomètres avec le téléphone collé à l'oreille. Des collègues qui ne savent plus quoi faire, pris, comme nous, au dépourvu, me demandent s'ils doivent aller sur les stades, d'autres s'interrogent sur des moyens d'action différents. Et surtout des journalistes qui attendent une réaction de notre part ; l'un d'eux (de l'AFP) me questionne : « Pensez-vous que les dirigeants de la FFF sont compétents ? » Je lui réponds : « On peut dire assurément qu'en matière d'arbitrage, ils sont incompétents. » Je ne me rends pas compte de l'impact de cette réponse. Elle arrive au terme d'une journée harassante, éprouvante. En disant cela, je vise Duchaussoy qui, pour moi, n'a pas l'étoffe d'un président de la FFF. Sa méconnaissance de notre dossier et de l'arbitrage en général m'a sidéré lors de nos réunions.

Le lendemain, les arbitres de National ont officié, aucune erreur ne sera relevée par les dirigeants, les entraîneurs et la presse... Miracle ! Et pourtant...

Que tombent les têtes !

Le lundi, tous les arbitres reçoivent une convocation pour le lendemain au siège de la FFF. Je décide de ne pas y répondre, j'ai prévu de déménager ce jour-là... La politique de la chaise vide ne sera pas la bonne.

« On va s'occuper de ces leaders syndicaux ! » a prévenu Duchaussoy. Il envisage même d'envoyer tous les arbitres de Ligue 1 en Ligue 2, idée irréalisable. Il faut couper des têtes, la mienne, celle de Castro, de Thual, qu'importe mais il faut du sang !

Au cours de cette réunion, tout le monde a été retourné *illico presto*, à commencer par Lannoy, qui espère être désigné pour le Championnat d'Europe 2012 en Pologne et en Ukraine. Certains sortent et m'appellent en pleurant, avec la sensation d'avoir été humiliés. Leurs illusions d'un groupe solidaire viennent de voler en éclats.

Je vais être le premier à payer, et cher : on me retire le match Rennes-Marseille prévu deux jours plus tard.

Mais cela ne suffit pas à contenter les assoiffés de vengeance. Ils vont détruire ma carrière internationale. Alors que je suis sur une voie royale pour accéder, au mois de juin, à la Top List européenne, celle des vingt meilleurs du continent, tout s'arrête. Je suis d'abord retiré du huitième de finale de Ligue Europa Glasgow Rangers-PSV Eindhoven, puis d'un match qualificatif à l'Euro, Arménie-Russie, ces désignations qui étaient comme « des tremplins vers la Top List » (*dixit* Batta).

Cerise sur le gâteau, je suis convoqué devant le Conseil de l'éthique. Un conseil qui porte bien son nom, au sein duquel certains seraient malvenus de parler de leur éthique personnelle. La sanction était déjà tombée ailleurs par d'autres moyens. J'ai dit adieu à ma carrière internationale. Le reste n'a que peu d'importance : trois mois de suspension avec sursis pour avoir parlé d'incompétence. Pouvoir parler librement d'un sujet, se laisser aller à une forme de *parrêsia*[1] dont parle Michel Foucault, ce n'est pas dans la logique interne. Il ne fait pas bon être syndicaliste dans ce pays, encore moins dans cet univers. Quant à avoir une éthique de la vérité... Les membres de la commission auront le culot de me demander d'écrire une lettre d'excuses à Duchaussoy. Lettre que je n'écrirai jamais. Je préfère mourir avec mes idées.

Cette affaire a eu de multiples conséquences.

Pour le SAFE, tout d'abord. Le Syndicat a été cassé pour longtemps, son influence réduite à peau de chagrin et sa capacité d'action annihilée. L'éclatement de l'unité a laissé des traces. Le « groupe des Ligue 1 » a fait montre d'un individualisme écœurant, tandis que les arbitres de National ont endossé le costume de « briseurs de grève ». Aujourd'hui encore, certains en portent les stigmates. Le contrat Nike court toujours et les arbitres n'en retirent pas un euro, ils continuent à faire de la pub gratis ! Imaginez que l'on fasse ça aux joueurs ! C'est bien la preuve du mépris de l'institution vis-à-vis des arbitres.

Pour Batta, ensuite. Alors qu'il bénéficiait du soutien des arbitres, en jouant sa carte personnelle contre la corporation, il a perdu son aura. Dès lors, après avoir servi les intérêts de la FFF contre le Syndicat, il s'est fait couper la

1. *Parrêsia*, étymologiquement, c'est le fait de tout dire (franchise, ouverture de parole, ouverture d'esprit, ouverture de langage, liberté de parole). Les Latins traduisent en général *parrêsia* par *libertas*. C'est l'ouverture qui fait qu'on dit, qu'on dit ce qu'on a à dire, qu'on dit ce qu'on a envie de dire, qu'on dit ce qu'on pense pouvoir dire, parce que c'est nécessaire, parce que c'est utile, parce que c'est vrai. Voir Michel Foucault, *Le Courage de la vérité*.

tête à la première occasion par ses dirigeants. Aucune voix ne s'est élevée chez les arbitres pour le défendre. À jouer contre son camp, on finit toujours par perdre.

Pour moi, enfin. Avant l'épisode de cette grogne sociale, j'enchaînais les notes de haute volée (soit au-dessus de 8,3) au niveau international : dix-huit consécutives entre 8,3 et 8,7 ! Deux saisons complètes sans fausse note. Le Graal à portée de main. Mais puisqu'il a fallu sacrifier quelqu'un…

Alors, lorsque j'entends les dirigeants se plaindre que l'arbitrage français n'est pas représenté au niveau international, je m'étrangle. Le jour où un arbitre français allait rejoindre le sommet européen, ils lui ont coupé la tête. L'art de critiquer sans vergogne alors qu'ils sont les premiers responsables. C'est minable !

Une carrière brisée

Il y aura donc eu pour moi l'avant et l'après SAFE. Je n'ai jamais dessiné de plan de carrière, pourtant j'étais si proche du sommet de la pyramide : devenir « Top list UEFA », l'un des vingt meilleurs en Europe. La déception fut d'autant plus terrible et difficile à accepter que les critères n'avaient rien de sportif, tout s'est joué dans les coulisses. Je venais de faire l'expérience amère que le sport est parfois dépassé par la politique. J'aurais donc attendu un an et demi parmi les dix de l'antichambre, « l'Élite développement ». Jusqu'au jour où ma propre Fédération m'a définitivement barré le chemin. Les autres n'en demandaient pas tant. Toutes les fédérations importantes définissent des stratégies en matière d'arbitrage et de représentativité sur la scène internationale. La première, c'est de planifier la progression de plusieurs arbitres en parallèle et non de tout miser sur un seul. Il y a tellement d'aléas (blessure, méforme, contre-performance, etc.) dans une carrière, qu'il est préférable d'anticiper et de préparer d'un côté la relève et, de l'autre, un plan B. En France, on a tout misé sur un seul. En l'occurrence Stéphane Lannoy.

Or, quand sa candidature n'a plus fait l'unanimité pour la Coupe du monde 2014 au Brésil, il n'y avait pas de successeur. Il n'y avait aucun autre arbitre français dans la Top List, et pour cause…

Le plus difficile pour moi venait de commencer : garder la flamme, reconstruire ma carrière avec d'autres ambitions, rester compétiteur et faire en sorte que la motivation ne disparaisse pas. Un travail sur soi, sur le sens de la passion, et une réflexion sur la place de l'arbitre dans le sport.

Tous les échecs se doivent d'être appréhendés, analysés, digérés pour bâtir de nouveaux projets solides et ambitieux. La force d'un sportif, c'est de puiser son énergie dans ses erreurs pour se remettre en selle. Les échecs d'hier forgent les victoires de demain. Et, comme le disait Winston Churchill, « le succès, c'est d'aller d'échec en échec sans perdre son enthousiasme ».

Je me suis donc fixé un nouvel objectif : prendre du plaisir tout en gardant la même exigence, le même souci de toujours donner le meilleur de moi-même. Non plus une vie de compétiteur, mais une vie d'artisan, soucieux du travail bien fait.

CHAPITRE 5

Nantes-PSG 2018 : le tacle de fin !

À la poursuite de Mbappé

Dimanche 14 janvier 2018. Dernier match de la vingtième journée de Ligue 1. Le PSG mène 1-0 à La Beaujoire. On joue les toutes dernières minutes. Coup franc pour Nantes à proximité de la surface de réparation parisienne. C'est dégagé par la défense et Paris part en contre. Kylian Mbappé se lance dans une chevauchée balle au pied. Dans cette position qu'il affectionne tant, il est inarrêtable et il va vite, très vite même ; je sais qu'il va arriver lancé dans la surface adverse et qu'il va sans doute provoquer, dribbler. Je n'ai alors qu'une idée en tête : ne pas me faire distancer pour ne pas manquer le duel qui s'annonce.

Seulement je pars de loin, de la position « codifiée » aux abords de la surface parisienne sur le coup franc nantais. Me voilà contraint de traverser tout le terrain en diagonale, avec la fatigue du match et l'appréhension qui accompagne mon retour de blessure. Je ne sprinte donc pas comme je le voudrais et j'essaie de raccourcir au minimum ma trajectoire. Mbappé s'approche du but nantais, même si je ne suis pas à 100 %, je cours à une vitesse très soutenue, un joueur passe devant moi, gêne ma vision ; pour ne pas perdre de vue l'action, je réoriente un peu ma course ; là, je sens une forte poussée dans mon dos, je perds l'équilibre en même temps que le contrôle du match. En une fraction de seconde, je ne vois plus rien, je roule dans le gazon et je perçois un genou à hauteur de mon visage. Je suis surpris, j'ai peur de prendre un coup, je sens une douleur immédiate dans le dos et mon mollet blessé. Je viens de perdre de vue le ballon, Mbappé et ses dribbles chaloupés. Depuis trente ans, j'applique cette maxime imprimée comme un tatouage au fer rouge : « Un arbitre ne quitte jamais le ballon des yeux ! » Allongé sur la pelouse, j'ai perdu le fil du match et sûrement, dans ma tête, perdu mon statut d'arbitre. J'ai lâché le ballon, ça ne m'arrive jamais.

Dans un réflexe stupide, je tends la jambe, autant par souci de protection que par frustration et énervement. J'ai tout simplement la réaction épidermique d'un joueur bousculé. Combien de fois au cours de ma carrière ai-je vu les joueurs réagir de la sorte ?

Quand je me relève, le ballon est dans les mains du gardien nantais. Que s'est-il passé entre le moment où Mbappé est rentré dans la surface et le moment où le gardien s'est saisi du ballon ?

Pour moi, c'est un trou noir, un vide spatio-temporel. Il y a un manque à combler et surtout le sentiment d'avoir été privé de mes yeux, suite à cette chute.

Le temps de me remettre debout, la douleur se propage et j'évalue cette sensation de poussée. Je ne peux que supputer. Les événements se sont produits dans mon dos. Je fais confiance à mon ressenti. Mon corps a vécu une forme d'agression (on ne touche pas un arbitre), j'ai imprimé en moi l'impact. À bien y réfléchir, après avoir vu et revu les images de l'incident, je me demande s'il n'y a vraiment aucune intention de la part de Diego Carlos. Dit comme cela, je sais que je vais choquer, mais personne n'a vraiment cherché à disséquer les circonstances de ma chute. En revanche, on s'est délecté de mon geste. Comme souvent, on se polarise sur les conséquences, rarement sur la cause. Certes, notre télescopage est fortuit. Mais le joueur n'a pas vraiment l'attitude du gars qui fait tomber quelqu'un sans le faire exprès : il y a d'abord ce déploiement du coude et de l'avant-bras, plus pour déséquilibrer, semble-t-il, que pour se protéger d'un choc éventuel, et cette façon de continuer à courir sans s'enquérir de ce qu'il m'arrive, qui n'est pas conforme au comportement de celui qui fait trébucher quelqu'un par accident. C'est ma tentative de croche-pied qui stoppe son élan. N'importe quel individu faisant tomber involontairement quelqu'un se préoccupe de son état immédiatement, par un regard, un geste, une parole d'excuse. Là, rien. Troublant.

En retrouvant vaguement mes esprits, je me remémore l'action et mon corps parle. J'ai, à ce moment, l'intime conviction que la poussée, telle que je l'ai vécue, est volontaire. Violente, non. Accidentelle, assurément. Aujourd'hui, je reste dubitatif sur son caractère complètement involontaire. N'oublions pas que Kylian Mbappé est en train d'amorcer un dribble susceptible d'entraîner un penalty…

Quelques secondes de tergiversation, et je décide de sanctionner cette poussée. Cela peut paraître absurde mais c'est dans la logique de mon ressenti corporel. Je sais qu'il n'a pas couru volontairement vers moi pour me pousser mais son geste ressemble à une volonté de pousser.

Toute réflexion sensée m'échappe, je suis dans la réplique instinctive d'un homme touché physiquement. Alors, je décide d'adresser un avertissement au joueur. L'ironie c'est que ce sont ses coéquipiers qui me disent qu'il a déjà reçu un avertissement. Je n'avais pas pris la peine de regarder son numéro… Quand on manque de lucidité, on réagit sans réfléchir. Le carton jaune se transforme donc en carton rouge. Un comble. Parfois le sort s'acharne.

Sur le terrain, il y a une phase d'incompréhension totale. Et pour cause, personne n'a vu ma chute encore moins sa cause. Les joueurs des deux équipes sont interloqués.

Mes assistants sont muets et incrédules. L'un d'eux me questionne après quelques instants : « Ça va ? » Je lui réponds : « Putain, il m'a défoncé ! — Tu vas pouvoir finir ?

— Ouais, il reste deux minutes, ça va tenir mais j'ai mal au mollet et au dos. » Si nous avions dû jouer plus de dix minutes, je serais sorti en même temps que Diego Carlos… Au moins, j'aurais été « exclu » pour mon erreur d'appréciation.

Mais j'ai voulu finir. J'ai alors eu le temps de retrouver mes esprits et j'ai pris conscience de l'absurdité de mon attitude. Un sentiment d'abandon et d'effondrement. Se sentir seul au milieu d'une arène. Le stade qui s'écroule sur vous, vous ensevelit. Le taureau avant la mise à mort.

Claquage aux tests

Pour comprendre cet « événement », il faut en faire la genèse. Comprendre pourquoi un homme perd pied au point de saborder la fin de sa carrière.

Au mois de juillet 2017, je décide que la saison qui débute dans quelques jours sera ma dernière. Trente ans de ma vie avec un sifflet, il est temps de se tourner vers un ailleurs. Tellement de choses m'y poussent : une perte de sens de ma fonction, désormais dénuée de tout challenge ; les conditions dans lesquelles nous exerçons, avec ce management détestable et honteux de la DTA ; mes filles et ma femme, avec lesquelles il est impossible de passer des vacances sauf quelques jours au début du mois de juillet et quelques rares week-ends. Arbitre, c'est bien lorsqu'on n'est pas encore parent…

Simplement, si je veux encore m'offrir quelques derniers bons moments sur le terrain, il me faut réussir une batterie de tests physiques au début de la saison, sur le plan national puis international. Le tout à valider en trois semaines : un stage à Clairefontaine fin juillet puis un stage à l'UEFA mi-août. Nous sommes quatre Français invités à cette session qui réunit, tous les ans, les meilleurs arbitres européens, ceux qui officient en Champions League et en Europa League à partir du mois de septembre.

Je franchis ces différents obstacles sans encombre ; c'est un soulagement parce que le niveau est relativement élevé. Je profite du stage en Suisse pour rencontrer Collina et lui annoncer que je mettrai un terme à ma carrière internationale à la fin du mois de décembre[1]. Dans la foulée, j'informe la DTA de ce choix. J'aurais pu garder mon titre d'arbitre international jusqu'à la fin de la saison 2017-2018 mais, ce faisant, j'aurais empêché un jeune arbitre français de prendre cette distinction en janvier 2018. Il aurait dû attendre un an supplémentaire. Je « sacrifie » six mois de mon propre parcours international pour qu'un collègue puisse en profiter un an. Cadeau.

Quelques jours plus tard, je prends mon courage à deux mains et j'écris à la FFF pour annoncer la fin de ma carrière au mois de juin 2018.

Avant cela, j'ai pris la peine de regarder le calendrier. Et j'ai marqué deux dates d'une pierre blanche.

Le 19 mai 2018, dernière journée du championnat, Caen joue à domicile et j'aimerais terminer en beauté, dans ma Basse-Normandie natale. À quelques kilomètres de mes débuts, dans un stade dont j'ai vécu l'inauguration et où j'ai partagé de beaux moments avec mes amis aujourd'hui disparus Hervé et Arturo.

Le 6 décembre 2017 est la date de la seconde session de tests physiques. Pour pouvoir débuter la saison, il faut réussir les tests de juillet mais pour pouvoir la terminer, il faut réussir les tests de décembre. J'ai dû en passer quatre-vingts dans ma carrière, je n'y ai jamais échoué. Mais je sais qu'ils sont plus difficiles à mon âge qu'à trente ans…

Ce 6 décembre va conditionner toute ma fin d'année 2017 puis la fin de la saison. Je m'entraîne comme un damné, jusqu'à en vomir parfois. J'enchaîne les séances avec de plus en plus d'intensité. Pas question de rater cette dernière

1. Contrairement à la FFF, l'UEFA se base sur le calendrier grégorien et non sur des saisons.

marche. Quand je suis invité à arbitrer en Chine à l'automne, je m'inquiète d'avoir à poursuivre ma préparation dans une atmosphère aussi polluée. C'est que je dois réussir pour pouvoir ensuite finir tranquillement…

Quoi qu'il en soit, j'arrive fin prêt à Clairefontaine. J'ai même répété les tests sur la neige en pleine vague de froid, quelques jours auparavant.

Mais le jour J, sur un sprint, je me pète. Je m'élance pour un 40 mètres départ arrêté (on doit en faire six en moins de six secondes, avec un passage supplémentaire possible en cas d'échec), je sens comme une violente décharge électrique dans le mollet. Je continue pourtant à courir et je fais 6' 03"… C'est le deuxième. Sprint non validé. Encore cinq à effectuer ! Malgré la douleur, en serrant les dents, je parviens à tout boucler dans les temps impartis. Reste encore le « yoyo test », quarante accélérations. Deux fois vingt mètres avec un demi-tour et dix secondes de récupération entre chaque navette. Avec des paliers progressifs. Une montée en puissance qui met à rude épreuve les adducteurs et les mollets mais qui vous fait aussi hausser très fort le rythme cardiaque pour ne quasiment plus redescendre. Un test éprouvant et dangereux qui, un jour, se terminera par un drame. Bien que diminué, en souffrant, avec la pression du dernier test de ma carrière et les sacrifices de la préparation, ça passe. Dans la douleur.

Je dois arbitrer à Monaco quelques jours plus tard, mais le médecin de Clairefontaine me prescrit un mois complet d'arrêt…

Week-end tranquille à Saint-Malo

Un mois plus tard, le 6 janvier 2018, je fais ma rentrée à Saint-Malo. Lors d'un trente-deuxième de finale de Coupe de France opposant Saint-Malo et Châteauroux. Ça me permet de raviver les souvenirs, de faire un bond en arrière de vingt ans, quand j'arbitrais dans la cité des corsaires à mes débuts d'arbitre fédéral. Un bon week-end, un match facile à diriger, ça se passe super bien, une ambiance de foot populaire comme je l'aime. Dans ce cadre plus champêtre, on sent le respect qui accompagne le statut d'international. À ce propos, j'ai encore sur la poche l'écusson FIFA, celui de 2017, mais je ne suis plus international depuis ce début d'année. Quand j'offre mon maillot à quelqu'un qui me l'a demandé, je prends d'ailleurs soin de le retirer, ce sera mon dernier, un souvenir. La semaine suivante, au stage de Clairefontaine, je demande un écusson FFF (Fédéral 1), le même que celui que j'avais reçu avec fierté en… 2004. Lors de ce stage de préparation, je zappe ou adapte certains exercices physiques. Je ne veux pas risquer de rechuter : comme pour un joueur, le retour d'un pépin physique n'est jamais facile, on met trois à quatre semaines avant de recouvrer tous ses moyens[1].

Le vendredi 12, je pars directement de Clairefontaine pour rejoindre Nantes. Je me débrouille pour y dégotter une séance de kiné le vendredi soir, preuve que je ne suis pas pleinement serein. Cette affiche est une sorte de piège mais je ne peux me permettre de la refuser. Pour plusieurs raisons : d'abord, quand on est arbitre on a envie d'arbitrer les meilleurs matches, ensuite, parce que j'entre dans le *money time* de ma carrière comme je l'ai dit à Garibian juste après ma blessure : « Plus que douze matches au lieu de quinze[2] ! » Le compte à rebours, qui est commencé, est déjà amputé de quelques unités… Demander à faire un autre match c'était aussi prendre le risque de me retrouver sans désignation ce week-end-là.

Cela étant, ce management est pour le moins hasardeux : envoyer sur un gros match du dimanche soir un arbitre qui

1. Le Brésilien Neymar a parlé dans *L'Équipe* du 12 mai 2018 de son appréhension du retour après sa blessure : « J'ai besoin de perdre cette peur "de la rechute". »

2. À cause de ma blessure, je n'ai pas pu arbitrer trois matches qui étaient prévus à mon agenda.

revient de blessure, c'est un peu comme titulariser un joueur sur un match important après un accident musculaire. Un match plus anodin et moins exposé aurait certainement mieux convenu.

Cependant, je me retrouve sur la pelouse nantaise, pour le choc de la 20e journée, Nantes-PSG.

Et je suis quelque peu perturbé par le fait de reprendre un écusson fédéral que je n'avais plus porté depuis des années. Une sorte de régression mal vécue. La preuve : je me trompe au moment du *toss* d'avant-match avec les deux capitaines. J'oublie le règlement. Mais les choses se passent tranquillement et avec le sourire. Puis le match commence.

Sur l'ouverture parisienne du score, à la limite du hors-jeu, je sens mon assistant un peu en panique. Il s'interroge mais valide le but, il n'a pas levé le drapeau, c'est la consigne : en cas de doute on préconise une prise de risque afin de favoriser le spectacle. Mais il reste marqué par ce moment de flottement. À la mi-temps, il est moyennement serein. Je lui dis qu'il a pris la bonne décision et qu'il doit se concentrer sur la suite, pas sur le passé.

C'est le même – et c'est un des meilleurs du championnat – qui refuse ensuite une égalisation nantaise, en seconde période, pour un hors-jeu très délicat à juger. De là où il est placé, normal qu'il le signale, alors que le but aurait dû/pu être accordé.

Juste après, survient un contact douteux entre un défenseur parisien et un attaquant nantais, c'est dans la surface parisienne. Mon assistant dans l'oreillette me dit : « Pour moi, c'est penalty ! » Mais moi j'ai un gros doute. Je ne siffle pas. Les images me donneront raison. L'assistant en est un peu ébranlé et moi ça m'aurait peut-être arrangé que Nantes égalise…

Le match se déroule sans difficulté majeure.

Jusqu'à cette désormais fameuse 91e minute…

Parole muselée

Quand je siffle la fin du match, je ne sais pas encore que ce sera mon dernier coup de sifflet. Je sais simplement que j'ai fait une énorme bêtise et qu'il va falloir l'assumer. Mais je suis loin d'imaginer la suite et le déferlement à venir. À ce moment-là, nous sommes à l'épicentre du séisme. Dans le stade, je suis comme secoué par le tremblement de terre. Le tsunami se profile… À partir de maintenant, une gigantesque vague va se constituer, enfler, prendre une vitesse et une force phénoménales. Puis s'abattre sur moi. Et tout raser. Ne restera qu'un spectacle de désolation, des ruines.

En rentrant dans les vestiaires, mes collègues me demandent de leur raconter l'enchaînement des événements. Eux n'ont rien vu, rien compris. Je leur explique la chute et mon ressenti. Et je termine par : « Et puis j'ai essayé de faire un croche-pied au joueur qui m'avait mis par terre. » L'un d'eux me dit : « Mais tu es fou ! » dans un éclat de rire. Pour un peu, je m'en amuserais presque, moi aussi. Seulement j'ai conscience que cette affaire va mal tourner. Je l'ai ressenti physiquement. Comme un effondrement externe et interne.

J'ai coutume d'expliquer, par une métaphore, la mission d'un arbitre. Car arbitrer un match c'est construire un château de cartes. Toutes les cartes participent à l'équilibre de l'édifice et tant que la dernière n'est pas posée, tout peut s'écrouler.

Ce soir-là, c'est le château de ma carrière qui va s'écrouler. Trente ans d'une vie d'arbitre balayés comme un château de cartes.

Je vais mettre les choses en miroir pour plus de clarté. Un attaquant qui a tout raté pendant quatre-vingt-neuf minutes et qui inscrit le but victorieux à la dernière seconde efface tout : les grands buteurs se retrouvent toujours au bon moment ! Un arbitre excellent pendant toute la rencontre qui a pris les bonnes décisions pendant quatre-vingt-dix minutes mais qui oublie un penalty dans le temps additionnel est un moins que rien ! Parfois même lorsqu'il prend des décisions justes et légitimes. Ainsi, lors du quart de finale de Ligue des champions Real-Juventus en avril 2018, Michael Oliver, l'arbitre anglais, accorde un penalty justifié et exclut Gianluigi Buffon dans le temps additionnel. Alors qu'il a dirigé le match sans encombre jusqu'alors, il voit s'effondrer son château de cartes à lui. Cruel. Sa maison sera placée sous protection policière après cette décision… Les menaces de mort sont prises au sérieux par Scotland Yard.

L'arbitre n'a jamais l'occasion de briller, il ne peut qu'éviter l'hallali. Lui ne marque jamais de but et ne peut donc pas faire oublier ses erreurs. Car les arbitres en font. Comme les joueurs…

Au-delà de cette distinction joueur-arbitre sur le terrain, il y en a une autre, hors du terrain. Car l'arbitre ne s'exprime quasiment jamais. Et pour cause, on le lui interdit. Les dirigeants veulent contrôler la communication, au point que pour parler à un journaliste, il faut obtenir l'aval de la DTA et du service presse de la FFF.

À Nantes, j'aurais dû sortir des clous où nous cantonnent nos dirigeants et m'exprimer. J'aurais dû m'affranchir de cette obligation de se taire, de ce fameux « devoir de réserve ».

Mais vingt à trente minutes après le coup de sifflet final (vraiment final en l'occurrence…), au sortir de la douche, je reçois un coup de fil de Garibian, le directeur technique de l'arbitrage. Il me demande quelques explications sur les incidents, m'invite à revoir les images pour débriefer le lendemain matin au calme. La conversation se termine par : « D'ici là, motus ! » Je suis muselé.

C'est alors que Waldemar Kita, le président de Nantes, demande à être reçu. Nous allons entrer dans une sorte de marchandage réciproque. Je suis dans l'apaisement, et pour cause, et lui n'a qu'un objectif : faire retirer le carton rouge à son joueur pour qu'il évite la suspension. Smartphone en main, il me montre les images. Évidemment, pour lui, je me suis trompé, il s'agit d'un simple accident, sans intentionnalité. Son joueur doit être blanchi. Puis il s'attarde. « Je pense que vous ne l'avez pas fait exprès mais quand même, votre geste... » Il m'explique qu'il a déjà reçu des appels de toute l'Europe, que les gens sont hilares. Que mon geste va faire le tour du monde. Mais que lui est convaincu que je ne l'ai pas fait volontairement. « Les journalistes m'interrogent, ils veulent savoir, je leur dis quoi en sortant de votre vestiaire ? Car ils vont me demander... Et pour le carton rouge, vous le retirez ? »

J'ai compris. C'est une forme de troc insidieux. Si tu me dis que tu retires le carton rouge de Diego Carlos alors je dis à la presse que c'est un incident mineur. Si mon joueur est suspendu, je crie au scandale devant les médias. Un marché de dupes.

Je lui réponds que je regarderai la vidéo tranquillement et que si Diego Carlos ne mérite pas ce second carton, je le lui ferai retirer. Avais-je le choix ?

Harcèlement et dépression

Au retour à l'hôtel, on regarde les images entre arbitres. Je sais déjà que le rouleau compresseur médiatique s'est mis en marche. Les jours à venir s'annoncent chaotiques. Je ne dors pas de la nuit, mon fidèle assistant vient taper à ma porte à 4 heures du matin. On parle pendant une heure. On sait qu'on ne pourra pas fermer l'œil. Je dois prendre un train à 7 heures. Pour sortir de l'hôtel, j'enfile un bonnet, mets des lunettes et rentre ma tête dans les épaules. La notoriété d'un arbitre est rarement positive.

Dans le TGV, je passe la matinée au téléphone. Notamment avec Garibian, qui me demande de ne pas faire de communiqué, qu'il va s'occuper de la communication. Mais moi je veux m'exprimer. Il m'explique qu'il faut voir ça avec le service presse de la FFF. Je comprendrai plus tard qu'il cherche à gagner du temps. Comme si lui préparait sa communication tout en retardant la mienne. Il me dit : « Réfléchis à ton communiqué, on se rappelle dans trente minutes. » Et il balance sa propre déclaration ! Et le moins que l'on puisse dire, c'est que cela ressemble plus à un lynchage qu'à une main tendue[1].

Quand je prends connaissance de cette déclaration, je suis coincé. Mon communiqué de presse arrive trop tard et fait finalement un peu tache… J'ai compris que je n'aurai pas de soutien de la part de la DTA. Faut-il en être surpris ?

Mais imagine-t-on un président de club ou un entraîneur aller devant les journalistes après l'exclusion d'un de leurs joueurs et le clouer au pilori ?

Accablé de toutes parts, y compris par mon propre camp, je n'ai pas les armes pour lutter face à cette déferlante. Alors je m'isole totalement, comme une bête traquée chercherait à se protéger de la meute. Je subis un tel déchaînement que je ne parviens même pas à percevoir les messages de réconfort. Je coupe tout : j'échappe ainsi à la curée mais aussi à ceux qui me témoignent leur soutien. C'est ma manière de me protéger parce que ma carapace d'arbitre, pourtant solide, est vraiment mise à mal. La surmédiatisation ajoutée à mon devoir de réserve, cela n'est pas sans conséquence sur le moral. C'est d'une violence inouïe, inimaginable.

Le harcèlement est terrible, avec des messages de journalistes qui s'empilent dans ma boîte vocale, des enquêtes de voisinage de la part des médias, dans mon quartier, dans la rue, chez le boulanger, dans les bistrots du coin, auprès de mes copains et même de ma femme et de mes parents. Je me demande ce que j'ai bien pu faire pour mériter pareil ressentiment. Ai-je tué ou violé quelqu'un ? Braqué une banque ? Détourné de l'argent public ?

1. « Son geste est inacceptable. Les arbitres doivent se montrer exemplaires en toutes circonstances et ne pas manquer de maîtrise émotionnelle. » Sur RMC, le lundi, Garibian déclare encore : « Il a jeté le discrédit sur l'arbitrage. »

Pour rappel : j'ai effleuré, dans un geste réflexe, la cheville d'un joueur de football sur un terrain après que celui-ci m'a fait tomber. Ni blessure, ni chute, ni douleur. Une erreur certes, un acte incontrôlé et intolérable, soit. Comment hiérarchise-t-on l'information dans ce flux permanent d'images et d'histoires ?

Mardi 16 janvier, je me lève, me prépare et m'apprête à accompagner ma petite fille à l'école. Ma femme me regarde, s'étonne et me demande : « Où vas-tu ? — À l'école, pourquoi ? — Vu le contexte, je pensais que tu resterais à la maison. — Je n'ai tué personne que je sache, alors j'y vais ! » Un acte de bravoure en quelque sorte.

Toutefois, cette démarche naturelle se transforme en combat intérieur. Affronter le regard des autres c'est percevoir en chacun la consternation, la moquerie ou l'opprobre. Quand bien même les gens se fichent pas mal de mon histoire, je construis un délire paranoïaque. Je me sens traqué, seul. Alors je m'enferme et ne parle à personne ou presque.

Je vais garder le silence, à la fois par contrainte réglementaire mais aussi par choix : j'ai décidé de réserver mes arguments pour la commission de discipline. Je prépare ma défense. Je m'attends à être convoqué dès le jeudi suivant. Seulement, mon cas n'est pas prévu dans les règlements, aucun texte n'évoque l'arbitre en tant que fautif (victime oui, souvent). Finalement, la commission de discipline de la LFP choisit de placer l'affaire en instruction et fixe mon audition au 1er février. Mon conseil estime que décider à froid permettra de recouvrer un climat apaisé et propice à un minimum de discernement. L'instructeur effectue un travail de qualité avec neutralité et distanciation. Dans son enquête, il interroge Garibian sur les préconisations faites aux arbitres en cas de perte de contrôle temporaire du match (suite à une chute, etc.). Plutôt que de se contenter de répondre techniquement à la question, Garibian y va de son commentaire vachard : « Je tiens à vous témoigner toute la tristesse des dirigeants de l'arbitrage fédéral après un geste qui a altéré l'image des arbitres, lesquels savent combien leurs missions [...] imposent une exemplarité de chaque instant. »

Commission de discipline : la rigueur retrouvée

Devant la commission de discipline, j'assume ma faute. Je sors de l'audience avec le sentiment d'avoir été honnête et de n'avoir pas fui mes responsabilités. Deux personnes qui y ont assisté me confient qu'elles ont été très touchées par ma prise de parole, qu'elle était empreinte de vérité et de sincérité. Mais, au sein de cette commission, il y a une poignée de personnes décidées à « se faire un arbitre ». Il ne faut pas oublier qu'elle est composée de représentants des joueurs, des dirigeants, des éducateurs et d'un ex-arbitre, Patrick Lhermite, le bras droit de Garibian. Un type très politique, et c'est un euphémisme.

Ajoutez à cela que siège aussi Jean-Raymond Legrand, ex-président de Valenciennes, club avec lequel j'ai connu quelques démêlés. Autant dire que je ne prêche pas dans ma paroisse...

Mais je suis soulagé d'avoir enfin pu m'exprimer. La pression retombe. Et la sanction, elle, tombe : six mois de suspension, dont trois avec sursis, prenant effet le... 6 février ! Comme j'ai déjà été automatiquement évincé depuis le 14 janvier, et que ma mise à l'écart prendra fin au lendemain d'une journée de championnat, cela revient en fait à quatre mois ferme.

La décision est sévère et surtout elle n'est pas en cohérence avec les attendus qui l'accompagnent. Lesquels soulignent mon comportement en séance où je reconnais mon erreur avec humilité, dans un contexte médiatique totalement disproportionné et humainement éprouvant. Avant d'ajouter qu'au cours de ma carrière, j'ai toujours eu un comportement exemplaire.

Le coup est rude. Une estocade. Je vacille et sombre dans une dépression que l'on voudrait cacher. Mais je repars au combat avec l'énergie du désespoir. Pour rester debout aussi. Je fais appel le 7 février auprès de la commission *ad hoc* de la FFF.

Pour éclairer le contexte, j'ajoute ici quelques éléments qui, mis bout à bout, jettent un doute quant à la neutralité du traitement de mon dossier.

Je consulte un psychiatre qui constate que je ne suis pas au mieux et, compte tenu du contexte, me dit : « Avec ce que vous venez de vivre, c'est plutôt sain que vous ne soyez pas très bien... » On va se revoir mais dans un premier temps, il me prescrit un arrêt de travail. J'en informe mon employeur (la FFF). Une semaine plus tard, je reçois une lettre recommandée. À la demande de la FFF, je dois me rendre chez un médecin expert en vue de vérifier le bien-fondé de mon arrêt.

C'est la première fois que cela m'arrive. Quand tu es au fond du trou, tu peux compter sur l'institution que tu représentes depuis trente ans sur les terrains pour te soutenir ! Au moins auraient-ils pu avoir la décence de me laisser tranquille. Mais non, ils vont essayer de me démolir un peu plus. Heureusement, le médecin désigné par le cabinet d'expertise prend vite la mesure de la situation et constate que mon arrêt est plus que légitime. Il conclut même par une recommandation de prolongation de plusieurs mois de cet arrêt. La contre-expertise est adressée à la FFF le vendredi 16 février. J'imagine qu'elle n'a pas dû les satisfaire. Impossible d'annoncer que j'avais bénéficié d'un certificat de complaisance et ainsi me jeter en pâture.

Qu'à cela ne tienne, ils vont trouver un moyen d'écorner encore mon image. Le dimanche 18 février, la presse parisienne déclare que je suis en arrêt maladie, insinuant par là que je continue à toucher l'intégralité de mon salaire (ce qui est faux puisque nous sommes payés pour l'essentiel en fonction du nombre de matches arbitrés). Cette information relève de la vie privée et n'a pas vocation à se retrouver dans la presse. Qui a bien pu faire fuiter l'info, alors que les seuls organismes au courant, à la date de sa diffusion, sont la Caisse primaire d'assurance maladie et la FFF ?

En tout cas, rien de tel que la divulgation de cet arrêt maladie pour tenter d'influencer négativement la commission d'appel. Laquelle cogite pour trouver un moment pour m'entendre.

Une justice à deux vitesses

Après quelques jours d'attente, mon avocat s'enquiert de la date de l'audience. Réponse sibylline, le 13 février : « On vous préviendra. » Merci, c'est gentil.

Le 15 février, l'attaquant bordelais Malcom est suspendu, par la LFP, pour un match, plus un avec sursis, pour avoir simulé une faute et obtenu un penalty contre Lyon. Dans la foulée, il fait lui aussi appel. Il obtient, dans la journée, une date pour l'examen de son appel. Son audition est programmée le 20 février. Mon conseil interpelle la FFF sur le fait que nous avions demandé une date d'audience bien avant le joueur bordelais et qu'il serait légitime de passer, si ce n'est avant, au moins le même jour. La commission lui répond que la situation du joueur a un caractère urgent. Mais de quelle urgence s'agit-il ? Il continue à percevoir l'intégralité de son salaire alors que moi, je ne peux plus exercer mon métier et perds la plus grande partie de mes revenus pour des semaines, des mois. Son cas est finalement traité en cinq jours. Ça n'a pas traîné. Quant à moi, on m'informe que mon appel est fixé au… 8 mars !

Des jurés hostiles

Le 8 mars 2018, je me présente donc devant la commission supérieure d'appel de la FFF. On ne peut pas dire qu'elle est réputée pour sa tendresse. Cela va vite se vérifier. Après un bref rappel des faits, le président m'interpelle : « Monsieur Chapron pourquoi avez-vous fait appel ?

D'aucuns pensent que la commission de discipline de la LFP a été plus que clémente avec vous ! » Le ton est donné. En regardant les membres autour de la table, j'ai vite fait de comprendre qu'on ne va pas assister à une audience mais à une exécution. Trois des cinq membres (plus un administratif…) n'étaient sans doute pas enclins à me faire de cadeau. D'abord le représentant des… arbitres ! Patrick Cassassus, un ancien assistant très proche de Garibian. Autant dire qu'il ne sera pas celui qui prendra ma défense. En même temps, compte tenu de son charisme, il est peu évident que sa parole puisse avoir un impact fort auprès des autres membres de la commission.

Le second, Jean Lapeyre, directeur juridique de la FFF, faisait partie de la commission d'éthique qui m'avait auditionné lors du conflit de 2006. Il savait que j'avais été un leader syndical et que mon action avait coûté un peu d'argent à la Fédération. Le troisième, Michel Rablat, est un ancien dirigeant de Grenoble, le club auquel… j'appartiens ! Il me serre vaguement la main avant d'entrer en salle et je me souviens alors de l'histoire qui nous a opposés, lors d'un Grenoble-Lyon amical, en 2006. Ce jour-là, au bout de vingt minutes, je vire du banc l'entraîneur grenoblois, Yvon Pouliquen, qui ne cesse de contester. À la mi-temps, un dirigeant vient remettre en cause ma façon d'arbitrer avec véhémence : c'était Rablat ! Je rentre dans le vestiaire et me déshabille. Direction la douche. Le match s'arrête là pour moi. Je décide de rentrer chez moi et de déchirer ma licence en faveur du club. Je suis très remonté. Me faire houspiller par les dirigeants de mon propre club. Un comble ! Prévenu de la tension palpable, un dirigeant grenoblois, Roger Garcin, passe la tête dans le vestiaire. Je le connais bien, nous déjeunons ensemble régulièrement et c'est un personnage respecté dans le club. Il me demande ce que je fais. Et je lui explique que je rentre chez moi. Il est dans tous ses états. « Tony, finis le match s'il te plaît ! On reparlera de ces crétins plus tard, je vais faire le nécessaire. » Au nom de notre amitié, je décide d'arbitrer la seconde période. Mais j'y mets deux conditions : le dirigeant Rablat est exclu du banc et le premier joueur qui conteste prendra un rouge. Ça ne tarde pas : à la 48e minute, j'expulse un Grenoblois. Cela a beau être mon club, j'arbitre sans concession. L'ambiance se calme ensuite et la rencontre se termine sans encombre.

Le lendemain, j'envoie ma lettre de démission au siège du club. Deux jours plus tard, le président du Grenoble Foot 38, un Japonais (qui a dû venir trois fois en France dans sa vie), me convoque dans son bureau… en présence de Pouliquen et Rablat ! Il leur demande de me présenter des excuses et leur passe un savon. Il ne tolérera plus un tel comportement de leur part. Je fais alors preuve de diplomatie et de psychologie, pour une fois, en décidant de rester au club.

Douze ans plus tard, Rablat croise à nouveau ma route… Et la révocation des jurés n'est pas une option ! J'expose donc mes arguments et en vingt minutes l'affaire est pliée. Avant de sortir, je demande au président quand sera rendue la décision. Nous sommes un jeudi. Réponse : « La semaine prochaine. — Début ou fin de semaine ? — Comptez plutôt milieu voire fin de semaine prochaine. » C'est noté. Je rentre chez moi. Le soir je découvre que *L'Équipe* annonce une décision dans dix à quinze jours. Visiblement, certains membres de la commission connaissent bien les journalistes. Et surtout ces derniers ont de vraies informations. Pour ce qui me concerne, j'ai eu droit à un enfumage.

Une exécution bien programmée

Le verdict tombe… quinze jours plus tard ! Huit mois de suspension dont deux avec sursis. Autant dire la fin immédiate de ma carrière. En y ajoutant le cynisme d'accepter notre demande, à mon avocat et moi, de faire débuter la sanction au 15 janvier, lendemain du match à Nantes… Un enterrement cruel, sans fleurs ni couronnes.

En termes de communication, c'est un coup de maître. Une telle information diffusée un jour de semaine classique, avec une journée de championnat le week-end, aurait fait les choux gras de la presse. Là, elle tombe le jour d'un match de l'équipe de France, le vendredi 23 mars 2018, quelques heures avant le coup d'envoi de France-Colombie. Tous les médias sont focalisés sur le match des Bleus. L'alourdissement de ma peine passe quasiment inaperçu. D'autant que la Colombie est venue gagner au Stade de France (3-2), de quoi écrire quelques articles alarmants avant la Coupe du monde en Russie.

En lisant les attendus de la commission d'appel, je crois entendre Garibian. Une fois de plus, ce n'est pas mon geste qui est au cœur de la décision mais l'impact sur l'image du football français. Rappelons tout de même que le joueur nantais n'a subi aucune blessure ni même entamé de procédure à mon encontre. Par conséquent, les différentes commissions se sont fait l'écho de la vindicte populaire. Un jugement pour calmer la foule. L'arbitre, cet être impopulaire, ne résiste pas aux cris de haine de la plèbe. Sa tête devient un trophée.

Cette décision est l'incarnation d'un mal profond qui mine les arbitres et plus généralement le football. Ceux qui se portent en parangons des valeurs du sport et du respect sont les mêmes qui jugent joueurs, entraîneurs et arbitres.

Les exemples sont légion qui alimentent l'amertume des arbitres et décrédibilisent toute tentative de valorisation du football comme pratique sportive éducative ; je n'en retiendrai que deux.

Le premier ne prête même pas à interprétation, il est factuel. Le joueur bordelais Malcom a été jugé (en première instance et en appel) en cinq jours. Me concernant, il a fallu cinquante jours ! Dix fois plus. Juste le temps pour être sûr que je ne reviendrai jamais. Mais au-delà de ma petite personne, c'est une atteinte au droit à être jugé équitablement. Une justice d'exception. Seulement quand on exige, comme c'est écrit dans les attendus du jugement, de l'exemplarité, il est préférable d'être exemplaire soi-même.

Le second concerne Nabil Dirar. Lors d'un derby Monaco-Nice en février 2016, le joueur monégasque, après avoir contesté violemment une décision de l'arbitre, lui avait donné un petit coup de tête. Pas un coup de boule avec fracture du nez. Mais un geste suffisamment explicite pour justifier son exclusion et son passage en commission de discipline. Debout, avec le temps de la réflexion, dans un geste maîtrisé, le joueur avait touché le front de l'arbitre avec son front. Une belle image de respect de l'autorité de l'arbitre ! Étrangement, je n'ai pas souvenir d'avoir entendu Garibian et consorts dénoncer une atteinte à l'image du football français. Un geste finalement assez banal qui s'inscrit dans le paysage des matches de Ligue 1. La sanction fut à la limite du ridicule : huit matches de suspension fermes pour un coup de tête. Le barème disciplinaire prévoit de trois à six mois minimum, normalement. Une mascarade. Et surtout une aubaine pour le joueur et son club. Ils ne firent pas appel. Et pour cause…

Je ne me lancerai pas ici dans l'énumération de ces cas de figure. Ils sont trop nombreux. Seulement, il y a là matière à réflexion. Puisqu'il est question dans « l'affaire nantaise » de l'image du football, il est aussi question de la place de l'arbitre dans cet univers. On demande aux arbitres de faire preuve de pédagogie, d'ouverture d'esprit, de dialogue et de moins d'arrogance. On oublie alors de se questionner sur leur place dans la « grande famille du football ». Souvent raillés, critiqués, insultés, agressés, ils aimeraient se sentir protégés, soutenus et intégrés. La simple observation de la dichotomie entre les sanctions appliquées aux arbitres et celles appliquées aux joueurs suffit à comprendre le malaise de ce sport. Les arbitres ne feront jamais partie de « la famille ». La singularité de leur tâche dans ce monde ultra-médiatisé, aux forts enjeux économiques, politiques et sociaux, ne leur permet pas de prétendre à une quelconque reconnaissance, encore moins à une quelconque intégration. Le traitement médiatique de leurs erreurs finit par institutionnaliser leur statut de paria dans un univers trop éloigné de leur quotidien.

L'épilogue de mon aventure nantaise témoigne de cette impossible réconciliation.

Les trophées UNFP : délit de solidarité et déni de démocratie

Décidément, Garibian a un vrai souci avec l'expression démocratique, et les trophées de l'UNFP en sont l'illustration parfaite. Il se trouve que depuis quelques années, un trophée est décerné au meilleur arbitre de Ligue 1 ainsi qu'au meilleur arbitre de Ligue 2. Auparavant, ces récompenses annuelles étaient attribuées aux arbitres choisis par la DTA. Autant dire qu'il s'agissait là d'un exercice d'autopromotion destiné à mettre en valeur le « produit » phare. Celui qui répond au canevas, le bien-pensant, le plus soumis aussi. La politique de communication institutionnelle était bien rodée. Seulement, en accord avec l'UNFP, qui organise des votes pour les joueurs et entraîneurs, le SAFE a demandé s'il lui était possible d'organiser de son côté un vote pour les arbitres. Ainsi depuis 2013, ce sont donc les adhérents du SAFE qui votent pour élire, parmi tous les arbitres, le meilleur de l'année. La DTA n'a plus sa vitrine à trophées.

Qu'à cela ne tienne, la force d'un régime autoritaire tient en sa capacité à s'affranchir des résultats des votes. Ainsi, en 2017, comme nous l'évoquions déjà au chapitre 2[1], les arbitres élisent, pour la quatrième année consécutive, Ruddy Buquet meilleur arbitre de Ligue 1. C'est mérité, car il a acquis au fil des saisons une riche expérience internationale et, sur le plan national, il réalise d'excellents matches. Simplement, il n'entre pas dans les plans de la DTA, qui lui

1. Lire chapitre 2 : Malheur aux insoumis !, p. 42.

préfère Clément Turpin et mise sur sa promotion à la FIFA au détriment de Buquet, pourtant meilleur. Les arbitres ne s'y trompent pas et votent très largement pour lui. Le scrutin est aussi l'occasion de rétablir une certaine forme de justice sportive ; en filigrane c'est une défiance vis-à-vis de la DTA et de ses choix arbitraires. Les arbitres s'expriment ici sous couvert d'anonymat, par vote électronique. Un espace de liberté d'expression. Le seul. Plutôt que d'y voir un appel à l'équité, le directeur technique de l'arbitrage s'obstine. À l'annonce des résultats, il contacte Buquet et lui demande de laisser son titre à Turpin. Mais Buquet argue que les arbitres ont voté et qu'on doit respecter le résultat des urnes. Qu'à cela ne tienne, Garibian joint le SAFE, crie au scandale puis entreprend des manœuvres en coulisse auprès de l'UNFP. Il obtient finalement la création d'un trophée spécial récompensant le « meilleur arbitre français sur la scène internationale » (*sic*). Sans honte. Turpin aura l'intelligence de décliner l'invitation à la remise du prix qui lui était dédié.

Cette affaire déclenche l'ire de l'UNFP qui s'offusque des pratiques caporalistes de la DTA.

En avril 2018, le SAFE procède comme de coutume à l'approche de la cérémonie organisée par l'UNFP. À la clôture du vote, le vice-président du Syndicat m'appelle et m'informe des résultats. J'ai été élu, par mes pairs, meilleur arbitre. Il me félicite. Après des mois de galère, enfin une bonne nouvelle. De quoi retrouver un peu de moral.

Lorsque les chiffres du vote apparaissent, je constate que je suis élu confortablement, avec plus de 31 % des voix. Lors des quatre derniers scrutins, j'avais occupé les places d'honneur. Deuxième en 2015, troisième en 2014 et 2017 et quatrième en 2016. Un ancrage fort parmi les meilleurs. Mais cette fois c'est donc la bonne. Il aura fallu attendre la dernière saison pour être honoré. Il n'est jamais trop tard. Dans un monde normal et sain, on pourrait se contenter de fêter ça. Seulement, le pis est toujours à venir.

Les arbitres sans voix, une dictature sans vote

Non content d'avoir déjà œuvré lors de l'édition précédente, Garibian reprend ses habitudes. Lorsqu'il apprend que j'ai été élu, il monte voir le président de la FFF pour qu'il intervienne auprès de l'UNFP. Lui-même ne peut plus le faire directement, son intervention précédente ayant été mal perçue. Alors, la FFF et la LFP s'associent pour dénoncer un vote contestataire et ridicule. Leur emboîtant le pas, l'UNFP refuse de me remettre le trophée au nom d'une neutralité revendiquée. Philippe Piat, le président de l'UNFP, va même jusqu'à justifier son refus par un souci de non-instrumentalisation. Il ne se rend même pas compte qu'il est téléguidé par les instances... Un comble pour un représentant syndical ! À moins que la pression financière de la LFP ait été un frein à l'expression de son indépendance. Son seul credo aurait dû être le respect du vote, au lieu de quoi il s'est fourvoyé dans une sombre affaire politique. Triste.

Ce trophée non remis va alimenter la chronique. La situation aurait pu être cocasse, elle devient une nouvelle affaire et prend une certaine ampleur, y compris à l'étranger. En termes de discrétion et de démocratie, on peut dire que la FFF a été remarquable. Lors d'un stage à Clairefontaine devant un groupe d'arbitres de Ligue 1, Garibian explique sa démarche sans vergogne et surtout fustige les arbitres qui ont voté pour moi : « Vous êtes la risée du football ! » leur assène-t-il. Cette posture est édifiante et témoigne de l'absolue soumission à laquelle sont confrontés les arbitres. Au quotidien, ils sont en permanence jaugés par la DTA, fliqués, cadrés, aliénés. Le moindre écart à la pensée unique suffit à te mettre au ban du système.

Lors d'un stage, un collègue me prend à part et me lance : « Chapron, arrête de poser des questions sur le sens de leur démarche, parce que pour eux, réfléchir c'est désobéir. » Ne reste alors aux arbitres que le vote comme arme d'expression. Et le trophée du meilleur arbitre offre une grille de lecture à multiples facettes. Dans mon cas, je l'ai d'abord interprété comme la reconnaissance d'une longue et belle carrière, un trophée d'honneur en quelque sorte. Puis j'ai pensé que mes collègues avaient voulu par leur vote m'apporter un soutien fort et me témoigner leur solidarité. Un trophée solidaire. J'ai encore envisagé qu'ils avaient exprimé leur mécontentement face au lynchage dont j'avais été victime, une identification salutaire qui leur avait permis de prendre conscience de leur véritable place dans cet univers. Un trophée d'exaspération. Enfin, je l'ai appréhendé comme une défiance vis-à-vis d'une direction aux pratiques dictatoriales. Un trophée en forme d'insurrection pacifique.

Le vote c'est cela, l'expression de ses sentiments, de ses aspirations, de ses mécontentements. Il n'est jamais l'expression d'un seul message mais d'une multitude de signaux.

Quand j'ai appris qu'ils avaient voté pour moi, j'y ai vu une forme de liberté. J'ai été touché, ému et, parallèlement, j'ai été content pour eux. Oui, ils ont encore des envies d'émancipation, de libre arbitre.

Mes espoirs ont vite été refroidis par l'intervention de celui qui parlait d'exemplarité, de maîtrise émotionnelle et d'irréprochabilité. Finalement, cet épisode n'est rien d'autre qu'un processus de délégitimisation du vote et du syndicalisme. Une mainmise absolue sur les arbitres. À tel point qu'au lendemain des trophées UNFP, le SAFE a entrepris une démarche de modification des modalités du vote de ses adhérents, histoire de satisfaire les instances et de garantir que les prochains résultats seraient conformes à leurs attentes. Une abdication.

Avec de telles pratiques quasi totalitaires, l'arbitrage français risque de vivre des heures sombres pour longtemps et des guerres intestines à n'en plus finir.

On peut cependant trouver dans l'histoire des peuples une lueur d'espoir : les autocrates finissent toujours par être renversés ; malheureusement, à leur départ ne restent, le plus souvent, que des ruines.

PARTIE III

Face aux acteurs

Chapitre 1

Les joueurs : le refus de l'autorité

Quand le dialogue est possible…

Les acteurs du foot sont – presque – tous charmants… en dehors du terrain. C'est même très souvent agréable de discuter avec eux. Seulement, quand arrive le coup d'envoi, tout le monde perd la tête. Dès que le ballon roule, les cerveaux partent en vrille ou demeurent au vestiaire, c'est selon.

Malgré tout, certains parviennent à rester dans une posture à peu près normale. Et quoi qu'on en dise, ce sont les plus nombreux. Je fais souvent l'analogie entre le terrain de foot et une classe d'un établissement scolaire : trois ou quatre joueurs brillants, cinq ou six perturbateurs, deux ou trois en difficulté et une majorité qui ne pose pas de problème particulier, qui joue avec application et respect. Le souci, c'est que l'on se focalise sur les cas problématiques (à l'école comme au foot) ; se crée alors un effet d'amalgame qui conduit à stigmatiser l'ensemble du groupe. C'est regrettable, parce que les footballeurs sont la plupart du temps sympathiques. Parmi eux, je voudrais saluer ceux qui savent raison garder et échanger des avis sans s'enflammer.

Ce sont d'abord et souvent des gardiens de but. Le gardien est généralement fou ou… bien éduqué ! Dans la seconde catégorie, la plus agréable, je place Steve Mandanda, Benjamin Lecomte, Mickaël Landreau, Benoît

Costil, Cédric Carrasso… Je dois en oublier parce que certains sont si discrets qu'on ne sait finalement rien de leur caractère.

Landreau en est un bel exemple. Lors d'un match à Bordeaux, alors qu'il est dans le but lillois, il fait une sortie hasardeuse et percute un adversaire, un peu « à la Schumacher ». J'interprète mal la situation et je lui donne un carton jaune. Après visionnage des images, il est évident que ça méritait un carton rouge. Et comme à l'époque (le règlement a changé depuis) on pouvait rectifier une erreur d'appréciation en rédigeant un rapport sur la base des images, j'indique que je me suis trompé et que le gardien de Lille aurait dû être exclu sur cette action.

Par conséquent, je sais qu'il sera donc automatiquement suspendu. Mais je suis gêné, la méthode n'est pas très courageuse et quand on prend une décision, on l'assume. Là, j'ai l'impression de faire un sale coup dans le dos d'un joueur, qui va apprendre par la presse ou la ligue qu'il est suspendu. Je discute de mon dilemme avec un collègue, qui me donne le numéro de Landreau.

J'appelle donc le gardien lillois pour le prévenir de cet élément nouveau et plutôt fâcheux pour lui. Il est estomaqué ! Au début, quand il m'entend au bout du fil, il pense à un canular. Je crois qu'il a apprécié la démarche. Il a accepté mes explications et nous avons eu par la suite de très bonnes relations.

C'est pour cela que je me suis permis de le rappeler après un Guingamp-Bastia où j'avais accordé un penalty inexistant aux Bretons le 13 septembre 2013. Le deuxième en cinq minutes. Autant le premier était évident, autant celui-ci était clairement erroné puisque la faute avait été commise deux mètres à l'extérieur de la surface de réparation. Les Bastiais étaient fous de rage, on jouait la dernière minute. En accordant ce penalty, je faisais potentiellement basculer le score du match qui était alors de 1-1. Mais Landreau avait arrêté le penalty. En le stoppant, il avait rattrapé ma bourde, sauvé mon match et évité toute polémique autour de ce penalty « bidon ». Je l'ai remercié de m'avoir sorti du pétrin et on a bien ri de l'incident. Et conclu que finalement, si on sait se montrer intelligents et courtois, joueurs et arbitres peuvent bien s'entendre.

Dans le même style, le gardien de Rennes, Benoît Costil, eut la bonne idée d'arrêter un penalty qui était loin d'être évident. C'était lors d'un Bordeaux-Rennes en août 2012. À la mi-temps, je prends connaissance que ma décision n'est pas la bonne. En fin de match, je me retrouve aux côtés de Costil et je lui glisse que j'ai dû me tromper sur le penalty et que j'en suis désolé. Il a compris que je n'étais pas infaillible et a eu la gentillesse de prendre ma défense quand j'ai été attaqué ensuite, me reconnaissant le « droit de me tromper ». Très classe.

Steve Mandanda est aussi un exemple : sympa, gentil, posé. Lorsqu'il est devenu le capitaine de l'Olympique de Marseille (OM), j'ai eu plus souvent affaire à lui. Et toujours avec une attitude respectueuse et constructive.

Le point commun de ces trois-là, c'est qu'ils ont tous évolué un jour sous le maillot tricolore, preuve qu'on peut faire partie des meilleurs, tout en adoptant un comportement exemplaire.

Le temps assagit les joueurs

Parmi les défenseurs, plus connus pour leur style rugueux, un garçon comme le Brésilien Vitorino Hilton (Lens, Marseille, Montpellier) a évolué très positivement. Extrêmement rude à ses débuts, il s'est apaisé avec le temps, il a gagné en maturité et compensé sa perte de vivacité par un meilleur sens du placement, une meilleure anticipation. Il entretient des rapports intelligents avec le corps arbitral, il apaise, il est un excellent relais auprès de ses équipiers. Au-delà de son comportement respectueux, c'est un modèle pour les autres, une sorte de grand frère qui pacifie l'atmosphère. Un garçon précieux.

Je l'avais pourtant averti lors de mon premier match en Ligue 1, Toulouse-Lens en août 2004. Tout comme Éric Carrière ce jour-là, les deux évoluant alors à Lens. Carrière faisait partie de ces milieux de terrain qui étaient fréquemment dans le périmètre immédiat de l'arbitre. Il était toujours posé, fin, tranquille. Et talentueux. Je pouvais compter sur lui et j'apprécie aujourd'hui ses qualités au micro : c'est un consultant (sur Canal +) qui a une vraie réflexion sur le jeu et, au-delà, sur le rôle de l'arbitre. Le tout avec une grande humilité. C'est si rare.

Quant à Jérémy Toulalan, voilà une conversion intéressante. Lorsqu'il jouait à Nantes ou encore à Lyon, il était particulièrement pénible, nous avions une relation très tendue. Je l'ai retrouvé lors d'un Malaga-Panathinaïkos, lorsqu'il évoluait dans le club espagnol. Un « match à 20 millions d'euros », qualificatif pour les poules de Ligue des champions, le 23 août 2012. Une ambiance de feu, toute la ville en blanc et bleu pour la première participation de Malaga à une coupe d'Europe. Toulalan a été très cool, très aidant dans le match. C'est un phénomène assez étonnant d'ailleurs, lorsque j'arbitrais à l'étranger et rencontrais des compatriotes, nos rapports étaient vraiment plus détendus, comme si nous étions contents de nous revoir.

Ensuite, quand il est revenu dans le Championnat de France, à Monaco, j'ai senti qu'il m'accordait de la crédibilité, notre relation était bien meilleure, confiante. Il est malin et bien élevé, agréable à arbitrer quand il décide de ne pas gérer le match à votre place, un bon appui aussi quand il faut faire passer des messages. C'est ce même état d'esprit que l'on rencontre chez des garçons comme Julien Féret ou Nicolas Seube. Deux « anciens » que j'avais plaisir à retrouver lorsqu'ils évoluaient ensemble à Caen. Susceptibles de s'énerver pour un coup de sifflet, et quelques minutes plus tard de faire amende honorable. Le match terminé, on pouvait échanger tranquillement.

Parmi les autres milieux de terrain, un Étienne Didot (à Toulouse ou Rennes) était plus « limite » mais jamais grossier : sa présence était parfois pesante, il cassait un peu les pieds, mais sa personnalité rigolote et charmante lui permettait de bien emballer les choses.

Parmi les attaquants, c'est un peu plus compliqué car la plupart du temps, ils sont jeunes et fougueux, plus truqueurs aussi. Mais il existe des contre-exemples : Valère Germain (Monaco et Marseille) a toujours été très courtois, discret mais ouvert à la discussion. Ou encore l'international colombien Radamel Falcao, excellent attaquant au comportement irréprochable, un modèle de gentillesse.

Je me suis donc rendu compte que le temps assagit et que les plus insupportables peuvent devenir agréables au fil des saisons (c'est aussi vrai pour les arbitres, soit dit en passant) : je pense à Sylvain Armand, pénible quand il jouait au PSG, puis sympathique à Rennes ou bien Souleymane Camara, très perturbateur à ses débuts (à Monaco), puis devenu un autre joueur à Montpellier, un garçon souriant et sage, calme.

Une équipe type qui a de la gueule

Il y a aussi des petites histoires qui rapprochent. Jérémie Bréchet, alors troyen, était malheureux suite à un but contre son camp qui éliminait son équipe face à Bordeaux, en demi-finale de la Coupe de France 2013. Il était effondré sur la pelouse. Je suis allé le relever avec un mot de consolation. Il a trouvé ça « très classe » (ce sont ses mots) et m'a ensuite appelé pour me remercier. Il n'était pas obligé, moi j'avais fait cela parce que je me suis mis à sa place. J'étais déçu pour lui. Ce n'est pas parce qu'on est arbitre qu'on est insensible.

Et puis, il y a ce moment de rigolade avec le milieu de terrain international Rio Mavuba. Avant un match à Lille, il vient signer la feuille de match en tant que capitaine. Nous échangeons, très détendus. Et j'ose lui demander un petit service. Ma belle-sœur va se marier dans quelques jours et son mari est un passionné de sport. Je demande à Mavuba s'il veut bien dédicacer une photo des futurs époux. Il me dit : « Pas de problème ! » Et il me propose même de leur faire un message vidéo. On l'a enregistré dans le vestiaire dix minutes avant le match. Tout sourire pour leur souhaiter un heureux mariage ! C'était vraiment un joli geste de sa part.

Je peux aujourd'hui m'amuser à établir l'équipe type des joueurs exemplaires : Landreau – Danzé, Hilton, Kerbrat, Armand – Seube, Mavuba, Carrière, Féret – Germain, Falcao. Remplaçants : Mandanda, Bréchet, Didot, Camara. Elle a fière allure, non ?

Un mot enfin sur les entraîneurs aux qualités humaines et sportives indéniables, comme Alain Casanova ou le Belge Éric Gerets, ou encore l'Argentin Marcelo Bielsa, parfait dans sa relation aux arbitres, même si je ne lui ai jamais parlé ; il faut dire qu'il est singulier, un peu perdu dans son monde, ailleurs… Ces trois-là ont toujours évité des commentaires sur l'arbitrage dans leurs propos d'après-match et, quand ils l'ont fait, ce fut toujours avec réserve et respect. Chapeau.

On peut même trouver un président pour diriger cette « dream team ». Ou plutôt un duo sympathique : Jean-François Fortin (Caen) et feu Louis Nicollin (Montpellier), deux hommes au grand cœur.

Les joueurs pollueurs

Avant de diriger une rencontre, l'arbitre s'astreint à préparer « son » match notamment sur l'aspect tactique du jeu des deux équipes, leurs combinaisons sur les phases arrêtées, leurs stratégies offensives ou défensives, auxquels s'ajoute la prise en compte des spécificités des joueurs. Un attaquant dont on sait qu'il est droitier et qu'il n'a aucune aisance avec son pied gauche ne dribblera pas de la même façon qu'un joueur habile des deux pieds, de même qu'il n'aura pas la même course, le même déplacement balle au pied. Cela induit un positionnement particulier de l'arbitre, une lecture différente des mouvements des joueurs pour mieux les anticiper.

Mais il y a un autre aspect qui est essentiel à l'arbitrage, c'est la capacité à s'adapter au comportement des joueurs. Tous n'agissent pas de la même façon, tous n'ont pas les mêmes réactions, tous ont des caractères différents. Il faut donc pour l'arbitre appréhender ces différences pour mieux les gérer sur la pelouse. Il est évident que l'arbitre ne va pas identifier tous les joueurs et toutes leurs caractéristiques individuelles. Il procède à une catégorisation, une sorte de typologie des joueurs, soit par leurs compétences techniques, soit par leurs attitudes relationnelles.

Dans cette approche, il identifie ce que j'appelle les joueurs « pollueurs » (pour certains, on dira les « aboyeurs »). On peut les définir comme étant des joueurs dont l'une des missions est de faire pression en permanence sur l'arbitre. À chaque coup de sifflet, ils sont là, à quelques mètres, pour y aller d'un commentaire (« Y a faute là ! »), pousser un cri (« Ooohhhh ! »), demander une sanction (« C'est jaune ça ! »). Quatre-vingt-dix minutes avec une ombre qui vous suit, vous titille, vous agace, vous perturbe. Autant dire que cela peut être long. C'est pourquoi il est indispensable de les identifier, si possible au préalable, pour intervenir vite et leur faire comprendre que leur présence répétée et insistante pourrait fort bien se transformer en carton jaune. Sans quoi vous risquez d'être sous influence et, dans certains cas, de perdre le contrôle du match. Si l'on n'endigue pas ces comportements rapidement, on va peu à peu sortir de sa concentration et multiplier les erreurs de jugement parce qu'on devient perméable à la pression de ces joueurs « pollueurs ».

Certaines équipes adoptent sciemment ce type de stratégie : celles entraînées par le Portugais José Mourinho, par exemple. Dès le premier coup de sifflet, ses joueurs (au Real Madrid comme à Chelsea puis à Manchester United) sont plusieurs à venir entourer l'arbitre, c'est ce que j'appelle la stratégie de l'« essaim d'abeilles ».

En revanche, dans la plupart des cas, cela relève de la stratégie du « frelon ». Un joueur est dévolu à cette tâche et vous pique régulièrement. Compte tenu de sa position sur le terrain, cette mission revient le plus souvent à un milieu de terrain. Comme nous œuvrons dans le même périmètre tout au long de la rencontre, il lui est facile de se trouver là où va siffler l'arbitre. Nos déplacements sur le terrain ressemblent beaucoup à ceux d'un numéro 6 ou d'un numéro 8, nous oscillons entre la position du milieu défensif et celle du milieu offensif. C'est donc parmi ces joueurs que l'on retrouve les « frelons » les plus redoutables.

Ils sont faciles à identifier mais difficiles à sanctionner car certains sont assez malins pour rester courtois même s'ils sont envahissants. Je pense à des joueurs tels que Florent Balmont, qui était très pénible lorsqu'il jouait à Lille (moins à Dijon) : avec son comparse Rio Mavuba, ils faisaient une belle paire de commentateurs sur la pelouse. Le duo en stéréo, c'était l'assurance de passer une soirée cacophonique. Mieux valait être préparé et fixer les limites d'emblée, au risque d'être profondément perturbé. Au début de ma carrière, cela m'agaçait et je me fâchais avec eux. Avec le temps, nous avons appris à nous connaître et j'ai fini par trouver des petites astuces pour détendre l'atmosphère. Dès leur deuxième intervention, je leur tendais le sifflet en leur disant : « Allez, je vous le laisse, ça m'a l'air de vous plaire, arbitre ! » ; ou bien lorsqu'ils râlaient, alors que je venais de siffler un coup franc en leur faveur, je leur proposais de le tirer à leur place : « Si vous voulez arbitrer, alors moi je joue et je tire le coup franc ! » Avec certains, c'était pris sur le ton de la boutade ; avec d'autres, hélas, c'était mal perçu. Comme si l'arbitre n'avait pas le droit d'avoir recours à l'humour…

Chez la plupart de ceux que j'appelle les pollueurs, il y a ces caractéristiques étonnantes : ce sont de petits gabarits, vifs, hargneux, meneurs d'hommes, avec de bonnes qualités techniques et une excellente lecture du match. Je me suis longtemps demandé s'ils étaient de bons joueurs parce qu'ils étaient impliqués à la fois dans leur rôle de joueur et dans leur rôle d'arbitre. Mais on peut également se demander si se disperser dans des interventions permanentes auprès de l'arbitre ne nuit pas à leur concentration.

Je pense notamment à l'international italien du PSG Marco Verratti, qui a le côté pénible de l'Italien râleur et provocateur et, en même temps, un côté marrant avec son accent et son absence totale de finesse. On peut dire qu'il manque légèrement de discrétion.

Tout comme Edgar Davids, l'international néerlandais, pouvait en manquer également. En juillet 2006, j'arbitre un match amical entre Bordeaux et Tottenham à Albertville. Il commence son show. Je l'avais vu faire en sélection nationale ou encore à la Juventus de Turin. Devant mon poste de télévision, je le trouvais agaçant. Alors, sur le terrain ! Il ne m'a pas fallu dix minutes pour comprendre le phénomène. À chaque coup de sifflet (en sa faveur ou non), une réflexion, une exclamation. Alors qu'il vient tirer un coup franc, je me place devant le ballon et ne bouge plus. Je perçois son incompréhension derrière ses lunettes teintées et je lui dis tranquillement en anglais : « Il n'y a pas de caméra aujourd'hui. Inutile de faire votre show, soyez vous-même et jouez ! » Il a fait un très bon match, Tottenham a gagné, et moi j'ai passé une soirée tranquille.

Les joueurs stars

Après avoir résolu le problème des joueurs encombrants, l'arbitre doit faire face aux joueurs stars. Dans une équipe, ils ne sont pas dix, il y a LA star. Par conséquent, tous les yeux sont braqués sur elle. L'arbitre doit en tenir compte car les décisions qui touchent directement le joueur phare d'une équipe sont disséquées avec une extrême acuité. Elles ont, sauf cas de violence avérée, une sorte d'immunité absolue que leur confèrent public et médias. Dans ce contexte particulier, l'arbitre se retrouve face à un dilemme : sanctionner la vedette comme tous les autres joueurs présents, dans un souci d'équité et de justice, ou bien se montrer plus tolérant envers la pépite que nul n'accepterait de voir égratignée.

Je pense à des mésaventures qui sont arrivées à mes camarades du sifflet. Olivier Thual a exclu, logiquement, David Beckham lors d'un match entre Évian et le PSG. Mais personne n'a parlé de Beckham, tout le monde est tombé sur Thual qui avait jugé un fait de jeu avec honnêteté, sans tenir compte de la notoriété du joueur. Lorsque j'ai exclu l'attaquant italien Mario Balotelli à Lorient, en février 2017, il y a eu un retentissement important ; or, la semaine suivante, j'excluais Loïs Diony à Nantes, pour le même motif, sans que cela ne fasse une ligne dans les journaux. Pour un arbitre, il est donc plus facile d'exclure Diony que Neymar Jr.

Sur le terrain, c'est la même décision ; en revanche, la tourmente médiatique n'est absolument pas la même. On comprend alors ce souci de se protéger, de la part de certains arbitres, en ne sanctionnant pas avec la même fermeté un illustre inconnu ou une idole mondiale.

Dans cette dernière catégorie, les joueurs sont très conscients de leur pouvoir et partent donc avec un sérieux avantage sur les autres. C'est d'autant plus vrai que ces stars de classe internationale ont une spécificité bien marquée sur la pelouse, et parfois en dehors. Dans de nombreux cas, elles sont dans le rapport de force avec tout le monde, que ce soit avec leurs adversaires, avec les arbitres et, plus étonnant, avec leurs partenaires. Deux exemples m'ont marqué ces dernières années.

Cristiano Ronaldo, meilleur debout qu'allongé

Lors d'un match amical entre Lyon et le Real Madrid (2-2), le 24 juillet 2013, les Espagnols se présentent avec une équipe remaniée (Zinédine Zidane est alors entraîneur adjoint) mais qui compte dans ses rangs Karim Benzema, Ángel Di María, Dani Carvajal ou encore Cristiano Ronaldo. Ce dernier est au centre de toutes les attentions, quand bien même sur la pelouse on recense d'autres joueurs de grand talent. Ronaldo est donc celui qu'il va falloir apprivoiser sans être sous son influence, tout en évitant un conflit majeur dont je sortirais inévitablement perdant. Comme dans tous les matches, les premières minutes sont cruciales. Au premier contact, il tombe. Il s'accroche gentiment avec son adversaire, on ne touche pas Ronaldo ! Je lui accorde un coup franc même si la faute est peu évidente. Au deuxième choc, il tombe, je ne siffle pas, au troisième, même scénario. Je le sens monter en pression. Au quatrième, toujours pas de coup de sifflet de ma part. Il s'en agace en faisant de grands gestes. On entre dans un bras de fer, qu'il estime être en train de perdre. Mais ce n'est pas dans mon intérêt de jouer à ce petit jeu avec lui, je dois juste lui montrer qu'il n'aura pas un traitement de faveur, tout CR7 qu'il est. C'est aussi un message fort vis-à-vis des autres joueurs, qui vous reconnaissent alors une certaine forme de courage et d'honnêteté[1]. C'eut été pourtant plus facile de tout siffler en sa faveur, seulement il aurait abusé de la situation en prenant l'ascendant sur mon arbitrage et, par répercussion, sur ses adversaires contraints de ne plus le toucher au risque d'être sanctionnés systématiquement. Je me suis donc approché de lui à la faveur d'un arrêt du jeu, j'ai senti son énervement et sa volonté de me le faire savoir, alors je lui ai glissé tranquillement : « Vous êtes le meilleur quand vous jouez debout ! » Après quoi, il a joué normalement et n'a plus cherché le rapport de force avec moi.

Les caprices d'Ibra

Dans la catégorie supérieure, on trouve le Suédois Zlatan Ibrahimović, le maître absolu de l'affrontement, celui qui s'en prend régulièrement à ses coéquipiers lorsqu'ils ont l'outrecuidance de donner le ballon à un autre partenaire

1. Certains joueurs m'ont salué parfois parce que je n'avais pas eu peur de prendre des décisions difficiles à l'encontre de joueurs « stars » ou de « gros » clubs.

que lui. Je l'ai vu maintes fois incendier ces « imprudents impudents » et ainsi instaurer une emprise sur leur jeu et celui de l'équipe. Il a la même attitude vis-à-vis de ses adversaires qu'il traite le plus souvent par le mépris et, pour les plus « chanceux », par la provocation physique ou verbale. Évidemment, son rapport à l'arbitre est de la même veine. À chaque fois qu'il perd le ballon, il s'en prend à l'état de la pelouse, à son partenaire qui le lui a mal donné ou plus facilement à l'arbitre qui devrait siffler quelque chose en sa faveur afin de lui rendre « son » ballon.

C'est ainsi qu'on me rappelle souvent l'incident du 20 mars 2015, à l'issue d'un PSG-Lorient. Ce soir-là, Zlatan Ibrahimović a inscrit un triplé. Son ego est plus que flatté, il est le maître du Parc des Princes, la star adulée par les supporters. Il s'attend donc à ce que tout le monde lui baise les pieds tel un empereur romain revenant d'une campagne militaire victorieuse. Je m'apprête bien sûr à lui rendre honneur en lui remettant le ballon du match (selon une tradition très britannique arrivée en France ces dernières années). Je le fais avec plaisir, d'autant que c'est plutôt un joueur dont j'apprécie le talent et le côté un peu fantasque ; ses outrances m'amusent souvent.

Fier et droit, plus Narcisse que jamais, il s'approche donc de moi et me lance : « *The ball !* » Là, je marque un temps d'arrêt. J'allais gentiment le lui donner et, soudain, il y a comme un problème. J'ai appris à mes enfants, dès leur plus jeune âge, des mots magiques ; une formule de politesse comme un passeport pour la vie : « S'il te plaît. » Et là, j'ai la même attitude qu'avec mon enfant de deux ans. Je lui réponds : « *Sorry ? — Give me the ball !* » Je lui dis : « *Sorry, you're missing something*[1]. » Il se met à ronchonner, ses équipiers viennent le calmer. Je leur dis : « Je vais le lui donner mais pas maintenant, pas comme ça. » Et, à l'entrée des vestiaires, « Ibra » sait parfaitement ce qu'il va

1. « Désolé, vous oubliez quelque chose. »

faire. Il m'attend tranquillement, repère micros et caméras, et dès que j'arrive, il me branche devant les télés : « Tu veux jouer au boss ? Tu te prends pour qui ? » Qu'est-ce que le téléspectateur retient ? Chapron fait son numéro ! La télé fait foi. Zlatan a sa tribune, sa fenêtre de tir pour se payer l'arbitre.

Je rentre dans mon vestiaire retrouver un peu de calme après cette farce. Mais je tiens à lui remettre le ballon, en bonne et due forme. Alors je décide d'aller le voir sans caméra, dans l'intimité du vestiaire du PSG, simplement pour lui expliquer pourquoi je ne le lui ai pas donné avant.

Dans tous les stades d'Europe, un arbitre peut entrer dans un vestiaire de joueurs… sauf au Parc des Princes, depuis le rachat par les Qataris. J'arrive devant la porte, un agent de sécurité me bloque : « Attendez là ! — Je ne vais certainement pas attendre devant la porte qu'on daigne m'accorder audience. Soit j'entre, soit je retourne dans mon vestiaire. » Ce que je fais. Un représentant du PSG arrive, c'est Olivier Létang, le directeur sportif : « Vous vouliez nous parler ? — Non, je venais voir M. Ibrahimović. Soit je peux le rencontrer dans votre vestiaire, soit il vient ici, j'aimerais juste avoir un échange avec lui. — Il ne viendra pas. Ce n'est pas possible et on ne peut pas rentrer dans notre vestiaire, je peux récupérer le ballon ? — Non. » On a pris notre douche puis on est partis. En laissant le ballon sur la table de notre vestiaire.

C'est dommage, j'aurais bien aimé parler avec Ibrahimović, pas pour un combat de coqs, juste pour lui dire que si l'éducation des enfants c'est important, celle des adultes aussi.

Le contraste est d'autant plus saisissant quand je repense au Colombien Falcao qui est venu me voir tout sourire à l'issue d'un match à Dijon où il avait inscrit un triplé. Ce 13 août 2017, j'ai mesuré la distance entre ces deux grands joueurs. Le Colombien m'a demandé avec gentillesse le ballon. Preuve que certains ont une bonne éducation, et que ça ne gâche pas leur talent.

Au Parc des Princes, à peine étions-nous sortis du vestiaire des arbitres qu'Olivier Létang se précipitait pour récupérer le ballon et le donner à son attaquant vedette. Ibrahimović a ensuite fait un selfie avec le ballon dans sa voiture ! Cette petite histoire de ballon illustre le décalage entre un arbitre – les deux pieds dans la vraie vie – et un joueur vedette – tout entier sur une autre planète.

Selon moi, le plus inquiétant dans cette affaire, c'est le comportement du directeur sportif. Quand on occupe ce type de poste dans le football professionnel, on se doit d'avoir une stature, une ligne de conduite et une responsabilité. En acceptant de céder à tous les caprices des joueurs, les dirigeants ne leur rendent pas service. Et je ne blâme pas les joueurs. Toute la semaine, ils sont choyés, dorlotés. On accède à tous leurs désirs dans la minute. Certains ne portent même plus leur sac en arrivant au stade, il ne faudrait pas qu'ils soient trop fatigués. Ce cocooning conduit à une déconnexion de la réalité et du quotidien. Dans la vie, tu n'as pas tout juste parce que tu le veux. Sauf dans la vie d'un footballeur. Je suis arrivé à me demander si, au cours de la semaine, les joueurs rencontraient des gens capables de leur dire non. Et j'en ai conclu, peut-être de façon caricaturale, que le seul censeur dans l'univers du footballeur doit être l'arbitre. Il n'est donc pas étonnant que les joueurs lui manquent ainsi de respect dès lors que, le reste du temps, ils ne se heurtent à aucun autre interlocuteur en mesure de fixer des limites, de leur imposer un cadre propice à la vie en société. Il y a là une responsabilité de certains dirigeants qui conduisent les joueurs à une sorte de handicap social.

Je garde en mémoire cette rencontre lointaine et hors du football qui illustre cette situation.

Je devais avoir quinze ou seize ans, un discours m'avait marqué. Mon voisin, en Normandie, s'appelait Olivier Martin. Il était le neveu de Raymond Martin, un excellent grimpeur, vainqueur, entre autres, du Grand Prix de la montagne du Tour de France 1980. Ce Raymond Martin disait : « Quand j'ai arrêté ma carrière, je ne savais même pas comment m'acheter un billet de train ! Tout le monde est aux petits soins avec nous, on nous dorlote, on nous coupe de la réalité, ça ne nous rend pas service ! » Et encore ne parlait-il que du cyclisme professionnel, et dans les années 1980 : rien à voir avec le football du XXIe siècle !

Il y a des joueurs pour qui le retour à la « vraie » vie va être compliqué. Heureusement, il me semble que de plus en plus d'entraîneurs sont désormais attentifs à ce problème. Reste que dans certains clubs, le chemin paraît encore bien long…

Les mots pour le dire

Je n'accepte pas la façon dont certains joueurs nous parlent. On n'utilise pas le même vocabulaire. Ils ont leur propre langage qui n'est pas celui des arbitres ; d'abord, parce que nous n'avons pas le même âge, pas la même éducation et pas le même rôle. Or, sur le terrain, la plupart des joueurs oublient ces différences.

On emprunte tous le même registre lexical. Seulement, ce n'est pas possible. Même si, en théorie, on doit pouvoir s'adapter et échanger sur le même mode, en pratique, cela ne se passe pas comme ça. J'en ai beaucoup souffert à mes débuts en Ligue 1 ; je n'avais pas compris que cet univers est différent et que les échanges sur la pelouse sont filmés, enregistrés, décryptés. Alors, je répondais aux joueurs avec le même vocabulaire que le leur. Il y avait un côté joute verbale qui me plaisait bien. « Oh ! Tu l'as pas vue la faute ! Tu ne vois rien ! » ; ce à quoi je répondais : « Je n'ai pas vu la faute, en revanche, j'ai vu ton centre dans la tribune opposée. » Mais ce petit jeu s'est vite retourné contre moi. Au début, ça surprenait et ça pouvait amuser. Après quelques mois, ça s'est transformé en : « Chapron, il chambre, il provoque. » Plus grave : « Il insulte. » Or, je ne faisais que répondre, et jamais par l'insulte. Les joueurs peuvent vous sortir les pires horreurs sur la pelouse mais dès que vous utilisez des termes un peu rudes, ça se transforme en : « Il m'a insulté. »

Un soir, un joueur de Nancy, lors d'un match de Ligue 2, me prend à partie en rentrant aux vestiaires : « T'es mauvais, t'es nul, t'es bidon ! » Agacé, je lui réponds : « Fermela ! » Tollé. J'avais insulté un joueur. Moralité, j'ai été suspendu deux matches ! Mais qui avait été le plus injurieux des deux ?

Pour mieux comprendre cette relation verbale entre les joueurs et les arbitres, deux situations, à quelques jours d'intervalle, ont mis en lumière l'inadéquation de nos échanges. Au-delà des propos eux-mêmes, c'est surtout leur perception qui a été stupéfiante. Février 2017, Lorient reçoit Nice, Mario Balotelli se signale rapidement (2e minute) par une première faute, puis un enchaînement de fautes dans les dix minutes suivantes qui m'amène à sortir un carton jaune. Le joueur italien est clairement hors du match ; quand il n'est pas agressif, il marche. Arrive la mi-temps et je me dis qu'on a fait le plus dur (ne pas l'exclure), que son coach va le remplacer. Mais Balotelli revient… Avec les mêmes intentions. Je siffle de nouveau contre lui et là il me crie : « *Fuck off !* » Carton rouge. La commission de discipline, toujours prompte à protéger les arbitres et le football face aux déviances verbales, le suspend un match (plus un avec sursis) !

Le samedi suivant, à la Beaujoire, Nantes reçoit Dijon. L'attaquant de Dijon, Diony, s'en prend à moi en seconde période : « T'es zéro ! » Carton rouge. Je ne rigole pas trop avec les insultes et autres atteintes morales. À l'issue de la rencontre, Diony demande à me voir. Je l'invite donc dans le vestiaire pour un échange tranquille. Le joueur est confus et, surtout, ne comprend pas pourquoi il a été exclu. « Monsieur Chapron je ne vous ai pas insulté, pourquoi le rouge ? — Monsieur Diony, je n'ai pas dit que vous m'aviez insulté. En revanche, lancer à quelqu'un qu'il est “zéro”, c'est ce qu'on appelle des propos blessants. Et le règlement le stipule bien et prévoit des sanctions. » Il est surpris : « Ah ouais ? Mais ce n'est pas méchant ! » Je renverse alors les rôles. « Imaginez, monsieur Diony, que pendant le match je passe à côté de vous et vous glisse : “T'es zéro !” » Réponse choquée : « Ben non, vous n'avez pas le droit ! »

Voilà exactement l'état des lieux. Les joueurs peuvent tout dire, sans que cela prête à conséquence. En revanche, l'arbitre a juste le droit de se faire insulter en silence. Dans un cas c'est choquant, dans l'autre banal. Mais ce n'est pas le fait que l'arbitre ne puisse pas répondre qui est problématique, c'est que l'agression verbale soit acceptée, tolérée comme faisant partie du spectacle.

Ce joueur a d'ailleurs parfaitement développé ce sentiment en deux temps : « Certains de vos collègues ne disent rien quand on leur dit ça ! » Première leçon : même les arbitres finissent par accepter l'insulte, l'invective. Une sorte d'habitude, un état de fait. Mais aussi une forme de résignation.

« La semaine dernière Balotelli a insulté l'arbitre, poursuit le joueur, et il n'a pris qu'un match (de suspension) ! » Ça tombait bien, c'était moi. Deuxième leçon : ce n'est pas très grave d'insulter les arbitres, la preuve cela ne vaut pas plus qu'un match de suspension (automatique dès lors qu'il y a un carton rouge, au passage). On voit ici la complicité des instances à créer ce genre de climat détestable sur les terrains. En faisant preuve de clémence, elles invitent à la récidive, elles ancrent ces comportements dans l'ADN du football.

Eh bien, non ! Le football c'est aussi l'apprentissage du respect.

Alors j'ai continué mon combat dans mon coin. Sans baisser la garde, sans compromission. Sur le terrain jamais personne ne m'a insulté impunément. Hélas, saison après saison, la commission de discipline, théâtre de marionnettes, continue son œuvre de dévoiement du football par lâcheté et laxisme.

En match amical, tout est permis ?

Il y a chez la majorité des joueurs un sentiment d'impunité qui se développe notamment à l'occasion des matches dits amicaux. Pour eux, l'arbitre ne va pas les sanctionner quoi qu'ils fassent ou disent, puisque c'est un match « amical ».

Nous sommes le 1er août 2015, et Marseille reçoit la Juventus de Turin. Une affiche de prestige (pour le Trophée Robert Louis-Dreyfus) et le Vélodrome est plein à craquer. Le président Vincent Labrune est aux anges : soixante-deux mille personnes pour assister à un match amical, c'est un « record en Europe », nous dit-il. Pour lui, c'est aussi une affaire de gros sous. Faire venir la Juventus pour un match de gala, cela coûte 500 000 euros (pour le FC Barcelone, c'est le double, apprend-on). Par conséquent, il a pris un risque financier en invitant le club italien. Si le stade avait été vide, il aurait perdu de l'argent, mais là c'est jackpot. Il nous annonce une recette d'environ 1,4 million d'euros. Frais déduits, il vient de réaliser un joli bénéfice. Parfois, ce genre de moments est l'occasion de faire passer un petit message sur la condition des arbitres en France… Alors je lui glisse : « C'est une soirée enrichissante pour tout le monde : pour nous, les arbitres, ce sera 600 euros chacun ! » Pour un match de ce niveau, devant soixante-deux mille personnes et diffusé sur une grande chaîne de sport. Il a cru que je me moquais de lui. « Vous déconnez ! me dit-il. — Cela peut m'arriver, mais pas là… »

Mais revenons au match. La Juventus aligne une belle équipe (Paul Pogba, Kingsley Coman, Giorgio Chiellini, Sami Khedira ou encore Gianluigi Buffon) et le match est très disputé, âpre et tendu.

Juste avant la mi-temps, je siffle une faute contre Stephan Lichtsteiner, le Suisse de la Juve. Énervé, il m'apostrophe :

« Va te faire foutre ! » Je fais celui qui n'a pas bien entendu, je dirais que je lui laisse une chance de se rattraper : « Pardon ? » Il me répète : « Va te faire foutre ! » Très bien, carton rouge. Direct ! J'en connais certains qui auraient fermé les oreilles, frileux ou conformistes, tétanisés à l'idée de gâcher la fête, de sanctionner un grand d'Europe. Justifiant leur passivité par l'argument « c'est un match amical après tout, ce n'est pas grave ».

Alors que justement, c'est encore plus grave ! On nous demande de tenir compte parfois de la frustration des joueurs, de la pression liée aux enjeux sportifs ou financiers, mais là il n'y a rien de tout cela. C'est un match de préparation d'avant-saison. L'insulte y est banalisée, comme une composante tolérée d'un match de football, une simple pièce du puzzle. Toujours est-il que les dirigeants de la Juve sont devenus fous. Au retour aux vestiaires à la mi-temps, ils étaient indignés que j'aie pu exclure un de leurs joueurs. Innocemment, on aurait pu croire que c'est à leur joueur qu'ils allaient passer un savon. Pas du tout, c'était la faute de l'arbitre !

Labrune nous racontera qu'il était aux côtés de Michel Platini, alors président de l'UEFA, pendant le match. Ce dernier lui disait que l'un des fléaux du football, c'est la contestation des décisions de l'arbitre, que cela était insupportable et qu'il fallait trouver une solution. Le président de l'OM termine son anecdote en nous disant : « Trois minutes après cet échange, je vous vois mettre un rouge ! Bon, moi je vous connais, je me suis dit : "Lichtsteiner a dû mal parler." Et Platini me demande : "Il a mis un rouge direct ?" Je lui réponds : "Tu vois Michel, lui a trouvé la solution ! Rouge ! En même temps, lui, il ne faut pas trop le chatouiller !" » Et l'ancien capitaine des Bleus de conclure : « C'est lui qui a raison ! »

La question de la contestation est un sujet épineux et les dirigeants de l'arbitrage cherchent des parades pour endiguer cette pollution détestable. Certains clubs se sont même fait une spécialité qui consiste à entourer l'arbitre à chacune de ses décisions, et ce dès le début du match, pour lui mettre la pression, encore et encore.

Lors d'un séminaire à Nyon, au siège de l'UEFA en Suisse, réunissant les soixante meilleurs arbitres européens autour du thème de la contestation, l'Italien Pierluigi Collina a demandé à l'assemblée d'envisager des solutions. Que faire pour éviter la prolifération de la contestation ? Les idées ont fusé : qui propose de mettre un carton au plus virulent, qui suggère de le mettre au premier qui râle, qui évoque la possibilité d'avertir le capitaine. Je lève la main. Collina : « Chapron, c'est quoi ton idée ? » Je lui réponds : « Si on veut faire quelque chose de concret pour rendre service au foot, il faut mettre un carton jaune à chacun des joueurs qui entourent l'arbitre pour contester ! » Tout le monde s'est marré. Ils croyaient que je plaisantais, le problème c'est que… j'étais sérieux. Si l'on veut s'attaquer à un fléau, on ne le traite pas avec des « mesurettes ».

CHAPITRE 2

Les entraîneurs : la recherche du bouc émissaire

Le 15 novembre 2008, après une victoire de Lorient au Vélodrome (3-2), je me suis senti obligé de faire un *mea culpa* public. Il y avait eu deux buts sur hors-jeu ! Puis j'avais sifflé un penalty (en faveur de Marseille) pour une faute sur Mamadou Niang commise... deux mètres en dehors de la surface !

J'ai donc décidé de parler à la presse et de reconnaître ces mauvais choix. Je suis allé devant les caméras, en m'affranchissant de la consigne de silence, de ce devoir de réserve qu'il faut parfois savoir oublier[1]. Il y a des matches où l'on n'est pas bon, la France du foot le voit, ça ne sert à rien de le cacher et de se cacher. D'autant que dans ces cas-là, tout le monde se précipite pour vous accabler.

Ce soir-là, Éric Gerets m'avait prouvé, par ses déclarations apaisantes, qu'il était un grand monsieur, qu'il avait la classe. Devant les micros, il avait évacué les questions sur l'arbitrage, se concentrant sur son équipe et ses erreurs.

Sur le parking du stade, au moment de monter dans la voiture qui nous ramène à l'hôtel, le propriétaire du

1. Bien entendu, je me suis fait fermement réprimander par les instances pour l'occasion.

véhicule voisin s'est retrouvé à côté de moi. C'était Gerets. On s'est regardé. J'étais un peu contrit. Lui m'a fait un grand sourire, m'a tapé dans le dos et m'a lancé : « Ça arrive à tout le monde de faire des erreurs. Ne vous inquiétez pas ! » Même si cela n'a pas complètement fait oublier ma piètre performance du jour, j'ai gardé en mémoire ce moment de compréhension et de complicité. Il y a des « Messieurs » dans ce sport.

La nuit qui suit un match, seul dans sa chambre d'hôtel c'est souvent interminable et le sommeil ne vient pas. C'est d'ailleurs assez fréquent ces insomnies, après un bon ou un mauvais arbitrage : on est tellement concentré pendant une heure et demie et même plus, on a les sens en éveil voire en ébullition, on est hyperréactif à tout ce qui se passe, on est en prise d'information permanente, on court, on fatigue, on est en interférence avec les assistants, les joueurs, les bancs, le public... Pas possible de faire *on* puis *off* au moment d'aller se coucher. Parfois, un match vous hante pendant des jours et des jours. Grâce à Gerets, les fantômes furent cette fois moins présents.

Quand Garcia changera de discours

En revanche, certains vous poursuivent. Ce fut le cas à mes débuts, lorsque j'ai arbitré, au milieu des années 1990, la finale du Championnat de France universitaire à Caen, entre Toulouse et Orsay. Un match d'une très grande qualité mais avec un engagement inhabituel ; à l'université on joue avec un peu de retenue. Là, pas du tout. J'ai dû mettre un paquet de cartons jaunes pour tenir le match. Mais, avec le recul, je me suis aperçu que j'avais été pollué par un joueur. Il m'avait mis une pression d'enfer pendant tout le match. Il était derrière moi en permanence et je n'avais pas su le canaliser. Il m'avait retourné la tête.

Je crois que j'avais été impressionné par ce joueur. Il faut dire qu'avant de devenir étudiant, il avait été professionnel et avait joué à Caen. Et j'allais régulièrement le voir dans ce vieux stade de Venoix entouré d'une piste de vélodrome. Et là, j'étais à ses côtés sur la pelouse. Moralité, il a arbitré à ma place.

Plus tard, je l'ai retrouvé mais cette fois, c'est moi qui ai arbitré, lui était sur le banc de touche comme entraîneur du Mans, de Lille ou de Marseille. Cela ne l'a pas empêché de vouloir prendre le sifflet et de s'agiter dans tous les sens dans sa zone technique. Il n'avait plus la même influence sur moi. Reste que je suis admiratif de son parcours et de son palmarès, c'est certainement l'un des meilleurs entraîneurs français et un grand manager. Toutefois, il sera à mes yeux le meilleur le jour où il arrêtera de se plaindre de l'arbitrage après chaque défaite. Rudi Garcia devrait avoir un discours de vainqueur, pas un discours de victimisation. Les perdants cherchent des excuses après leurs échecs, les champions trouvent des solutions [1]. J'espère qu'il deviendra bientôt un grand champion.

Quand Deschamps rentre dans le tunnel

Dans le long tunnel du stade Chaban-Delmas à Bordeaux, Didier Deschamps m'attend. On va faire la route ensemble, ça promet... Je l'apprécie Deschamps et je sais que l'on peut discuter avec lui. Toujours est-il que Marseille a perdu à Bordeaux (1-2) ce 21 avril 2012, et visiblement le coach olympien n'est pas content. Il marche quelques mètres devant moi et m'apostrophe : « Monsieur Chapron, vraiment vous n'avez pas été bon ! » Il n'avait pas tout à fait tort, je n'avais pas été très inspiré. Mais les joueurs marseillais non plus, alors je lui réponds : « J'aurais pu vous dire la même chose ! » En conférence de presse, Deschamps raconte cet échange en le déformant légèrement : « J'ai parlé avec M. Chapron et je lui ai dit qu'il n'avait pas été bon. Vous savez ce qu'il m'a répondu ? "Eh bien vous non plus !" » Les journalistes s'en amusent.

1. Libre interprétation d'une citation de Franklin Delano Roosevelt.

Quelques semaines plus tard, fin mai 2012, je suis désigné pour arbitrer Sochaux-Marseille. Avant le match, alors que nous faisons une inspection du terrain, je tombe sur le coach de l'OM. On discute un moment et, bien sûr, on reparle de Bordeaux. « À Marseille, ils se sont bien moqués de moi avec vos conneries… », me dit-il dans un grand éclat de rire. « Figurez-vous que j'ai revu le match, lui dis-je. Vous aviez raison, j'ai été nul ! » Et lui de me répondre : « Vous aussi, vous aviez raison… »

C'est quand même plus simple de pouvoir se parler comme ça. On s'était compris avec juste ce qu'il faut de verve, d'intelligence et d'humour. Le foot ça reste un jeu, on peut même y jouer avec les mots.

CHAPITRE 3

Les présidents : la paranoïa en partage

Louis Nicollin, le chic type

Il y a plusieurs sortes de dirigeants, notamment ceux avec qui ça chauffe souvent et ceux qu'on ne voit presque jamais. Certains grands dirigeants sont très discrets et d'autres plus voyants.

Louis Nicollin, même si je n'approuvais pas toutes ses outrances, était emblématique de cette dernière catégorie. Quand il est décédé, en juin 2017, ça m'a beaucoup touché. C'était un homme très attachant. Certes, il s'énervait parfois, il débordait, les mots dépassaient sa pensée mais c'était un chic type en fait, on pouvait tout lui pardonner.

J'ai vécu quelques moments avec lui qui sont révélateurs de sa manière d'être. Une semaine après mes gros soucis à Ajaccio avec le Gazélec[1], en mars 2013, j'officie lors d'un Nice-Montpellier de Ligue 1. « Loulou » souhaite me voir avant le match, arrive dans le vestiaire et me lance, dans son langage fleuri : « Oh petit ! Toi, on peut dire que tu as une paire de couilles ! Tu ne te laisses pas marcher dessus ! Il nous faudrait des mecs comme toi à la Paillade ! »

Il passait souvent dans le vestiaire après les rencontres mais ne disait jamais un mot sur le match, c'était toujours

1. Lire Partie V : Face aux préjugés ; chapitre 5 : Les clubs corses sont protégés.

pour une anecdote, une blague… Ce jour-là, à Nice, il me confie : « J'ai seulement deux maillots d'arbitres dans ma collection… » Cette collection était impressionnante, c'était sa fierté. Je lui réponds : « Pas de problème ! Si je viens à Montpellier en fin de saison, je vous donnerai le mien. » Et j'ai tenu ma promesse. Quand je lui ai remis mon maillot, j'ai vu un gosse, j'ai eu l'impression que c'était le numéro 10 de Platini. « Avec l'écusson FIFA en plus ! Alors là, tu me fais plaisir, petit ! » Il me prend dans ses bras, me fait la bise, il est visiblement ému. Penaud, il me demande : « T'aurais pas un sac, je n'ai pas envie qu'on voie que j'ai ton maillot ! Ils seraient capables d'essayer de me le piquer ! » C'était ça Loulou, un homme plein de contrastes. Derrière sa gouaille, ses exagérations, sa bonhomie, il y avait une âme d'enfant. Et comme tous les gens généreux, il vivait d'excès.

L'autre moment drôle dont je me souviens avec lui, c'était à l'occasion d'un Monaco-Montpellier, deuxième journée de la saison 2010-2011. Un orage terrible s'abat sur la principauté, la pelouse est impraticable, tout le monde est d'accord pour annuler. Mais le règlement impose de reporter au lendemain. Souci : les Montpelliérains ont quitté leur hôtel à 17 heures, n'ont plus d'hébergement et on est un week-end de 15 août ! Autant dire que trouver vingt chambres dans un établissement à vingt kilomètres à la ronde relève de la gageure. Marc Keller, alors directeur général de l'Association sportive de Monaco, sonne le branle-bas de combat. Il nous propose de le rejoindre dans son bureau. Là, il se démène et se débrouille pour dégoter des chambres par-ci, par-là.

Nicollin arrive, dégoulinant de sueur. Il désigne le délégué : « Il a voulu me tuer ! J'ai fait au moins dix kilomètres de couloirs ! » Il s'affale dans un canapé : « On en est où ? — J'ai quatre chambres au Méridien, trois au Novotel… — Bon Marc, arrête tes conneries ! Pas question que mes gars soient dispersés. On n'a pas d'hôtel, alors on se casse ! » Le délégué de la LFP, bien embêté, lui dit : « Le règlement prévoit que… » Il n'a pas le temps de finir sa phrase, Loulou le coupe : « On s'en branle de ton règlement ! Moi je te dis qu'on se casse, on n'a pas d'hôtel. Je m'en fous si tu me mets match perdu ! » Le délégué est blême, il part appeler la ligue, revient : « Bon, tout est arrangé. On va dire qu'il n'y a pas assez de lits disponibles, on n'a pas d'autre choix que de remettre à une date ultérieure… »

Nicollin avait obtenu ce qu'il voulait. Ce qui ne l'a pas empêché de continuer à engueuler le délégué ! On riait tous de le voir faire, avec l'impression de voir Raimu dans une pièce inédite de Marcel Pagnol.

Dans le genre comique, il y eut aussi ce moment incroyable où Michel Mézy traversa la pelouse en plein match. J'étais quatrième arbitre de Montpellier-Troyes, en octobre 2001. Mézy est alors entraîneur. L'arbitre siffle un penalty (peu évident) contre Montpellier. Je regarde la réaction des bancs, à commencer par celui de Montpellier. Rien de très notable. Puis je me retourne pour voir ce que font les Troyens. Là, dans mon dos, Mézy court en direction de l'arbitre qui est dans la surface de réparation, à cinquante mètres. Le temps que je m'en aperçoive, Mézy a dix mètres d'avance. Je me lance à ses trousses. Soit je le rattrape et lui barre le chemin, soit je le retiens, soit je le suis paisiblement (j'ai pensé à le tacler mais j'ai gardé ça pour plus tard…). Finalement, on fait un footing l'un derrière l'autre jusqu'à l'arbitre. Arrivé à sa hauteur, il s'arrête, j'ai peur qu'il le frappe ; au lieu de quoi, il lui dit tranquillement : « Monsieur Fraise, vous ne pouvez pas nous faire ça ! » Je le reconduis vers la sortie et lui demande ce qui lui a pris de courir comme ça. Il me dit : « Je crois que j'ai craqué », en se marrant. Loulou m'attend à la fin du match, il est furax. Mais avec moi, il a plutôt envie de rigoler : « Eh petit ! Faut que tu t'entraînes, Mézy t'a mis dix mètres ! »

À chaque fois que j'arbitrais Montpellier, il y en avait toujours un des deux pour se moquer de moi et me rappeler ce moment gag. Aussi loin que je me souvienne, je n'ai jamais eu de problème avec Montpellier, il y a toujours eu du respect, de la bonne humeur et de la franchise dans nos relations. Un club agréable à l'image de son président. J'espère que Laurent Nicollin, le fils de Louis, gardera cela en mémoire : la passion ne doit pas tuer les bonnes relations.

Vincent Labrune, le facétieux

Une année où l'OM était pourtant catastrophique sur le plan sportif, les Marseillais avaient gagné tous les matches que j'avais arbitrés. La loi des séries. Le président d'alors, Vincent Labrune, que j'apprécie beaucoup, un homme un peu fantasque mais attachant, avait dû les briefer par rapport à moi car les joueurs étaient étonnamment calmes et respectueux. J'imagine qu'il avait tenu un discours du style : « L'autre dingo, ne le faites pas chier, sinon vous allez le braquer ! »

Mars 2015, à Toulouse, Steve Mandanda reçoit un avertissement pour perte de temps dès la 30e minute. L'OM mène 3-0 et, classiquement, joue la montre. Cela m'agace. Mandanda recommence ses facéties pour gagner quelques secondes. Il se dit qu'il a déjà un jaune et que je ne vais pas lui en mettre un second, synonyme d'exclusion. Il tergiverse au moment de remettre le ballon en jeu. Je donne un grand coup de sifflet pour l'inciter à jouer vite mais rien n'y fait. Alors je siffle à nouveau et cours en sa direction, fouille dans mes poches et sors un carton jaune et un carton rouge. Il se dépêche de jouer. Fin de l'histoire. Bon, c'était du bluff. À la fin du match, Mandanda vient me voir et me dit en rigolant : « Eh, vous n'alliez pas me le mettre le rouge ? » Je le regarde, je souris : « *A priori* non, mais si j'ai les fils qui se touchent, on ne se sait jamais ! »

Son président débarque dans le vestiaire, on discute tranquillement et il me confie : « Je viens de passer un savon à Steve en lui rappelant que je l'avais déjà averti de ne pas jouer au con avec vous ! J'ai vraiment cru que vous alliez lui mettre le rouge ! » Je lui réponds dans un éclat de rire : « On va dire que j'ai fait preuve de psychologie alors… Ça m'arrive ! »

Parfois, certains présidents ont une vraie connaissance du foot et des hommes, et c'est bénéfique pour leur équipe. C'est aussi agréable d'échanger avec eux car on parvient à se comprendre. Mais il arrive que nous soyons stupéfaits par leur mauvaise foi. Qui vire carrément à la paranoïa dans certains cas.

Un soir après un match au Vélodrome, Labrune débarque dans notre vestiaire, on ne parle même pas du match et il se lance dans une diatribe contre Lyon : toutes les décisions en leur faveur, il en a une longue liste… Bon sang, il y a donc des dirigeants qui comptent ça, qui archivent ! Il énumère. Aulas[1] ceci, Aulas cela, les cartons rouges oubliés, les penaltys accordés à tort, etc. Il égrène les situations et arrive au match Évian-Lyon, et là j'ai un petit rictus. Il continue : « Ils ont obtenu un penalty très litigieux à la dernière minute. » Il s'interrompt, me regarde : « Oh merde ! C'était vous ? » Oui, c'était moi. Il poursuit : « Bon, d'accord, celui-là, je ne le compte pas. Ce jour-là, j'étais devant ma télé et j'ai même voulu envoyer un message à Dupraz pour lui dire d'arrêter de vous emmerder. Il était insupportable ! Et je vous connais, il ne faut pas trop vous chercher. »

Il n'avait pas tout à fait tort. J'avais exclu le coach d'Évian mais le banc était exécrable. Je n'ai pas été bon du tout, perturbé par la violence du comportement des Haut-Savoyards. À 2-2 à la 88e, il y a une faute devant leur banc. Ils se lèvent tous pour hurler. Je me dis : ils me fatiguent, je vais tous les virer. Pas le temps, le coup franc est joué vite par les Lyonnais. Le ballon arrive dans la surface d'Évian, un défenseur a un mouvement du bras… Penalty ? C'est du 50-50… Mais qu'est-ce qui te fait basculer sur le 51-49 ? C'est l'humain ! J'ai été pris par mes émotions négatives.

1. Jean-Michel Aulas, le président de l'Olympique lyonnais.

Penalty ! Pas pour Lyon mais contre Évian. Quand tu es infect avec quelqu'un, ne t'attends pas à ce qu'il te fasse de cadeau.

J'explique cela à Labrune mais il l'avait déjà compris depuis longtemps. Cela m'a permis de démonter sa théorie du « tout est pour Lyon ». Même si son homologue lyonnais casse parfois les pieds des arbitres.

Jean-Michel Aulas, le maître du jeu

Certains présidents sont donc un peu (très ?) paranoïaques. Est-ce pour cela que Labrune et Aulas ont du mal à s'entendre ? Ils aiment se poser en victimes ou encore inventer toutes sortes de complots. Évidemment, les arbitres occupent une place de choix dans leurs théories.

Jean-Michel Aulas est, qu'on le veuille ou non, un dirigeant exceptionnel, qui a construit son club tout seul. On ne peut pas lui enlever son palmarès, son stade, ce socle fort. Il est brillant. Il a « fait » l'Olympique lyonnais (OL). Rares sont les dirigeants à avoir su construire un club aussi solide. C'est un personnage incontournable et un formidable chef d'entreprise et président de club.

Mais il a des postures irritantes. Sa stratégie de communication est parfois contestable. Certes, il est toujours prêt à prendre des coups pour protéger son staff et ses joueurs, il s'expose donc et se met en première ligne en permanence. Et la plupart du temps cela fonctionne. Toutefois, ses messages finissent par ne plus avoir d'écho, quand ils ne déclenchent pas des réactions de rejet de la part du plus grand nombre. C'est notamment le cas avec son usage du *tweet* dont il se sert surtout pour mettre un coup de pied dans la fourmilière et créer des polémiques. Au risque de diluer la portée de ses propos, qui ne sont pas toujours dénués de pertinence (ou d'impertinence).

Mais la griffe d'Aulas, c'est sa relation à l'arbitrage. Il met une pression d'enfer sur les jeunes arbitres, il sait les déstabiliser et surtout il a l'intelligence de savoir à qui il a à faire. Dès qu'il remue les lèvres, un micro se tend, sa caisse de résonance est énorme, il met la pression avant, parfois à la mi-temps, et même après. Car il a toujours un coup d'avance, il anticipe le moment où il va te revoir. Alors, même si les arbitres n'entrent pas sur le terrain en se disant « on va avantager l'OL », il est évident qu'ils réfléchissent à deux fois avant de prendre une grosse décision à son détriment. Mais cela est également vrai pour tous les clubs hypermédiatisés.

Dans ma carrière, j'ai dirigé quelquefois Lyon mais finalement assez rarement. En effet, le fait d'habiter en Rhône-Alpes[1] m'interdit d'arbitrer des clubs de cette région. Cela dans un souci de neutralité. La suspicion de partialité est l'un des fantasmes qui entourent le rôle d'arbitre. Et les supporters s'imaginent un quelconque favoritisme d'un arbitre envers tel ou tel club. Alors que l'arbitre se fiche pas mal de savoir qui gagne, pourvu qu'il ait bien fait son travail.

Par conséquent, du fait de mon appartenance à la ligue Rhône-Alpes, je ne peux arbitrer Lyon que lors de rencontres avec d'autres clubs de la même ligue dont, bien sûr, Saint-Étienne. J'ai dirigé cinq derbies OL-ASSE (Association sportive de Saint-Étienne). Tous les connaisseurs s'accordent à dire que c'est le match le plus difficile à arbitrer du championnat de France, bien plus qu'un « classico » OM-PSG ! Lequel n'est que la création artificielle d'une rivalité.

Mais « le » derby, c'est un antagonisme géographique, social et sportif. On ne se place pas sur le seul terrain du football lors de cet affrontement. La tension est partout.

---

1. Avec la redéfinition des régions, cela est devenu un casse-tête. À tel point que la Commission fédérale des arbitres a dû rédiger un article qui précise que la FFF s'en tient à l'ancienne carte des régions pour désigner les arbitres. Un comble. C'était pourtant l'occasion de faire tomber ce point de règlement archaïque.

La semaine qui précède, la pression est telle que l'angle d'attaque d'Aulas n'est pas l'arbitrage. Il a trop de dossiers à gérer : entre les problèmes de sécurité, les relations avec ses supporters et quelques déclarations bien senties pour mettre le feu aux poudres…

Lors de mon premier derby, à Saint-Étienne en mars 2007, ça commence fort. Après sept minutes, je suis percuté accidentellement par Kim Källström, le Suédois de l'OL. K.-O. ! Arrêt du match. Puis je vis cinq minutes nébuleuses, un peu dans le coton. J'arbitre sans vraiment être là. En seconde période, nouvelle interruption, cette fois, à cause des gaz lacrymogènes des policiers qui avaient chargé des supporters à l'extérieur de Geoffroy-Guichard. L'air est irrespirable, mon assistant, Emmanuel Boisdenghien, me rejoint les yeux rougis. Tout le monde rentre aux vestiaires pour attendre la dissipation du nuage. Pour une première, c'est un baptême du feu !

Les choses sur le terrain sont assez tranquilles, en dehors du premier quart d'heure qui est tendu. Ensuite ça roule, le score évolue vite en faveur de Lyon (1-3). Pas d'agressivité déplacée sur la pelouse, pourtant certains joueurs lyonnais se mettent à avoir un drôle de comportement. Ils contestent, jouent la montre ou bien dégagent volontairement le ballon dans les tribunes. Je suis pris au piège de leur comportement outrancier. Alors que je n'ai donné qu'un avertissement de chaque côté, me voilà contraint de distribuer des cartons jaunes qui assombrissent le bilan final car sans rapport avec l'esprit du match. Je vais alourdir mes stats…

En fait, je finis par comprendre que ceux qui sont sous la menace d'une suspension cherchent à être avertis sciemment. En effet, nous sommes deux semaines avant la finale de la Coupe de la Ligue, pour laquelle Lyon est qualifié. Le règlement prévoit que si un joueur reçoit trois avertissements en dix matches ou moins, il est automatiquement suspendu pour la rencontre suivante. En écopant d'un avertissement lors de ce derby, plusieurs joueurs lyonnais étaient privés du match de championnat suivant et leur « compteur » remis à zéro. Ils s'assuraient donc une place pour la finale. Ce jour-là, les dirigeants des deux clubs avaient fait profil bas et je n'avais vu personne. Il faut dire qu'à l'extérieur du stade, il y avait eu du grabuge.

Quand on joue à Lyon, Aulas se débrouille toujours pour croiser l'arbitre et lui serrer la main avant le match. Histoire de rappeler qu'il est bien là... Ce n'est pas partout comme ça. À Paris ou à Monaco, les dirigeants ne viennent pas au contact. À Gerland, et désormais au Parc OL, il y a toujours un moment où vous passez devant Aulas. Vous le voyez aussi à la mi-temps, avec souvent un regard et parfois des mots. Il sait bien utiliser les caméras de télé. Il y a eu une période où il passait le nez dans le vestiaire à la mi-temps ; maintenant il ne le fait plus, c'est interdit. En revanche, on le voit très fréquemment à la fin. Son charisme a un certain impact auprès des arbitres, avec lesquels il sait aussi se montrer charmant.

J'ai arbitré pas mal de matches amicaux prestigieux de l'OL, contre le Real, Benfica ou Séville. Et Lyon n'a jamais été battu. Ce qui me vaut sûrement d'être épargné par son président. Mais il a toujours eu une attitude très correcte à mon égard, quelles que soient les circonstances.

Ainsi, lors du dernier derby que j'ai dirigé, en février 2017, que l'OL a perdu (0-2), j'ai expulsé deux Lyonnais dans les dernières minutes, Corentin Tolisso et Rachid Ghezzal. Aulas a demandé à être reçu dès la fin du match. Compte tenu de sa réputation, je m'attendais à une passe d'armes serrée. À ma grande surprise, il m'a félicité : « Vous avez tenu les débats de manière remarquable, je n'ai rien à vous reprocher, c'est le comportement de mes joueurs qui n'était pas acceptable. »

On peut penser que c'est sincère, on peut aussi imaginer qu'il sait que s'il m'invective, il peut me mettre dans de mauvaises dispositions alors que je dois rédiger un rapport sur les deux exclus pour la commission de discipline. Et puis Chapron, on risque de le revoir sur un prochain derby, ce n'est sans doute pas idiot de le ménager.

Finalement, plutôt que de voir le mauvais côté des choses, j'ai préféré voir le bon et penser qu'Aulas a cette intelligence de reconnaître parfois la difficulté de notre mission.

Waldemar Kita, le comptable

En revanche à Nantes, je n'arrive pas à avoir une relation normale avec le président Waldemar Kita. Il faut dire que nous n'employons pas le même langage. Lui parle business alors que je parle passion, amour du jeu. Je suis sidéré par sa vision du football, preuve sans doute de ma naïveté et du fossé qui sépare désormais certains dirigeants des arbitres.

À l'issue d'un match, nous discutons posément. Son équipe a gagné, la conversation est donc plus détendue. Il évoque cependant des erreurs d'arbitrage subies au cours de la saison, son incompréhension, son mécontentement et surtout sa volonté de faire changer les choses. Son idée est de créer un pool d'arbitres dirigé par la LFP (en gros par les présidents de clubs). On paye un peu plus les arbitres mais s'ils font des erreurs on les vire, et on en trouve d'autres pour les remplacer. Une sorte d'*uberisation* de l'arbitrage. Avant d'entrer dans cette société rêvée, je lui fais remarquer qu'il pourrait commencer par l'appliquer à ses joueurs. Mais les joueurs, selon lui, ce n'est pas pareil. Soit.

Ce qui l'ennuie fondamentalement c'est que la LFP consacre une partie de son budget (1,7 %)[1] pour payer des arbitres sans avoir aucun pouvoir sur ceux-ci. Sauf que le jour où les présidents auront un pouvoir direct sur les arbitres, ce sera la mort de l'indépendance et de

1. En 2016-2017.

l'impartialité ; une rupture dans ce que l'on appelle l'ordre républicain, qui sépare l'exécutif et le judiciaire.

Enfin, le souci de Kita c'est qu'une erreur d'arbitrage, ça coûte de l'argent. On doit se rendre compte, nous arbitres, qu'il y a des actionnaires qui attendent un retour sur investissement. Il est intolérable qu'un match puisse se jouer sur l'erreur d'un arbitre. Quel crime ! J'ai le malheur de lui rétorquer que ces mêmes actionnaires sont plus indulgents avec un joueur qui aurait raté un penalty. Alors que, dans les deux cas, ce sont des erreurs humaines. « Mais les joueurs, ce n'est pas pareil. » Soit, une nouvelle fois.

Nous n'étions pas vraiment en phase. Parler de « rentabilité » quand on vous parle d'« humanité », nos visions du monde étaient trop différentes. Et finalement il n'y avait pas grand-chose pour nous rapprocher. Placer son argent dans une activité aussi aléatoire que le football, je ne suis pas sûr que ce soit le meilleur choix. Le sport ce n'est pas la Bourse. Pas encore.

Mais je me suis trompé sur Kita. Car un jour nous avons parlé de l'humain. Enfin, pas longtemps.

Nous sommes le dimanche 24 novembre 2013, je dois diriger la rencontre Nantes-Monaco à 21 heures. Comme prévu dans le cahier des charges du club recevant, un émissaire vient nous chercher à l'hôtel. Par précaution, il nous récupère à 18 h 30, nous lui avons demandé une arrivée au stade pour 19 heures. Habituellement il faut vingt minutes pour rallier la Beaujoire depuis le centre-ville. Mais le gars se perd en route. On finit par arriver aux alentours du stade, qui est déjà éclairé, et on tourne autour pendant de longues minutes. Impossible d'y accéder sans prendre le périphérique qui est saturé. Il est paumé. 19 h 35, on devrait être sur place depuis un bon moment. Panique à bord. Il appelle au secours, demande une escorte, mais les motards ne pourront pas être sur zone avant une bonne vingtaine de minutes dans le meilleur des cas. On voit le stade, il n'est pas si loin, peut-être 500 mètres à pied. Cela fait plus d'une heure que nous sommes dans la voiture pour faire… 5 kilomètres. Et là, je prends tout le monde de court : « On descend les gars ! On va y aller à pied. » On attrape nos sacs, nous sommes en costard-cravate. Il est 19 h 45, on traverse le parvis du stade – ce soir-là, on joue à guichets fermés, autant dire que c'est noir de monde – et on fend la foule tous les quatre, costume, sac à roulettes avec le logo FFF et ma tête qui ne passe pas inaperçue. Un sketch ! On s'installe dans notre vestiaire à 19 h 50. On va raccourcir notre échauffement. Le président nantais arrive sur nos talons et entre dans le vestiaire : « Je suis vraiment désolé de ce contretemps, vous savez monsieur Chapron, cela peut arriver à tout le monde, l'erreur est humaine. »

Ça alors ! Je ne le savais pas si tolérant… Je le lui fais remarquer : « Je suis heureux de vous entendre dire que l'erreur est humaine, président. Parce qu'habituellement ce n'est pas votre discours. Voyez, si je devais me tromper ce soir, j'aimerais que vous soyez aussi indulgent avec moi à 23 heures… »

J'ai dû dire une énorme ânerie car il explose : « Quoi ? Vous me menacez ? Vous allez commettre des erreurs en notre défaveur ? » Nous étions entrés dans un dialogue de sourds : il était persuadé que je disais ça pour l'agresser, il est parti complètement en vrille ! Quand j'évoque la paranoïa, on n'en est pas loin quand même ! Finalement, le match s'est bien passé, aucun souci, sauf pour l'attaquant monégasque Falcao, manifestement très surpris que Claudio Ranieri (alors entraîneur de Monaco) décide de le remplacer. Nantes a perdu 0-1 et je n'ai pas revu Kita après le match. Je suis sûr qu'il médite sur cette citation de Tite-Live depuis lors : « *Venia dignus est humanus error*[1]. » Et cela m'émeut de penser que je

1. Chaque erreur humaine mérite le pardon.

suis peut-être à l'origine de sa sagesse aujourd'hui légendaire.

Silvio Berlusconi, méthodes cavalières…

Autre dirigeant, autre personnalité, de plus haute volée, quoique avec un bronzage assez proche… : Silvio Berlusconi. Il s'arrange toujours pour sortir du vestiaire du Milan juste au moment où passent les arbitres (comme son homologue lyonnais). Ce n'est pas un hasard, bien sûr.

C'était à l'occasion d'un Milan AC-Zenith Saint-Pétersbourg, le 4 décembre 2012, en Champions League, dans l'antre du stade San Siro. Là, au pied de l'escalier de notre vestiaire, très « Premier ministre » italien, entouré de son aréopage, il sait qu'il va faire son effet. Je ne l'apprécie pas beaucoup politiquement mais il faut reconnaître que c'est un personnage et qu'il a une certaine stature. On entre dans le show, il nous attend savamment pour nous saluer. Ce type calcule tout, dans un ouvrage il a raconté l'importance de la poignée de main, l'importance d'avoir toujours les mains propres (!) et jamais moites. Un guide des comportements sociaux et politiques. Il me tend donc une poignée de main virile et m'offre son grand sourire aux dents immaculées et carnassières. Tout pour mettre un peu mal à l'aise. J'en profite pour sortir des placards mes rudiments d'italien avec une pointe de sarcasme : « *Buena sera, Signor Cavaliere !* » Et je ne peux m'empêcher de songer au double sens, d'« *Il Cavaliere* » : « chevalier » mais aussi « cavaleur »… Une façon de montrer que je n'étais pas impressionné. Même si un peu quand même, on ne rencontre pas tous les jours un président du Conseil. Et j'ai toujours été un peu fasciné (et souvent affligé) par l'Italie et ses politiciens. Étudiant, j'ai rédigé un long mémoire sur l'Italie fasciste et l'utilisation politique du sport par Benito Mussolini. Et s'il y en a un qui a compris l'usage politique

que l'on peut faire du football, c'est bien Silvio Berlusconi…

Olivier Sadran président du… Real !

Lors d'un Montpellier-Toulouse, avril 2017, on nous présente les maillots avant le match. *A priori*, rien d'anormal quand on regarde le recto. Sauf que je demande à voir le verso. Une intuition. Et là, ce n'est pas la même histoire. Montpellier propose un maillot bleu marine des deux côtés, Toulouse un maillot rose côté face, mais un maillot gris foncé côté dos. Autant dire que l'on a du mal à distinguer qui est qui, quand les deux maillots sont retournés. On ne va pas demander aux joueurs de marcher de profil comme sur les peintures de l'Égypte antique pendant tout le match ! Ce problème des maillots est récurrent. C'est quasi le même casse-tête à chaque match et ce, depuis que les équipementiers ont trouvé une combine pour multiplier la vente de maillots. L'idée est de créer un besoin, une mode. Dans les années 1980, acheter un maillot d'un club d'une année sur l'autre n'était pas nécessaire : les couleurs ne changeaient guère et il y avait une vraie identité graphique du club (en dehors du changement de sponsor éventuellement). Aujourd'hui, le défilé est permanent : il y a le maillot à domicile, le maillot extérieur, le maillot « *third* ». Un jour on inventera le maillot pour la première mi-temps, la deuxième et des maillots pour chaque période de la prolongation… Tant et si bien qu'il est difficile d'identifier une équipe au premier coup d'œil. Auparavant, il y avait les Canaris, les Verts, les Sang-et-Or et aussi l'homme en noir. Lui aussi est devenu multicolore. Dans son sac, l'arbitre transporte une véritable panoplie. J'ai vu certains collègues arriver au stade avec six jeux de maillots différents !

C'est le même processus pour les ballons. Ils changent d'une année sur l'autre et désormais, il y a un ballon pour la phase aller, un pour la phase retour, un autre équipementier pour la Coupe de la Ligue et un autre pour la

Coupe de France. Quand le football business pousse sa logique mercantile à outrance. L'exemple de Montpellier-Toulouse en est une illustration par l'absurde.

Nonobstant la multiplication des maillots et les combinaisons possibles, Toulouse se présente donc avec un jeu de maillots incompatible avec celui de Montpellier. Moralité, le club héraultais va devoir prêter un ensemble tout blanc et sans publicité au TFC, comme le prévoit le règlement. Les réactions ne se font pas attendre : « Comment est-ce possible ? », « C'est du zèle ! », etc. À part répondre que l'intendant avait les infos et qu'il aurait dû être plus prévoyant, je n'ai pas grand-chose à ajouter.

Sur la pelouse, à la fin de notre échauffement, je croise Pascal Dupraz, l'entraîneur de Toulouse ; on se salue. Je le sens irrité par cette histoire de maillots. Alors, je lui glisse les résultats d'une étude scientifique qui conclut que les équipes jouant en couleur claire sont moins sanctionnées que celles jouant en couleur sombre. L'arbitrage c'est aussi une question de perception des couleurs, une question d'émotions !

Je n'ai pas le temps d'exposer ces éléments au président toulousain, Olivier Sadran, quand il vient dans notre vestiaire, énervé. Ses joueurs vont être perturbés, je viens de demander que les shorts et les chaussettes soient blancs aussi (les shorts ont des numéros ne correspondant plus à la numérotation des maillots – 1 à 18 – et les chaussettes sont quasi identiques à celles de Montpellier). « À Toulouse on est trop gentil, si c'était Jean-Michel, vous n'auriez rien dit, ça ne se passerait pas comme ça… » Décidément ils sont tous obnubilés par Aulas. Je lui demande de bien vouloir répéter. « Avec Jean-Michel, ça… » Je le coupe : « Pardon ? — Bon, avec vous, peut-être pas… — Je vous remercie de me reconnaître au moins cela. Il y a un règlement, il s'applique à tous. Point. »

On en reste là, il y a un match à jouer quand même. Toulouse mène et finit par gagner au bout du temps additionnel. Sadran revient, toujours avec cette légère amertume liée à l'histoire des maillots mais diluée par la victoire. Au moment où il pousse la porte du vestiaire, je demande à mes collègues de bien vouloir s'interrompre : « Les gars, on accueille le président du Real[1] ! » On peut chambrer gentiment. D'abord, un résultat favorable détend toujours l'atmosphère, et ensuite, Sadran est un garçon éduqué, brillant et volontiers moqueur. Je l'apprécie beaucoup et il ne manque pas de répondant : « Vous vous rendez compte que vous avez fait jouer sept minutes de temps additionnel ? Un record ! — Vous avez raison, je n'ai pas pu bouder mon plaisir de vous voir jouer en blanc un peu plus longtemps. » Bon, on peut rigoler mais on aurait moins fait les malins si Montpellier avait égalisé dans les arrêts de jeu.

Ambiance thriller à Monaco

J'ai évoqué la paranoïa de certains dirigeants, mais il arrive que celle des arbitres soit assez sévère aussi. La scène se passe à l'aéroport de Nice, en février 2016. Je dois prendre un avion pour Lyon, il est 20 heures et en cette soirée d'hiver la nuit est déjà tombée depuis longtemps sur la Côte d'Azur.

Je viens d'officier lors du derby Monaco-Nice qui ne s'est pas bien passé et qui a vite dégénéré. Les joueurs étaient agressifs, je n'étais pas en forme, pas bien calé avec mes assistants. J'avais distribué dix jaunes et deux rouges, dont un pour Nabil Dirar qui m'avait violemment hurlé dessus. Bref, un match très tendu. De ceux qui vous laissent des traces psychologiques pour un moment.

Dans cette salle d'embarquement quasi déserte et austère, je suis seul. Avant de monter dans l'avion, je vais aux toilettes (on boit beaucoup d'eau après les matches). Douze

1. La tenue traditionnelle du Real Madrid est le blanc, de la tête aux pieds.

mètres d'urinoirs alignés dans la pénombre, pas une âme qui vive. Un néon clignote avant de rendre son dernier souffle. Soudain, j'entends des pas qui s'approchent doucement. Ambiance film d'espionnage, situation étrange.

Je ne me retourne pas, comme en sursis. Je quitte l'urinoir en direction des lavabos et je croise Vadim Vasilyev, le président russe de l'AS Monaco. Mon imaginaire de cinéphile m'avait joué des tours. Je me suis cru dans un film noir où les méchants espions venus de l'Est trucident le premier quidam à coups de flingues équipés d'un silencieux.

Les stéréotypes et l'imaginaire d'un arbitre solitaire aux toilettes. Pas sûr que cela fasse un très bon titre pour un film…

Partie IV

Au milieu du terrain

CHAPITRE 1

Comment l'arbitre joue avec les règles ?

Prendre des décisions difficiles, le quotidien de l'arbitre

Sur la pelouse, on pourrait croire que les vingt-deux footballeurs sont les seuls à jouer. Or les arbitres aussi sont en compétition. Simplement, d'une part, on ne le sait pas et, d'autre part, il n'y a pas d'adversaire visible. En fait, l'arbitre est dans une compétition à distance avec ses collègues qui officient sur d'autres terrains. Car être arbitre c'est être un sportif comme les autres mais en jouant une partition et un rôle différents. Dans cet univers, les arbitres sont donc des concurrents et chacun va tenter de distancer ses collègues pour être le mieux classé, le meilleur. On peut faire le parallèle avec les clubs, puisque chaque année des arbitres accèdent à la division supérieure quand d'autres sont rétrogradés dans la catégorie inférieure. En Ligue 1, au début du championnat, les arbitres sont *a priori* sur un pied d'égalité ; toutefois, il y a une hiérarchie présupposée qui distingue ceux qui joueront le titre, ceux qui joueront l'Europe (le titre d'arbitre international), ceux qui joueront dans le ventre mou et enfin ceux qui vont se battre pour ne pas descendre.

Pour établir le classement final, les arbitres sont évalués et leurs prestations disséquées par des observateurs présents dans le stade. Sur la base de différents critères, le contrôleur attribue une note. Mais ces éléments d'évaluation sont tellement larges qu'ils ne permettent pas de départager de façon significative les arbitres. À mes débuts, il y avait une rubrique notée portant sur la prestation physique (vitesse, endurance, capacité à répéter des efforts, élégance). À l'époque, il y avait une vraie distinction entre les arbitres jeunes et athlétiques et leurs collègues plus âgés et déjà bedonnants. Ce critère me permettait de prendre de l'avance sur mes concurrents. Mais avec l'instauration d'une politique basée sur le tout physique, ce critère n'a plus lieu d'être, tous les arbitres nationaux sont aujourd'hui des athlètes capables de performances de haut niveau. On a donc gommé cet outil de distinction.

L'autre élément permettant de classer et d'évaluer une prestation arbitrale tient au degré de difficulté du match. Ainsi, les notes sont attribuées sur la base d'une classification : allant de « match facile » à « match très difficile » en passant par « match normal » ou « match difficile ». L'évaluation de l'arbitre dépend donc d'un critère *a priori* indépendant de sa volonté. Car la note varie considérablement à partir de cette donnée contextuelle. Plus le match est difficile, plus l'arbitre est susceptible d'avoir une « très grosse note » ; en revanche, sur un match « plat », sa note restera standard puisqu'on va considérer qu'il n'a pas eu à déployer beaucoup d'efforts pour diriger la rencontre. Par conséquent, plutôt que d'attribuer une très bonne note à un arbitre qui aurait dirigé un match facile en considérant qu'il l'a rendu tranquille par de bonnes décisions et une attitude détendue, on procède à l'envers : on attribue une très bonne note à celui qui a été confronté à un match difficile. Bien sûr, certains matches sont difficiles sans que l'arbitre n'ait influé sur la dégradation du climat. Cependant, si l'on veut bien considérer la logique compétitive de l'arbitre et sa recherche de « bonnes notes », on peut donc comprendre qu'il a tout intérêt à ce que le match soit difficile voire très difficile. À condition de savoir le contrôler ensuite, parce qu'en cas d'échec la note est alors catastrophique. Il y a donc différentes stratégies chez les arbitres en fonction des compétitions, de leur statut, de leur niveau et de leur volonté d'avancement dans la hiérarchie.

Cette logique compétitive a un impact sur la façon dont on arbitre. Parce que la plupart du temps tu aspires à la tranquillité, tu aimerais que les choses se déroulent bien ; ton principal objectif est de passer inaperçu, comme le souhaiterait l'opinion publique en validant cet aphorisme qui veut qu'« un bon arbitre soit celui qu'on ne voit pas ». Il faut pourtant, à certains moments d'une carrière, se faire voir. Comme pour tout manager, le bon arbitre est celui qui est capable de prendre des décisions difficiles, de les assumer et d'en gérer les conséquences.

Arbitrer sans concession pour évoluer dans la hiérarchie

Ainsi, j'ai fait le pari risqué, à plusieurs reprises au cours de ma carrière, de prendre des décisions fortes qui ont rendu certains matches très difficiles.

Candidat à devenir arbitre fédéral, au niveau national donc, j'ai passé mon examen à Viry-Châtillon. C'est un peu comme l'internat chez les médecins (toutes proportions gardées) : tu es dans les deux ou trois meilleurs de ta région et il te faut réussir le concours pour atteindre l'échelon national. Si tu rates, tu restes chez toi, en Division d'honneur, avec assez peu de chances de pouvoir te représenter aux prochaines sessions. Aujourd'hui, un jeune de vingt-cinq ans qui se plante, qui est donc condamné à officier en DH jusqu'à sa retraite, jette vite l'éponge. Car nombreux sont ceux qui élaborent des plans de carrière. Moi je n'en avais pas, j'étais seulement animé par mon esprit compétiteur.

Mon observateur à Viry s'appelait Aldo Filippini, considéré comme plutôt psychorigide. J'entre donc sur le terrain avec une pression importante (celle d'un examen) et la conviction qu'il va falloir faire la différence.

Dans tout jugement, il y a un contexte, des éléments subjectifs et l'objectif que poursuit l'arbitre. Je suis observé et noté par un rigoriste, je dois faire mes preuves, je sais qu'il n'appréciera pas le moindre laxisme. Je me dis donc qu'en cas d'hésitation entre jaune et rouge, il me faudra mettre un rouge. Il ne s'agit pas d'inventer des fautes mais de faire preuve d'une rigueur absolue. Au final, j'ai mis trois cartons rouges et le match a été assez compliqué à gérer, mais je m'en suis bien sorti. Pour preuve, je suis devenu arbitre de la Fédération à l'issue de l'examen. Ces circonstances sont prises en compte également par les clubs. Combien de fois ai-je entendu : « Faites gaffe les gars, ce soir l'arbitre est contrôlé ! » ? Démonstration que cette posture rigoriste est intégrée par tous les arbitres en compétition, mais aussi par les joueurs et les dirigeants.

C'est sur cette capacité à prendre des décisions sans concession que se fera la différence pour grimper de Ligue 2 en Ligue 1.

Alors que je végétais en Ligue 2, j'arbitre un match à Gueugnon. Comme tout arbitre à ce niveau de compétition, j'aspire à rejoindre la Ligue 1, le plus vite possible ; mes prestations sont très correctes, je fais figure d'« espoir » mais je dois me contenter des places d'honneur (4e et 5e) lors de mes deux premières saisons dans cette antichambre. En ce début de championnat, je suis observé. Le match se passe paisiblement et tout le monde est content au coup de sifflet final. Le contrôleur rentre dans le vestiaire, il est satisfait de ma prestation mais me demande si je ne suis pas trop fatigué : « Tu n'as pas eu à forcer ton talent, tu arbitres en père peinard. » Il est honnête en me disant qu'il ne peut pas me mettre une « grosse note » qui me permettrait de jouer la montée. C'est un déclic. Pour passer à l'étage supérieur, il va falloir aller chercher les notes et, pour ce faire, il va falloir aller au combat.

À l'époque je ne regardais pas trop les autres, je ne m'occupais que de mes propres performances. Il y a quinze ans, la plate-forme vidéo, qui permet de tout revoir, n'existait pas et je m'interrogeais sur les éléments qui permettent de faire la différence. Et j'ai vite compris : il faut qu'on parle de toi. Savoir, donc, faire des choix contre le sens du vent. Le bon arbitre, c'est celui qui sait prendre des décisions qui marquent les esprits. Justifiées, bien sûr, mais parfois impopulaires.

Le tournant de Clermont

L'originalité, c'est ta seule chance de te hisser un cran au-dessus des autres, de montrer le petit plus qui accroche. On a une ou deux occasions à saisir pour basculer du bon côté, pas plus. Cela se joue souvent sur des tacles… Jaune ? Rouge ? Plutôt orange en fait… Quand c'est orange, sortir le rouge là où 90 % se seraient contentés d'un jaune, c'est une décision forte, qui marque. Forte sans être exagérée bien sûr, forte parce qu'elle imprime une autorité.

De ce point de vue, le Clermont-Amiens de Ligue 2 que j'ai dirigé, en décembre 2003, aura été un tournant. J'aurai tout eu dans ce match !

À la 35e minute, un attaquant amiénois part seul au but. Un Clermontois (Richard Jézierski) l'accroche et annihile l'action. Jaune ou rouge ? Je me remémore l'analyse faite à Gueugnon et je me dis : « Il faut te démarquer ! » Je mets un rouge et le feu au stade par la même occasion ! Cinq minutes plus tard, un tacle les deux pieds décollés d'un Clermontois (Johan Gallon). J'imagine que le gars a pensé : « Il n'osera pas ! » Si, j'ose ! Rouge ! L'équipe locale joue à neuf dès la 40e minute. Le public est en furie.

Deux minutes plus tard, le long de la touche, un joueur de Clermont saisit le maillot d'un Amiénois (David Suarez), lequel réussit à se dégager au moment où mon assistant lève son drapeau pour me signaler la faute et le garde en l'air ; de ma position, je vois clairement que l'attaquant bénéficie d'un boulevard devant lui, je décide donc logiquement de laisser l'avantage. Le souci c'est que les défenseurs clermontois se sont arrêtés de jouer en voyant le drapeau levé…

L'attaquant déborde, centre pour son partenaire. But ! 1-0 pour Amiens !

Là, le stade nous est tombé dessus. Il faut dire qu'en l'espace de sept minutes, j'avais pris trois décisions contre le club local et non des moindres !

En laissant l'avantage, dans l'esprit du jeu, j'ai provoqué une catastrophe. Tout le banc de Clermont a foncé sur l'assistant, que j'ai tenté de protéger. Une meute s'est lancée à ses trousses, dans laquelle on retrouve pêle-mêle joueurs, dirigeants, staff médical et le président local venu jusqu'au poteau de corner nous vilipender. Soudain, au milieu de ce chaos, quelqu'un me tape tranquillement sur l'épaule. C'est l'observateur, Marcel Bacou, un gentil monsieur d'un certain âge, descendu lui aussi jusqu'à l'angle du terrain. Il me dit : « Arrête le match, ils sont devenus fous, je me suis fait molester dans la tribune ! » Je lui réponds : « Marcel, ne t'inquiète pas ! Je gère… »

J'ai viré tout le monde, le président, l'entraîneur… Il y a eu dix minutes d'interruption, puis le dépôt de réserves techniques (une procédure visant à faire rejouer le match). Les supporters étaient dingues, hystériques.

Après ce moment de chaos, on va enfin pouvoir reprendre le match et faire retomber la pression ! Pas vraiment… L'assistant situé de l'autre côté de la pelouse m'appelle pour me dire qu'il a reçu des cailloux et une bouteille d'eau quasi vide. Je rapporte quelques graviers et la bouteille au délégué qui procède à une annonce au micro appelant au calme. Bingo ! Le public s'est de nouveau embrasé !

L'observateur passe la mi-temps dans notre vestiaire. C'est la première (et la seule) fois que je vois ça. La règle, c'est une visite de courtoisie avant le match et un débriefing après le match. Entre ces deux phases, on ne le voit pas.

Assis au calme, il me répète : « Tu peux arrêter le match, ça me va bien, je sais déjà la note que je vais te mettre. » Mais je lui annonce que je vais continuer. Alors il me dit : « Je ne remonte pas dans la tribune, je vais m'installer sur le banc avec le quatrième arbitre. Si j'y retourne, ils risquent bien de me tuer, ces fous ! »

Les joueurs de Clermont seront odieux en seconde période. Je quitterai le stade sous protection policière.

Le coach d'Amiens (qui a gagné 2-0), Denis Troch, déclare ensuite qu'il comprend la frustration de Clermont. Je ne m'attendais pas à ce coup de pelle de la part du camp adverse ! Brassens l'a chanté : « Dès qu'il s'agit de rosser les cognes, tout le monde se réconcilie. »

J'ai le souvenir d'un autre entraîneur beaucoup plus « classe », Alain Casanova, alors à Toulouse. Malgré le goût amer d'une défaite face au PSG (je n'étais pas l'arbitre) sur des décisions discutables, il avait gardé distance et hauteur de vue : « Le boulot de l'arbitre est difficile et ingrat, même après plusieurs ralentis on n'est sûr de rien, les erreurs d'appréciation font partie du jeu. » Un discours trop rare.

En tout cas, sur ce match à Clermont, j'obtiens la meilleure note de ma carrière et je suis promu en Ligue 1 à l'issue de la saison ! Je termine même premier au classement 2003-2004 de la Ligue 2. J'aurais donc réalisé un quasi grand chelem car je finis à la première place en Championnat de France amateur 2 (CFA2), en Championnat de France amateur (CFA), en National puis en Ligue 2 mais jamais en Ligue 1. Enfin, presque !

Plus tard, nommé arbitre international, j'assiste à un stage à l'UEFA. L'Italien Pierluigi Collina, le responsable de l'arbitrage européen, fait un discours et je retiens cette phrase qui a marqué toute ma carrière : « Les grands arbitres sont ceux qui sont capables de prendre des décisions impopulaires. » J'avais commencé à appliquer cette recommandation, je l'ai gardée comme une ligne de conduite, une philosophie.

C'est aussi pour cela que je suis un peu plus connu que beaucoup de mes collègues, parce que j'ai su prendre des décisions à contre-courant. Je n'ai jamais eu peur du conflit. L'arbitrage à la maison, je n'ai jamais su faire.

Ce côté intransigeant m'a collé à la peau durant toute ma carrière, alors qu'à mes débuts, on me prenait pour un baba cool. Le grand écart. En y regardant de plus près, je constate que je me suis construit une réputation sur des décisions qui ont pu paraître spectaculaires mais surtout, pour la plupart à l'encontre des équipes jouant à domicile. Il y a donc une résonance toute particulière dès lors qu'on sanctionne l'équipe locale. Le public, les médias locaux, les dirigeants, tous participent au lynchage de l'arbitre, comme pour s'insurger contre un intrus venu faire sa loi « chez nous ». Par conséquent, un arbitre qui souhaite s'épargner quelques désagréments aura tout intérêt à se montrer plus conciliant envers l'équipe locale et plus intransigeant avec les visiteurs. En faisant un inventaire rapide des « affaires » retentissantes de mon parcours, c'est le plus souvent parce que j'ai refusé d'accepter cette facilité qui confine à la complaisance qu'elles se sont déclenchées. Ainsi, j'ai eu des soucis à Bastia, Ajaccio, Lens, Valenciennes, Nantes ou Clermont-Ferrand, car j'ai eu le courage de sanctionner sans compromis les joueurs et/ou les dirigeants locaux. Dans les situations inverses, à savoir lorsqu'on sanctionne l'équipe visiteuse, les conséquences sont généralement moindres et quasiment acceptées comme faisant partie du « folklore »[1]. En refusant de m'inscrire dans ce registre, je suis entré dans la peau du justicier, de l'incorruptible, du psychorigide pour certains, voire du type parfaitement hautain pour d'autres.

1. En 2007, une étude publiée dans le *Journal of Sports Sciences* s'est intéressée à 5 244 matches de Premier League anglaise impliquant cinquante arbitres différents. Les résultats ont montré que certains arbitres donnaient beaucoup plus de cartons jaunes et rouges à l'équipe qui évolue à l'extérieur. Les chercheurs ont ainsi conclu : « Ces résultats confirment que les arbitres sont responsables d'une partie de l'avantage de jouer à domicile observé en Premier League [...]. »

CHAPITRE 2

Comment les règles paralysent-elles l'arbitre ?

L'arbitre acteur, dans le rôle de l'antihéros

À partir de ces événements marquants, je me suis forgé une réputation. Et malheureusement, les étiquettes sont difficiles à défaire. On m'a donc catalogué comme le « cowboy », le « grand méchant loup », et bien d'autres sobriquets désagréables. Dans le casting du film *Le Bon, la Brute et le Truand*, j'aurais eu une place de choix. On devine aisément laquelle.

Cela a pu m'affecter parfois mais je n'allais pas changer ma façon d'arbitrer pour plaire à la masse. J'ai donc poursuivi mon chemin avec la même rigueur, la même détermination et une bonne dose de caractère. Car ce n'est pas simple d'arriver dans un stade avec une telle image. Je me suis alors mué en une sorte d'acteur. Partir arbitrer était devenu, pour moi, comme partir jouer une pièce. J'entrais sur le terrain comme on entre en scène. Non pas pour faire un spectacle mais pour tenir un rôle. J'enfilais mon costume et jouais ma partition de « méchant ». Quand on va au cinéma voir Jean-Pierre Bacri, on s'attend à ce qu'il passe son temps à ronchonner ; alors quand on va au stade et que l'arbitre s'appelle Chapron, on s'attend à voir des cartons.

Même si la réalité des chiffres est aux antipodes de cette réputation[1], chaque décision confirme l'image qu'on en a. À chaque fois que je sortais un carton rouge, j'entendais la même rengaine : « C'est toujours pareil avec vous ! », « Chapron rouge ! », etc. Qu'importe que la sanction soit justifiée. À partir du moment où c'était moi, le carton avait une saveur particulière, un parfum d'« encore lui ! ». Pour résumer ma carrière, nombre de journalistes sortent des chiffres sans queue ni tête. Ainsi j'ai pu lire ou entendre : « Chapron, c'est mille cent quarante-six avertissements et cent cinq cartons rouges en trois cent quatre-vingt-neuf matches arbitrés, L1 et L2 confondues. » Des données brutes, sans autre forme d'explication, sans mise en perspective par rapport aux autres arbitres, juste de quoi alimenter l'image d'un ayatollah du carton.

J'ai donc arbitré chaque match avec, au-dessus de ma tête, ces statistiques tronquées, ces histoires et autres « affaires ». Alors qu'un arbitre aurait besoin, comme un joueur, d'être en confiance pour donner le meilleur de lui-même, il arrive avec une défiance de principe qui, au final, nuit à sa performance. Nous traînons, je traîne une batterie de casseroles. J'entre sur la pelouse précédé par toutes ces « affaires » dans lesquelles j'ai eu le plus souvent gain de cause. Ce qui ne les empêche pas de continuer à me coller aux crampons.

Le doigt d'honneur à Ajaccio est un mythe. Francis Decourrière, l'ancien président de Valenciennes, continue à dire que j'ai tout fait pour envoyer son club en Ligue 2[2] ;

1. Le journal *L'Équipe* prit la peine de rétablir la réalité des faits en publiant des données chiffrées. Sur la saison 2017-2018, au moment de ma suspension après Nantes-PSG, j'étais l'arbitre de Ligue 1 donnant le moins de cartons. Et sur les cinq saisons précédentes, j'étais bien en-dessous de la moyenne du nombre de cartons distribués.

2. Ils n'ont pas eu besoin de moi, ils y sont allés tous seuls. Et quand on est président d'un club professionnel, je pense qu'on porte une part de responsabilité.

tout est pourtant faux ! Dans les deux cas cela a été jugé et démontré. Qu'importe : répandre son fiel sur l'arbitre est une pratique ancestrale et tristement banale.

À l'étranger, libre d'être soi

En revanche, lors des matches internationaux, mon image d'arbitre hautain et rigoriste n'était pas ancrée dans l'esprit des gens. Si bien que je pouvais être plus libre et plus serein pour diriger ces rencontres. Je me souviens d'un match qualificatif pour l'Euro 2012, Irlande du Nord-Italie, à Belfast, le 8 octobre 2010. Le match se déroule tranquillement, dans un stade vétuste et archi-comble, dans une ambiance très *british*. Score final 0-0, ce qui est plutôt une bonne performance pour l'Irlande du Nord face à une Squadra conduite par Andrea Pirlo, Giorgio Chiellini, Daniele De Rossi ou encore Antonio Cassano. Dans cette atmosphère champêtre, je me suis senti très à l'aise, débarrassé de mon fardeau d'arbitre à cartons. En fin de match, le capitaine local fait une faute qui aurait mérité un carton jaune. Mais l'ambiance sur le terrain n'imposait pas cette sanction. Je m'en tiens à un échange verbal avec le joueur, et ça se termine par une poignée de main.

De retour dans des vestiaires exigus aux murs en lambeaux, une personne frappe à la porte et nous demande si nous acceptons de prendre un verre, pour conclure la soirée, dans les salons du président de la Fédération qui se trouvent juste au-dessus de nous. J'hésite, sachant qu'on n'est jamais à l'abri d'un piège, de quelques convives un peu alcoolisés, d'autant qu'on savait n'avoir guère favorisé les Irlandais – il y avait eu une situation litigieuse qui aurait pu se transformer en penalty en leur faveur. On décide quand même d'y aller. On entre dans une grande pièce, trente à quarante invités endimanchés et le brouhaha qui va avec. Soudain se fait un grand silence, tout le monde se retourne vers nous. On est dans nos petits souliers. Puis tous se mettent à applaudir ! Je demande à mon assistant de me pincer, je n'y crois pas ! Le président prend la parole et fait un discours élogieux avec un accent nord-irlandais à couper au couteau. Tout le monde voulait trinquer avec nous. Une fête, de la décontraction, du respect, de la convivialité et quelques bières. Je me suis dit qu'on était au paradis des arbitres !

J'ai retrouvé cette ambiance, lors d'un match qualificatif pour la Coupe du monde 2018, en octobre 2016. Cette fois, c'était chez les cousins du Sud pour une rencontre entre l'Eire et la Géorgie (1-0). Des gens charmants, ouverts, drôles et respectueux. À la fin du match, le coach irlandais voulait me poser une question et, contrairement à nos habitudes françaises, c'est dans le vestiaire de l'équipe que nous avons discuté. Un échange tranquille sans animosité, durant lequel personne n'est venu nous déranger.

Ces expériences britanniques ont fini par me convaincre que les choses pouvaient évoluer ou peut-être redevenir ce qu'elles étaient auparavant. Quand on pouvait discuter avec l'arbitre. Ce qui reste toujours possible de nos jours, il suffit de faire preuve d'un minimum de courtoisie et de respect.

Le noir nous allait mieux

L'atteinte à l'autorité de l'arbitre s'inscrit plus globalement dans un processus sociohistorique que Michel Foucault décrit comme une crise des sociétés disciplinaires. Les personnages de référence et d'autorité sont discrédités au point de perdre leur légitimité. On peut citer l'instituteur, le policier, le juge mais aussi l'arbitre comme faisant partie des figures touchées par cette remise en cause de toute forme d'autorité.

De ce point de vue, un élément, moins anecdotique qu'il n'y paraît, a contribué à nous faire perdre un peu d'autorité : l'abandon de notre traditionnelle tenue noire. Les premiers arbitres étaient curés ou directeurs d'écoles. Des statuts qui imposaient le respect.

La couleur de l'arbitre, c'était le noir. D'ailleurs, on nous appelait les « hommes en noir » à mes débuts. Puis nos maillots se sont colorisés. C'était au début des années 1990. Cette perte d'identité visuelle s'est accompagnée d'une perte de repères. Des juges habillés en jaune, en fuchsia, en vert pomme. Quelle bizarrerie ! Imagine-t-on entrer dans un tribunal et voir les magistrats en tee-shirts bariolés ?

Mais le marché exige de vendre toujours plus. Alors les arbitres ont dû acheter des jeux de maillots multiples. Plutôt que d'avoir leur seul maillot noir, ils ont été contraints de se constituer une garde-robe. Pour les arbitres « professionnels », les tenues sont fournies ; par conséquent, cela s'est passé sans heurts. Les arbitres amateurs, eux, ont eu à se payer des tenues supplémentaires sur leurs propres deniers. Les équipementiers sont habiles pour créer les conditions de leur développement, il suffit de susciter un nouveau besoin.

Avec notre tenue noire, l'identification était simple, évidente, notre visibilité parfaite, tout le monde nous reconnaissait et savait quelle fonction cet uniforme symbolisait. Ce symbole s'est donc effiloché, avec, en plus, l'apparition du sponsoring sur nos maillots. Cela finit par donner l'apparence d'un homme-sandwich, un personnage lambda. Pis, un type qu'on peut acheter. Si l'on veut incarner un modèle de justice, il est nécessaire d'adopter une posture neutre ; et la première obligation, c'est le port d'une tenue dont la couleur renvoie à cette neutralité, tout en veillant à la garder vierge de tout message publicitaire.

Il y a donc eu un dévoiement de notre rôle et de notre perception par le public. Notre costume noir a perdu de son caractère, les couleurs ont pris le dessus et contribué à banaliser la fonction. L'arbitre est devenu un personnage comme les autres, ce qui a entraîné une désacralisation de sa mission au point de perdre toute notion de respect.

Quand je suis entré dans un magasin d'articles de sport, à Condé-sur-Noireau, il y a plus de trente ans maintenant, pour essayer ma première tenue officielle, noire de noir évidemment, avec un short de papy et son pli au milieu, j'avais trouvé ça austère, ringard, complètement décalé par rapport à l'image que j'avais du foot. Aujourd'hui, je finirais presque par la regretter…

Rentrer dans le rang pour plaire

La mode n'a pas contaminé que les tenues vestimentaires. Elle a aussi eu une incidence sur les aspects physiques des arbitres. Ainsi, au fil des années, des vagues se sont succédé avec des courants stylistiques très divers. Au début des années 1990, la mode était aux petits arbitres véloces, puis l'Italien Collina apporta un vent de révolution avec son crâne chauve. Nombreux sont ceux qui adoptèrent ce look au début des années 2000, Howard Webb notamment parmi les grands arbitres. Aujourd'hui cette tendance persiste, il faut dire que les arbitres ont un âge plus avancé que les joueurs et que la calvitie précoce finit par les convaincre de tout raser. Cependant, depuis quelques années, la tendance est surtout basée sur l'élégance, le côté gendre idéal s'impose sur les terrains et pour certains arbitres cela se concrétise par des contrats publicitaires. Les marques cherchent donc des personnages dans l'air du temps, comme pour un casting hollywoodien. L'Italien Nicola Rizzoli, le Néerlandais Björn Kuipers ou l'Anglais Mark Clattenburg incarnent cette génération d'arbitres au physique agréable, qui leur donne un côté sympathique. En France, Stéphane Lannoy était le symbole de cette mode, tout comme Clément Turpin peut l'être aujourd'hui. Quelques jeunes arbitres prometteurs s'inscrivent dans ce courant esthétique. La médiatisation est un élément qui favorise l'émergence de figures tout en conduisant à une forme de standardisation.

En citant à dessein l'Anglais Clattenburg, je mets en évidence ce diktat de la norme physique. Ce garçon a l'apparence d'un jeune premier mais des attitudes assez originales pour le milieu. Je le voyais toujours arbitrer avec des manches longues, même par 40 °C ! Lors d'un stage, nous discutons tous les deux et je m'aperçois qu'il est couvert de tatouages sur les bras. Chacun évoque toutes « ses » finales : les anneaux olympiques, la réplique de la Champions League, le logo de l'Euro 2016... Mais comme on lui demande d'être « propre sur lui », il les cache ! Être marginal d'accord, mais pas trop non plus, au risque de déplaire.

Ce côté aseptisé ne se retrouve pas uniquement sur l'aspect physique, il se retrouve aussi dans la façon d'arbitrer.

De l'uniformisation à la robotisation

Si j'ai évoqué la nécessaire distinction pour marquer les esprits lorsque l'on souhaite gravir les échelons, il en est tout autrement une fois que l'on s'est installé en haut de la hiérarchie. Le leitmotiv est alors : « Pourvu qu'on ne me voie pas ! » La formation et le fonctionnement interne de l'arbitrage participent de cette logique. Tout d'abord, toute tentative de questionnement est systématiquement considérée comme une remise en cause des dirigeants et des pratiques. Penser le système revient donc à déconstruire le système de pensée. Ce faisant, on infantilise les arbitres, pis, on les lobotomise.

Aujourd'hui, aucune voix ne s'élève ne serait-ce que pour proposer des solutions d'amélioration de la formation, des conditions d'exercice, soumettre des pistes de réflexion sur l'arbitrage. Lors des stages des arbitres de Ligue 1, il est inscrit régulièrement au programme un temps de parole et d'échange. Au cours de mes derniers stages, lorsque Garibian et consorts ont demandé s'il y avait des questions ou des réflexions, la réponse fut un silence de cathédrale. Le comble, c'est que cela satisfasse les responsables au lieu de les inquiéter. Car pour diriger des rencontres de haut niveau, il faut une bonne dose de personnalité ; un caractère bien trempé, du courage et une capacité à résister à la pression. En transformant les arbitres en moutons dociles, la DTA contribue à gommer toutes les aspérités et participe à la dégradation de la représentation française au niveau international.

Pour avoir participé à des dizaines de stages européens ou mondiaux, j'ai vu de fortes personnalités s'exprimer et ce n'est pas un hasard si on retrouve ces arbitres lors des grandes compétitions. Les arbitres français essaient de se faire les plus discrets possible, comme on le leur a appris. C'est le même apprentissage qui entend uniformiser les décisions en même temps qu'il conduit à uniformiser les arbitres. Pour citer quelques grandes figures de notre corporation, Robert Wurtz n'arbitrait pas comme Michel Vautrot, qui n'arbitrait pas comme Joël Quiniou ou Gilles Veissière. Tous avaient une griffe, un style.

Aujourd'hui, l'arbitre est interchangeable. D'un stade à l'autre, tous officient de la même façon sans charisme et parfois sans âme. Certes, tout un chacun souhaite légitimement une certaine homogénéité des décisions ; cela doit-il conduire à une robotisation qui se traduit par une absence de liberté dans l'interprétation des règles ? Plus encore, cela doit-il conduire à une déshumanisation du rôle d'arbitre ? Car ce qui fait le charme de l'arbitrage, ce n'est pas appliquer un règlement de façon systématique, c'est la liberté d'interprétation de la loi. Le libre arbitre. Donner vie à un jeu par sa capacité à dire le droit dans l'esprit d'un match ; un peu comme un chef d'orchestre s'approprie une partition pour en faire jaillir la quintessence d'une œuvre.

Au cours de ces dernières années, on a donc robotisé l'arbitrage et les rares ayant tenté de résister à cette désincarnation se sont retrouvés au ban(c) d'un milieu trop étroit, trop replié sur lui-même et terrorisé par l'image qu'il peut renvoyer.

Comment les règles paralysent-elles l'arbitre ?

Pour satisfaire l'opinion publique, on a fabriqué des clones à partir du même moule sans relief. « L'uniformité c'est la mort, la diversité c'est la vie », écrivait Bakounine ; appliquée à l'arbitrage français, cette citation augure de bien tristes lendemains pour la corporation.

CHAPITRE 3

Au Nord, c'était le charbon

À en perdre le Nord...

J'ai arbitré plus de quatre cents matches dans le secteur professionnel et, inévitablement, je ne me suis pas fait que des amis au cours de ces années. Quand on arbitre un match, on sait que l'équipe qui a perdu va nous accuser soit d'avoir commis des erreurs à son encontre, soit, dans un univers où la superstition est une culture, d'être un « chat noir ». Et comme il faut entretenir ce mythe de l'arbitre « anti » (Bretons, Parisiens, Corses, Marseillais, Lyonnais, Basques, Ch'tis, etc.), la moindre affaire se transforme en preuve irréfutable d'un complot.

C'est ainsi que trois incidents avec des clubs nordistes (Lille, Valenciennes et Lens, dans l'ordre chronologique) ont alimenté la chronique d'un profond contentieux avec cette région. Tant et si bien que je n'ai plus arbitré à Lens ni à Valenciennes après ces événements. À regret, car il y avait toujours une belle ambiance dans ces stades.

Une reprise trop rapide

Mars 2009, Toulouse-Lille, quart de finale de Coupe de France. C'est mon retour à la compétition après un accident de santé et une longue hospitalisation. De plus, je suis en pleine séparation avec ma compagne de l'époque. Je vis donc une période compliquée. Qui a dit que les arbitres n'étaient pas des humains ? Il nous arrive aussi d'avoir des états d'âme et ceux-ci ont un impact sur notre façon d'être, d'agir, d'arbitrer.

Je reconnais que j'ai l'épiderme plus sensible qu'à l'habitude, une sorte de fragilité émotionnelle aussi. Je mesure également le parcours accompli pour revenir sur le terrain ; de mon lit d'hôpital aux séances de rééducation, en passant par les entraînements dans le froid glacial de l'hiver, seul avec mes doutes. Un long parcours. J'ai eu tellement peur de ne plus pouvoir arbitrer. Je me suis entraîné comme un fou pour retrouver le niveau et, naïvement, j'attends une certaine forme de respect par rapport à l'épreuve subie et aux sacrifices consentis pour revenir.

Sauf que cela ne se passe pas comme ça. Dans un match âpre et engagé, je tolère mal l'attitude de certains joueurs. Je sanctionne donc les contestations de manière intransigeante, ce qui peut apparaître incompréhensible vu de l'extérieur. D'autant que pénaliser les paroles passe toujours pour un excès de zèle.

Ce soir-là, j'ai exclu deux Lillois (Ludovic Obraniak et Yohan Cabaye) pour propos déplacés et un Toulousain (Alexandre Bonnet) pour jeu dangereux. Ce qui m'a valu des accusations ridicules de l'entraîneur du LOSC d'alors, Rudi Garcia, qui avait fait le lien avec le déplacement à venir de son équipe à Grenoble, sous prétexte que j'habite à Grenoble… Le football est un monde de paranoïa.

À la fin de ce match, Rio Mavuba, le capitaine lillois, demande à me parler. Je l'aime bien Rio, même s'il est un peu casse-pieds sur le terrain, c'est un bon mec. « Monsieur Chapron, je ne comprends pas votre attitude, vous avez été trop sévère, vous avez mis trop de cartons. » Alors je baisse un peu la garde et je me confie comme à un pote : « Rio, il y a un mois, j'étais sur un lit d'hôpital, j'en ai bavé pour revenir. Et je suis désolé mais je n'étais pas d'humeur à encaisser ces incorrections, j'avais juste besoin qu'on me respecte et qu'on respecte mon travail. » J'ai vu de la compassion sur son visage, comme s'il s'excusait de ne pas savoir… Un brin d'humanité dans nos échanges. Un tel contraste avec cette soirée.

J'avais sûrement repris trop vite mais le temps pressait. Je faisais partie des six arbitres européens retenus pour la phase finale de l'Euro Espoirs en Suède, il fallait que je revienne rapidement pour que ma désignation par l'UEFA ne soit pas remise en cause.

« La honte de l'humanité ! »

Deux mois plus tard, un match de Ligue 1 à très gros enjeux où Valenciennes joue le maintien et Bordeaux le titre de champion. Le match a lieu à 21 heures.

Le midi, nous allons déjeuner avec toute mon équipe. Le repas est rapide et, à 13 h 20, nous sortons du restaurant. Nous marchons quelques instants dans la rue et je demande s'il y a des candidats pour aller prendre un café. Je fais remarquer que l'après-midi va être long, puisque nous partons au stade vers 19 heures. La perspective de passer plus de cinq heures enfermé dans ma chambre d'hôtel ne m'enchante guère. Mon fidèle assistant, Emmanuel Boisdenghien, me dit « volontiers », les deux autres vont faire des achats. Nous entrons dans un bar et commandons un café et un diabolo menthe.

Je ne fais pas attention mais visiblement des personnes nous ont reconnus. Dans ce bar, il y a des écrans qui diffusent des courses hippiques. Il se trouve qu'Emmanuel possède des chevaux de course et est un grand amateur. Il me dit : « On parie sur la prochaine course ? — Allez ! » On parie un peu sur tout entre nous. On joue 5 euros, on perd, on paie nos verres et on va se coucher. À 14 h 30, on est au lit.

Le match s'annonce un peu tendu. À la 9e minute, je donne un carton jaune à Rudy Mater, le Valenciennois, qui conteste vertement une décision. Juste avant la mi-temps, je siffle une faute de Fernando sur le même Mater. Deux ou trois Nordistes, dont Rafael Schmitz, le capitaine, m'entourent pour me demander : « Et là, tu ne lui mets pas un carton ? » Déjà, j'ai horreur qu'on me tutoie. Ensuite, je n'ai pas à m'expliquer là-dessus. La consigne a d'ailleurs évolué depuis : on nous demande de mettre un carton à un joueur qui vient vous en réclamer un pour un adversaire. J'étais donc juste en avance en leur répondant : « Si vous en réclamez, je pourrais bien vous en mettre en seconde mi-temps. » Le coup franc est tiré et mal tiré. Ils auraient mieux fait de se concentrer sur sa transformation plutôt que se disperser en palabres… Toujours est-il que ce petit échange anodin va se transformer en affaire d'État ! L'entraîneur de Valenciennes, Antoine Kombouaré, et son capitaine demandent à me voir à la pause pour obtenir des explications… J'aurais insulté les joueurs, leur aurais dit que j'allais les envoyer en Ligue 2 ! Je tombe des nues et lui rétorque qu'il ne faut pas déformer les paroles : « J'ai dit "je pourrais vous mettre des cartons", pas "je vais vous mettre des cartons." »

On reprend le match. J'arbitre sans états d'âme la seconde période, malgré cette forme de pression qu'on m'a mise. À la réflexion, je n'aurais pas dû reprendre la rencontre sans avoir clarifié les choses, ne pas me laisser coller un soupçon de parti pris. J'exclus deux Valenciennois en toute fin de match, Bordeaux gagne.

Le président de Valenciennes, Francis Decourrière, fou de rage, m'attend dans les couloirs, hurle, m'insulte, me traite entre autres de « raclure de bidet » ou de « honte de l'humanité ». Il en fait de même devant les micros et caméras. Decourrière, c'était un bon client pour les journalistes. Un monsieur d'un certain âge mais qui avait tout entendu depuis la tribune ! Qui m'avait entendu injurier ses joueurs ! Quelle ouïe fine !

Cette affaire m'a appris plusieurs choses.

Premier enseignement : comme en Corse[1], quand les versions se multiplient, évoluent, elles s'éloignent toujours

1. Lire Partie V : Face aux préjugés ; chapitre 5 : Les clubs corses sont protégés.

de la vérité et traduisent le mensonge. Ainsi, certains joueurs ont déclaré notamment « l'arbitre nous a dit qu'il allait nous enculer », d'autres « il a dit qu'il allait nous envoyer en Ligue 2 » ; il a dit ça « dans les couloirs du stade, dans notre vestiaire, sur le terrain »… Chacun y est allé de sa version. Simplement quand il y a une vérité, il n'y en a qu'une. Pas dix.

J'ai porté plainte et j'ai gagné mes procès en diffamation, contre Schmitz, et pour « injures publiques », contre Decourrière. Qui s'en souvient ? Après en avoir fait des pages sur l'incident, la presse n'a pas publié une ligne sur le verdict du procès en appel.

Deuxième enseignement : lorsque tu t'exprimes, lorsque tu réponds, les gens à qui tu t'adresses ont tendance à déformer tes propos. À Toulouse, je ne dis rien, et je passe pour un arrogant voire un hautain. À Valenciennes, je parle et on me dit que j'insulte. Dans tous les cas, je m'y prends toujours mal. Alors, j'ai décidé de me taire pour me protéger des déformations, amalgames ou soupçons. Je suis même allé plus loin. Après cette affaire, j'ai systématiquement porté un enregistreur sur moi, sans le dire à personne. Bizarrement, je n'ai plus été accusé de propos déplacés depuis.

Troisième enseignement : quand tu vas dans un bar, il faut toujours prendre un diabolo menthe.

Lors de la commission de discipline, le président de Valenciennes avait argué que nous avions passé l'après-midi au bar à boire. Images de caméra de vidéosurveillance à l'appui fournies par l'établissement. Heureusement que nous n'étions restés que quelques minutes. Heureusement que nous n'avions pas bu d'alcool.

Je n'ose imaginer la suite et le déferlement médiatique : « Chapron l'alcoolique », « Chapron le pilier de bistrot ».

Pour l'anecdote, la semaine suivante, j'avais été désigné pour un match à… Boulogne-sur-Mer, encore dans le Nord. Alors que nous étions en stage à Marcoussis (chez les rugbymen), je suis allé voir Marc Batta. Je lui ai dit que j'allais avoir besoin d'un break après toutes ces histoires. Je n'étais plus armé pour endurer tout ça. « Je te comprends », m'a-t-il répondu. Dans l'après-midi j'ai acheté un billet d'avion. Deux jours plus tard, j'étais au Pérou. Sac sur le dos, j'ai profité des grands espaces et du calme autour du lac Titicaca et les vestiges du Machu Picchu. Partir pour se reconstruire, c'était devenu indispensable.

Un derby un ch'ti peu chaud

En septembre 2010, j'arbitre le derby Lens-Lille. C'est la première fois que je retourne dans la région depuis Valenciennes-Bordeaux. Au moins cette fois, on ne pourra pas dire que j'ai fait de l'anti-Ch'ti. Cette saison-là, le leitmotiv était : « Restaurer l'autorité de l'arbitre. » On sortait de la désastreuse Coupe du monde en Afrique du Sud. Le moins que l'on puisse dire c'est que le football français venait de connaître une sale période. Dans la foulée de cet épisode calamiteux, la DTA nous donne quelques consignes précises dont le maître mot est : « Respect ».

Ainsi, tous les comportements de contestation doivent être sanctionnés avec vigueur et sans compromis. Un joueur qui conteste : « Jaune » ; un joueur qui réclame un avertissement pour son adversaire : « Jaune » ; un joueur qui vous applaudit quand vous lui mettez un jaune : « Rouge ».

Ça va barder ! Lors de la séance de consignes au stage d'avant-saison, alors que nous sommes dans la salle de réunion à Aix-les-Bains, les collègues se tournent vers moi, sourire en coin. Tous semblent me demander si je suis prêt…

Stade Bollaert, 25e minute, le Lensois Sébastien Roudet fait une faute qui vaut un carton. Je le sors. Il sourit et m'applaudit ironiquement. Rouge ! L'ambiance déjà électrique du derby monte d'un cran. Juste avant la mi-temps, Issam Jemâa est à l'origine d'une échauffourée. Je sens qu'il essaie de faire disjoncter les Lillois pour revenir à dix partout sur la pelouse. Il aurait mérité le rouge mais je m'en tiens au jaune. Au retour après la pause, Jemâa est victime d'un coup, il se relève et me demande, gestes à l'appui, de mettre un avertissement au fautif. Alors je sors mon carton jaune. Mais c'est à lui que je le mets : 1 jaune + 1 jaune = rouge. Les Lensois ne sont plus que neuf ! C'est l'émeute. Mon assistant prend un projectile sur la tête, le match se termine dans la confusion. Certains y ont vu un excès de zèle de ma part. Peut-être. Mais je ne fais qu'appliquer les consignes !

Nous étions tous d'accord pour sanctionner ce genre de comportements au début de la saison, nous les arbitres. Tout le monde réclamait un sursaut d'autorité et de respect dans le football après la grève de l'entraînement des joueurs de l'équipe de France à Knysna, en Afrique du Sud.

J'ai cru participer à la reconquête du football, à son changement d'image. Comme un chevalier blanc. Moralité, je me suis retrouvé en Sancho Panza avec mon âne et mes moulins à vent.

Certes, j'aurais dû tirer les enseignements du passé, la polémique autour de Mario Yepes et les tirages de maillots[1] aurait dû me servir de leçon. J'aurais dû laisser mes collègues creuser le sillon. Ou pas.

Mais j'ai fini par rentrer dans le rang. À contrecœur. Fini le héraut des valeurs du sport. Les consignes seront appliquées avec parcimonie, délicatesse et discernement (*dixit* Garibian). Autant écrire : sans courage. C'est comme cela qu'on laisse ternir le football par manque d'ambition, de vision, de détermination.

Au niveau international, la gestion est différente. La commission de discipline de l'UEFA défend l'image du football, en France, c'est autre chose : si on ne suspend

1. Lire au chapitre 4, Changer les règles : quand les bonnes résolutions s'évaporent…

pas pour deux ou trois matches ceux qui discutent l'autorité de l'arbitre, les palabres continueront, sans fin...

Beaucoup me disent que les arbitres étrangers sont meilleurs. Si l'on veut, on ne va pas polémiquer. Surtout, on voit les arbitres étrangers quand ils arbitrent des compétitions internationales où les clubs français sont engagés. Or, dans les compétitions internationales, le comportement des joueurs est complètement différent. Il y a plus de respect, de jeu, moins de contestations aussi. Pourquoi ? C'est assez simple : les joueurs ont peur des sanctions de l'UEFA. Pour un arbitre, il est plus facile d'arbitrer un match de Champions League qu'un match du Championnat de France.

Un exemple ? La confrontation entre Bordeaux et Lyon en Ligue des champions. En avril 2010, les deux clubs français s'affrontent pour une place en demi-finale. Lyon sort vainqueur de cette double confrontation (victoire 3-1 à l'aller, puis défaite 1-0 au retour). Sur le terrain, les deux matches se sont bien passés et le bilan disciplinaire est dans la norme internationale (sept cartons jaunes sur les deux rencontres, trois et demi par match).

La semaine suivante, Bordeaux reçoit Lyon en championnat cette fois. Trois matches en moins d'un mois. Bilan : cinq jaunes et trois rouges, bagarre générale. Saïd Ennjimi, qui est un bon arbitre international, a dû vivre une chaude soirée. On parle de la pression, de l'enjeu ? Quel enjeu ? Celui d'une place en demi-finale de Champions League ou de quelques points au classement du Championnat de France ?

Quelle est la raison d'un tel changement d'attitude des joueurs des deux équipes en fonction des compétitions ?

Dès lors qu'une institution décide de défendre l'image du football, c'est possible ; encore faut-il s'en donner les moyens. Sinon, on peut jouer les vierges effarouchées à chaque débordement et crier au loup, comme on le fait en France. « Ce comportement est inadmissible », « on ne veut plus voir ça sur un terrain de sport», etc. Les experts en constats se régalent. En revanche, ils sont moins nombreux à tenir un discours visionnaire pour transformer le football en un sport populaire où les parents ne seront pas réticents à emmener leurs enfants.

CHAPITRE 4

Changer les règles : quand les bonnes résolutions s'évaporent…

Des règles à géométrie variable : opération nettoyage des surfaces

Quatre-vingtième minute de jeu au stade Bonal. Penalty pour Sochaux. Mario Yepes, le défenseur parisien, est sanctionné pour avoir tiré le maillot de son adversaire dans la surface de réparation. C'est la stupéfaction dans le stade, plus encore dans les rangs parisiens et pour cause : c'est le second penalty de la soirée. Deux fois le même joueur sanctionné, deux fois pour le même motif.

Ce 26 août 2006 fera date.

Nous sommes en début de championnat (4e journée) et j'ai été désigné pour la rencontre Sochaux-Paris Saint-Germain. Pour moi, c'est le premier match de la saison et j'arrive l'esprit encore empreint des consignes de notre stage de préparation estivale.

À Aix-les-Bains, où tous les arbitres ont été réunis pour passer les tests physiques et suivre un stage de plusieurs jours, une partie importante des sessions techniques a été consacrée aux nouveaux axes définis par la direction de l'arbitrage. Cette saison, ce sera haro sur les tirages de maillots dans les surfaces. Vidéos à l'appui, on nous montre combien nous avons été laxistes ces dernières années, au point qu'il est quasi impossible de marquer de la tête sur les coups de pied arrêtés (corner, coup franc). L'idée est de mettre fin à ce qui ressemble plus à du judo qu'à du football. Les images de la saison passée servent de sensibilisation et c'est peu dire que nous avons pu attester de l'élasticité des maillots. Et au milieu de ces images apparaissent de nombreux « spécialistes » du tirage, parmi lesquels le Colombien Yepes. Il n'a pas de chance, il est facilement reconnaissable avec son look de « *bandido* ». Au sortir de notre réunion technique, aucune voix ne s'est élevée pour tempérer cette nouvelle disposition. En clair, nous sommes tous d'accord pour éradiquer ce phénomène. Mais comme toujours en pareille situation, il en faut un pour donner le tempo, montrer l'exemple.

Lors des trente matches joués depuis ce début de championnat, il n'y a pas eu de penalty pour tirage de maillot. J'arrive donc à Sochaux non pas avec l'idée d'en siffler mais avec la ferme intention de ne rien laisser passer. Les joueurs ont été sensibilisés avant la première journée et on considère que tout le monde est en phase.

Simplement, quand on arbitre avec un souci d'exemplarité, on se polarise sur des événements en oubliant de juger les faits dans leur globalité. En somme, on se fixe sur la lettre plus que sur l'esprit.

En fin de première période, un Sochalien centre dans la surface parisienne ; je vois clairement Yepes accrocher le maillot de son adversaire. Penalty ! On ne peut pas dire que ce soit très lisible car le ballon passe cinq mètres au-dessus de la mêlée. Mais je ne me suis pas préoccupé de cet élément crucial (même si le règlement ne tient pas compte de l'emplacement du ballon, pourvu qu'il soit en jeu). Réaction pour le moins incrédule des Parisiens qui ne comprennent pas la sanction. Mickaël Landreau stoppe la tentative sochalienne. Les affaires rentrent dans l'ordre. Enfin presque !

À la mi-temps, certains Parisiens reviennent à la charge et demandent des explications, le joueur sochalien victime du tirage de maillot passe à mes côtés et lance : « Bien sûr qu'il y avait faute ! »

La seconde période va être marquée par de nombreux événements. Sochaux mène 2-0. Puis le match bascule grâce à Miguel Pedro Pauleta. Le Portugais inscrit un doublé en moins de dix minutes et remet les deux équipes à égalité : 2-2.

On arrive donc à la 80e minute. Corner pour Sochaux. Avant son exécution, je vois Yepes au marquage d'un adversaire. Je dis « au marquage », je devrais dire « à l'accrochage » d'un adversaire. Je lui crie : « Lâchez-le ! » Il me regarde, hausse les épaules et s'exécute. Je lui dis : « Ce n'est pas parce que j'en ai déjà sifflé un que je ne vais pas en siffler un deuxième ! » Il n'a pas pris mon avertissement au sérieux. Dès que le corner est joué, il attrape le maillot de l'attaquant. Penalty. Carton jaune. Et tollé parisien. But ! Score final : 3-2 pour Sochaux. Autant dire que mes décisions ont eu un impact sur le déroulé du match. Mais l'impact va aller bien au-delà.

Le lendemain, l'édito de *L'Équipe* est titré « La jurisprudence Chapron ». Au nombre de messages laissés par les journalistes sur mon portable, j'ai vite compris ce que ça représentait de pénaliser le PSG ! Et ce n'était pas encore celui du Qatar ! Ce jour-là, j'ai mesuré l'ampleur de la médiatisation autour d'un « grand » club de Ligue 1.

La surmédiatisation des gros clubs

Il y a donc une différence de traitement entre les gros et les petits clubs. Mais ce traitement distinct ne s'opère pas dans la tête des arbitres, simplement à travers la médiatisation de certains clubs. En effet, lorsqu'un match est marqué par des faits de jeu inhabituels, la caisse de résonance n'est pas la même selon les clubs. Ainsi, si ces penaltys avaient été sifflés au cours de

Montpellier-Auxerre ou Toulouse-Caen, l'affaire aurait tenu une demi-journée. Mais là, c'est le PSG ! Et le club de la capitale compte bon nombre de supporters et, surtout, tous les médias nationaux sont basés à Paris. Par conséquent, c'est un sujet central. Il en est de même à Marseille ou à Lyon mais pour d'autres raisons.

Cette nouvelle orientation arbitrale a donc touché « LE » PSG et, ce faisant, a eu un écho énorme, au point que l'on m'en parle encore aujourd'hui. Plus de dix ans après le match. Ce fut une découverte amère car j'ai pris conscience qu'on ne pouvait pas arbitrer ces gros clubs de la même façon que les autres. Pas question de sortir des sentiers battus, pas question de prendre de décisions qui prêtent à interprétation. Avec les « gros », toutes les décisions doivent être claires et nettes. Une sorte d'arbitrage aseptisé pour ne pas attirer les trompettes de la renommée[1].

Les règles s'appliquent bien sûr, mais avec une bonne dose de diplomatie pour ne pas dire de complaisance. Les arbitres élaborent alors des stratégies que l'on qualifiera d'évitement médiatique. Pour ne pas faire la une des journaux, ils font montre de beaucoup d'indulgence, quitte à ce que cela se transforme en manque de courage. Il ne s'agit pas de les excuser mais de les comprendre. Quand la tornade médiatique vous ravage pendant quelques jours, vous êtes seul et les mains tendues sont aussi rares que les bouées de sauvetage sur le *Titanic*[2].

La surmédiatisation est donc un frein à l'uniformité des décisions arbitrales et c'est relativement simple à comprendre. Comme les arbitres cherchent à passer inaperçus, ils intègrent dans leur préparation et leur gestion de match

1. Pour paraphraser Georges Brassens.

2. Quarante-huit bouées pour un bateau pouvant accueillir trois mille cinq cents personnes environ.

le fait que la moindre erreur aura un impact important quel que soit le match, mais que cet impact sera décuplé s'ils arbitrent l'un des trois « gros » du championnat[1] à savoir Paris, Lyon et Marseille. En somme, pour être tranquilles, les arbitres adoptent une posture qui tend parfois au laxisme envers ces clubs.

L'impossible uniformité des décisions

À partir de ce constat, il convient de tirer un trait sur la tant réclamée « uniformité des décisions ». En effet, dès lors que certains clubs ne sont plus arbitrés comme les autres, cela remet en cause l'équilibre entre tous les compétiteurs. Si prendre une décision à Marseille était aussi important à Angers, si exclure un joueur de Lyon avait le même traitement médiatique que d'exclure un joueur de Metz, alors les arbitres pourraient adopter la même attitude. Mais les arbitres sont avant tout des hommes, qui se protègent de la médiatisation par des postures tièdes.

Or, lorsque nous sommes tous réunis en début de saison pour le stage de préparation et que les consignes sont annoncées, tout le monde semble d'accord pour les appliquer, sans distinction de clubs. L'épisode Yepes révèle bien cette situation ambivalente. Les tirages de maillot dans la surface de réparation étaient considérés comme une mode répréhensible. Si tous les arbitres s'accordaient à dire qu'il fallait sévir, rares ont été ceux qui ont franchi le pas. Et lorsque je l'ai fait, cela a été une telle tempête que mes collègues se sont dit : « Allons vite nous mettre à l'abri ! » Il n'y a quasiment pas eu un seul penalty pour ce motif au cours de la saison. Seul Stéphane Bré, lors du PSG-OM qui avait suivi le match de Sochaux de quelques jours, avait sifflé deux penaltys. Déclenchant, une fois encore, un tollé médiatique. Aujourd'hui, les tirages de maillot sont

1. Je parle ici de valeur médiatique, pas forcément de valeur sportive.

toujours un fléau, même s'ils sont moins flagrants qu'à l'époque « précolombienne » de Yepes [1].

L'effet de rétractation

Les réformes, pour peu qu'elles soient novatrices, induisent toujours un effet de rétractation. La logique qui voulait que les surfaces de réparation ne soient pas des tatamis avait rencontré, sur le papier, un écho favorable de tous les acteurs (arbitres, joueurs, entraîneurs, etc.) ; mais, dès lors qu'elle a été appliquée, il y a eu rétropédalage. On disait que nous allions trop loin.

Mais cela est vrai pour toute réforme courageuse qui vise à assainir le football de toutes ses scories. Alors qu'il faudrait une prise de conscience collective (joueurs, dirigeants, institutions, médias), on assiste à une désolidarisation aux premières bourrasques. Tenir le cap devrait être une œuvre de salut footballistique.

Car ils sont légion, ceux qui se plaignent du manque de respect, de la brutalité sur les terrains, de la contestation permanente, de la simulation, de la mauvaise foi, tous ces maux qui pourrissent les matches et écornent l'image de ce sport. Le problème c'est que ce sont les mêmes qui crient à l'hérésie quand les arbitres tentent d'apporter des solutions.

Un épisode déjà évoqué illustre parfaitement cette situation ubuesque. Comme de coutume, nous sommes réunis lors d'un stage d'avant-saison en juillet 2010 à Aix-les-Bains. Là, la DTA nous recommande de nous montrer « intransigeants » avec ceux qui portent atteinte à l'image de l'arbitre.

Finies donc les contestations outrancières, les intimidations, les provocations et autres remises en cause de

1. Lors d'un stage à l'UEFA, mes collègues italiens me demandent : « Tu connais Yepes ? » Le Colombien venait de signer en Italie. « Il est fou ! Il tire les maillots tout le temps. » J'avais beaucoup ri de cette anecdote et leur avais parlé de Sochaux-PSG.

l'autorité de l'arbitre. En septembre, lors du derby du Nord, j'arrive avec cette volonté d'appliquer ces consignes qui me semblent de bon sens. Dans un match sous haute tension, j'applique les consignes sans état d'âme et en seconde période Lens se retrouve à neuf contre onze dans un derby électrique. On nous a demandé de restaurer l'autorité de l'arbitre, c'est fait !

Je ne m'attends pas à des louanges mais, au moins, j'ai appliqué des consignes connues de tous. Je prévois donc quelques grincements de dents mais aussi une prise de conscience du bien-fondé de telles mesures. Pourtant, c'est un déferlement : « Les arbitres, ces petits chefaillons, ces cow-boys… » La litanie habituelle.

Je suis très sollicité pour expliquer les événements, je réponds à quelques médias mais je sens que le discours ne passe pas. Je suis contacté par une émission télé mais je ne peux me déplacer, on fait cela en duplex par téléphone. Sur le plateau, plusieurs chroniqueurs dont Christophe Dugarry. Les images doivent passer en boucle à l'écran et on me demande de me justifier. J'explique alors les consignes, l'esprit de celles-ci. Je me lance dans une tentative pédagogique et philosophique. Nous sortons d'une Coupe du monde marquée par l'épisode du bus de Knysna. Depuis quelques mois, entre la main de Thierry Henry lors du match de barrage face aux Irlandais et les insultes à l'encontre du sélectionneur, on ne peut pas dire que le football français brille de mille feux. Laurent Blanc, nommé à leur tête dans la foulée de la débâcle en Afrique du Sud, fixe un cap et insiste sur les valeurs que doivent incarner les Bleus.

J'essaie d'expliquer que la démarche des arbitres s'inscrit dans cette logique de respect et de retour de certaines valeurs que le football a, semble-t-il, oubliées. J'ai à peine le temps de commencer une argumentation que je suis coupé par Dugarry qui prétend que je dis n'importe quoi, que c'est du délire. Il est vrai que j'avais eu l'outrecuidance de construire une réflexion qui dépasse les dix secondes…

Bref, c'est un fiasco. Mais aussi une leçon. Le poids médiatique de pseudo-experts est énorme et vouloir développer une idée à la télévision est un « sport de combat », comme le disait Pierre Bourdieu puisque « le discours articulé […] a été peu à peu exclu des plateaux de télévision »[1].

Un Don Quichotte dans le Bocage

Aussi loin que je me souvienne, ce côté Don Quichotte a marqué ma carrière d'arbitre. À l'occasion de la Coupe du monde 1990 en Italie, comme lors de la plupart de ses grands rendez-vous planétaires, la FIFA décide d'appliquer de nouvelles mesures qui vont marquer les esprits. Désormais, un joueur qui empêche de manière illicite un adversaire de marquer un but (je résume) doit être exclu. Assurément, cette consigne va marquer cette phase finale ; treize exclusions sont prononcées lors de cette édition contre sept lors de l'édition précédente au Mexique en 1986.

Le ton a été donné, il convient donc de poursuivre sur cette voie. Nous sommes en août 1990. Je rentre de vacances et suis désigné pour mon premier match de Division d'honneur régionale. Domfront reçoit Équeurdreville. Coup d'envoi à 15 heures. À 15 h 01, Équeurdreville joue à dix ! Ça n'a pas traîné. Après seulement quarante secondes de jeu, un défenseur tacle irrégulièrement un joueur qui part seul au but. En Italie, c'était carton rouge. Là, sur ce petit terrain dans l'Orne, c'est la même chose. Le football est planétaire. Les joueurs sont abasourdis. Pour la plupart d'entre eux, c'était bon pour les grands matches à la télé. Simplement, quand on joue au football, sport universel s'il

1. Pierre Bourdieu, *Sur la télévision*, Raisons d'agir éditions, 1996.

en est, on joue tous avec les mêmes règles. Mais au bout de quarante secondes tout de même !

Pis, j'exclus le gardien visiteur en seconde période pour le même motif : annihiler une occasion manifeste de but. Cette affaire ne passe pas inaperçue dans le Bocage mais nous sommes loin du strass et des paillettes de la Ligue 1. Tout cela reste une péripétie locale et sans conséquence. Pas pour moi. Ce jour-là, l'observateur missionné pour m'évaluer rentre dans le vestiaire avec une marque d'étonnement sur le visage. Cet ancien directeur d'école est connu pour sa rigueur et sa droiture. Il s'appelle Émile Salles, c'est un vieux monsieur, très respecté et très pédagogue. Il me regarde : « Tu as quel âge petit ? — Dix-huit ans, monsieur ! — Le moins que l'on puisse dire, c'est que tu ne manques pas de courage ! Je ne connais pas beaucoup d'arbitres capables d'un tel cran, alors à dix-huit ans… »

L'année d'après j'arbitrais en Division d'honneur, la catégorie supérieure. Bousculer les habitudes, cela peut être bénéfique, parfois…

CHAPITRE 5

Une finale de Coupe de France pas comme les autres

Une si longue attente

Arbitrer une finale de Coupe de France, même quand on est arbitre international depuis plusieurs années, reste un rêve. Une sorte de consécration nationale. Assurément, c'est le sommet d'une carrière et une véritable reconnaissance.

Je l'ai attendu longtemps ce moment, pour différentes raisons (syndicales, régionales, contextuelles). Puis vint le bon tempo, en 2013. Cette fois, mon rêve allait se réaliser. Les dirigeants de la DTA, Marc Batta en tête, m'avaient fait clairement comprendre que la finale m'était destinée. Restait donc à attendre l'affiche.

La chance ne m'a pas toujours souri. L'année précédente Lyon avait atteint la finale, me privant donc de la possibilité d'arbitrer. Pour rappel, comme je suis domicilié en Rhône-Alpes, je ne peux arbitrer des rencontres où figurent des clubs de cette région (Saint-Étienne, Lyon, Évian, etc.), à l'exception des derbies entre ces équipes.

Me voilà donc dans l'expectative. En quart de finale, ne restent que deux clubs de Rhône-Alpes. Et je dois avouer que je ne suis pas leur premier supporter… Saint-Étienne reçoit Lorient et perd à domicile. Plus qu'un, et la route est toute tracée ! Le lendemain, Évian reçoit le PSG. Autant dire que je m'y vois déjà ! Coup de théâtre, Évian élimine Paris aux tirs au but. Le sort s'acharne. Les demi-finales sont programmées les 7 et 8 mai 2013. Troyes doit recevoir Bordeaux et Évian, Lorient. Mais le premier match est reporté au 14 mai en raison d'énormes inondations dans la région troyenne. Le 8 mai se joue l'autre demi-finale et Évian bat Lorient. Je suis donc éliminé. Pas de finale. Encore une qui s'échappe.

Fredy Fautrel, qui était désigné pour la demi-finale à Troyes, se voit retirer le match. Il m'appelle dans la foulée pour m'annoncer qu'il a été désigné pour la finale. Je le félicite, je suis content pour lui. Quant à moi, je le remplace à Troyes. Ce sera ma quatrième demi-finale (après Marseille-Nantes en 2007, Amiens-PSG en 2008 et Quevilly-Rennes en 2012).

C'est un sentiment étrange car arbitrer une demi-finale, c'est un sacré challenge. Ce sont des matches intenses avec un énorme enjeu. Le vainqueur s'offre un billet pour le Stade de France. Mais toi, quand tu arbitres ce match, tu es sûr de ne pas voir le Stade de France, tu es forcément éliminé en demie. C'est un honneur avec une pointe de frustration. Toi aussi, tu aimerais y aller à Saint-Denis. On verra l'année prochaine si les planètes sont alignées…

Et si les astres sont enfin favorables !

Mon équipe pour la finale de la Coupe de Bretagne

Mon tour arrive un an plus tard. La finale oppose Rennes à Guingamp le 5 mai 2014.

L'équipe désignée, autour de moi, est composée de mes assistants et amis, Johann Perruaux et Alexandre Viala, ainsi que deux jeunes arbitres internationaux, Benoît Bastien et Benoît Millot, qui seront arbitres additionnels. Le quatrième arbitre est un arbitre assistant, Mathieu Grosbost.

Il faut désormais organiser ce match et ses à-côtés, et surtout se préparer pour cette rencontre si particulière dans la vie d'un arbitre. Pour moi, la première des tâches est d'y présenter un groupe arbitral avec un état d'esprit, une âme, un objectif et une philosophie. Il me reste quelques jours pour m'atteler à la tâche.

La DTA réserve traditionnellement un hôtel au nord du Stade de France, à la campagne. C'est un endroit calme et reposant. À proximité, il y a des terrains de football pour pouvoir s'entraîner et peaufiner le travail collectif. Nous arrivons le jeudi matin et prenons nos quartiers. Le match est prévu le samedi à 21 heures.

Après le déjeuner, je réunis l'équipe pour un message de bienvenue et, surtout, la définition de l'objectif : réussir cette finale pour en faire un moment inoubliable.

En fin d'après-midi, nous partons nous préparer avec des équipes de jeunes footballeurs. L'objectif est de créer des situations de jeu susceptibles de survenir pendant le match. Ensuite, nous faisons quelques exercices physiques classiques et des jeux avec ballon. Et là, mon assistant me percute à pleine vitesse ! Je tombe net, souffle coupé. J'ai l'impression qu'il m'a cassé une côte. Finalement, je finis la séance en serrant les dents. Durant tout le séjour, je n'ai rien dit à personne mais j'ai souffert le martyre, un hématome intercostal est très douloureux.

Le soir après le dîner, on organise une sorte de tournoi de baby-foot et de billard. Une bande de copains qui s'amusent comme des gosses. Sauf qu'à chaque fois que je rigole, j'ai mal aux côtes.

Comment la DTA insuffle de la confiance

Le vendredi matin, la DTA nous réunit pour une présentation des enjeux de cette finale, la configuration du match et, surtout, revient sur la saison en cours. Notamment sur certains matches que j'ai arbitrés. Le message est déconcertant à la veille d'une finale : « On ne veut pas te voir faire ce genre d'erreurs », « tu dois avoir une autre attitude », « ce n'est pas ce que l'on attend d'un arbitre international ».

Bref, j'ai l'impression d'être un moins que rien ; pour mettre en confiance, ils savent s'y prendre ! Du management par le négatif. Une histoire de l'arbitrage, en somme. Ça dure deux heures. Ils nous laissent enfin tous les six dans la salle de réunion. Une heure pour donner le tempo. Je m'installe au centre de la pièce et regarde mes collègues un par un. « Je vous demande d'oublier toutes les conneries que vous venez d'entendre ! Voilà comment j'entends que nous travaillions ensemble, voici l'objectif : nous sommes une équipe et j'ai confiance en chacun d'entre vous. Vous allez donner le meilleur de vous-même et nous allons réussir une grande finale ! » Je fixe une ligne de conduite, je distribue les responsabilités à chacun, je délimite les champs d'intervention et distribue de la confiance individuellement et collectivement. Un management positif.

Avant de venir au stage de préparation, j'ai missionné chaque membre de l'équipe pour qu'il me fasse un topo, à partir d'une grille d'analyse que j'ai élaborée. Au menu, le jeu des deux équipes, le comportement des joueurs, les stratégies et les stratèges, etc. Quand j'arrive à l'hôtel, tout est en place et chacun a déjà apporté sa pierre à l'édifice, ils ont dû visionner des heures de matches. Je sais que leur investissement traduit une volonté de bien faire. Je reprends donc leurs éléments d'analyse que je recoupe avec les miens. Le matin du match, je ressortirai les points-clés de la rencontre à partir de ces observations.

Le vendredi après-midi, nous avons une nouvelle séance d'entraînement. Cette fois, c'est au Stade de France. Séance de repérages dans ce lieu immense et vide. Demain, ils seront quatre-vingt mille à peupler les gradins. Mais aujourd'hui le stade est à nous. La pelouse est déserte et notre séance ressemble à une séance traditionnelle la veille d'un match : quelques tours de terrain, des exercices de proprioception[1] et de vivacité.

Les joueurs de Rennes arrivent, on leur laisse le stade. Mais avant de partir, nous avons un mini-briefing, les deux entraîneurs, le directeur de l'arbitrage et moi-même. Je connais bien les deux coaches, nous sommes de la même génération. Je ne vais pas le leur dire, mais j'adorais les voir jouer tous les deux quand j'étais plus jeune. Jocelyn Gourvennec incarne « le jeu à la nantaise » et je le considère comme une sorte d'esthète. Quant à Philippe Montanier, je suis allé l'encourager à maintes reprises quand il était le gardien de but du Stade Malherbe de Caen. Et nous avons fréquenté la même université. Bref, ces deux-là ne me sont pas inconnus et je sais pouvoir compter sur leur intelligence. Dans la préparation du match, c'est un élément important, il apporte une certaine sérénité, un point d'ancrage relationnel positif. Nous échangeons quelques banalités mais l'ambiance est conviviale. Comme je sais les footballeurs superstitieux, j'ai peur que Montanier me rappelle que j'étais l'arbitre de la demi-finale de l'édition précédente, quand Rennes avait été éliminé à la dernière seconde par Quevilly. Finalement, il ne le mentionnera pas. Pour ne pas attirer le mauvais œil ?

Comme pour un mariage !

Nous passons ensuite au siège de la FFF pour une séance protocolaire de remise des maillots pour la finale. Puis, nous dînons dans un restaurant corse (!) avant de rentrer à l'hôtel. À 23 heures, tout le monde est couché. Mais je ne sais pas si chacun va bien dormir. La pression monte.

1. Selon le Larousse, la proprioception est ce qui se rapporte à la sensibilité du système nerveux aux informations provenant des muscles, des articulations et des os de notre corps.

Le jour du match, on se promène une heure à vélo dans la campagne bucolique autour de l'hôtel, un temps de détente alors que nous sommes pressés d'y être. Au retour, je sollicite mes collègues pour une dernière réunion de préparation, quelques minutes pour les derniers réglages et un message fort autour du plaisir et de la confiance.

Déjeuner et sieste.

Avant d'aller me reposer, je cours à la recherche d'une imprimante. Je croise des membres de la DTA qui s'inquiètent de me voir traîner dans les couloirs. En fait, j'ai écrit un petit texte que je remets à chacun de mes collègues au moment de monter dans la voiture pour aller au stade. Je réussis finalement à dormir une bonne heure.

Quand nous nous retrouvons pour partir, le hall de l'hôtel est noir de monde. Il faut dire que nous avons invité de nombreuses personnes (familles, amis, collègues). Nous avons loué deux bus qui doivent emmener nos proches au stade, près de cent personnes. On se croirait à un mariage.

L'ambiance est chaleureuse et décontractée. Nous partons escortés par deux motards de la police nationale et sous les encouragements de nos supporters. Les choses sérieuses commencent.

Nous arrivons au stade deux heures avant le coup d'envoi. Après un passage aux vestiaires, nous pénétrons sur la pelouse. La finale de la Coupe Gambardella [1] se joue, en lever de rideau, devant quinze mille personnes. Nous faisons le tour du terrain discrètement.

Nous nous mettons en tenue d'échauffement et, à 20 h 15, nous sortons courir. Je croise le Guingampais Younousse Sankharé, que je sais difficile à gérer. On se serre la main et je lui glisse : « Ce soir c'est une fête et une fête ne se gâche pas. » Message reçu. Un match c'est une multitude de petits détails. Suivent vingt-cinq minutes de

---

1. Compétition réservée aux équipes U19 (moins de dix-neuf ans) des clubs de football français.

mise en route, une montée en puissance. Le stade est déjà bien rempli.

À 20 h 45, on nous demande de sortir des vestiaires. L'entrée sur la pelouse est toujours un moment où la poussée d'adrénaline est intense mais là... On pénètre dans cette arène pleine à craquer, quatre-vingt mille spectateurs venus pour assister à la fête du football français, cette compétition qui unit le football amateur et le football professionnel. Le fait que les deux clubs soient bretons donne à cette finale un caractère bon enfant. Il y a un parfum d'authenticité et de convivialité.

Le stade explose à l'entrée des vingt-deux joueurs, un tonnerre assourdissant. Dans un coin, ils sont une petite centaine à applaudir les six autres acteurs du match.

La Marseillaise résonne dans la ferveur et la bonne humeur. Le président de la FFF vient sur la pelouse saluer les différents protagonistes. Le président de la République n'y descendait plus depuis quelques années, alors que c'était devenu une coutume. Il faut dire que l'incident de 2002, quand les cris et sifflets couvrirent l'exécution de *La Marseillaise* et mirent Jacques Chirac dans une colère noire, a fini par convaincre ses successeurs d'éviter de se retrouver exposés à la vindicte populaire.

Les plateaux à l'équilibre

Place au match. À 21 heures, c'est parti !

La première période est assez agréable à suivre et, contrairement à nos attentes, c'est Guingamp qui domine. Sur la pelouse, le comportement des joueurs est remarquable. Un petit mot par-ci, par-là pour recadrer quelques joueurs mais un management en douceur. Puis la rencontre s'emballe : à la 38e minute, Guingamp marque. 1-0. Je siffle la mi-temps et j'ai déjà en tête le discours que je vais tenir à mes collègues.

« Nous n'avons fait que la moitié du chemin, il nous reste le plus dur : finir proprement. Je vous félicite pour cette première période, continuez comme cela, restez concentrés car le match peut basculer à tout moment. Le premier quart d'heure va être décisif ! »

Je ne croyais pas si bien dire. Au retour des vestiaires, Guingamp marque un second but et assomme Rennes. Je m'étais surtout préparé à un retour tonitruant des joueurs de Montanier. Seulement, les Armoricains ont plus d'envie et vont chercher ce trophée avec les tripes. Pour nous, la rencontre est facile car elle se joue dans l'esprit.

On arrive vers la fin, on décide d'accorder quatre minutes de temps additionnel ; histoire de prolonger le plaisir d'une soirée inoubliable. Mais ce temps supplémentaire est toujours une sorte de piège. Un espace où la concentration se relâche un peu, où l'on croit avoir déjà terminé et surtout c'est un moment qui reste dans l'esprit des joueurs car il sera frais dans leur mémoire et il en sera de même pour les spectateurs. Ce sont les dernières images dont on va se souvenir. Il convient d'être hypervigilant, la fatigue physique et psychologique est aussi un facteur de relâchement. Le quatrième arbitre annonce les quatre minutes en sus. À peine le temps d'entendre son annonce, un joueur guingampais s'échappe, entre dans la surface de réparation et est crocheté par un adversaire. Si je siffle, c'est penalty et carton rouge. La faute n'est pas d'une évidence absolue. Dilemme : siffler pour appliquer le règlement, ne pas siffler pour rester dans l'esprit. Alors, pour ne pas entacher cette finale d'une décision sévère, je ferme les yeux. Je sais que Guingamp va gagner, il reste trois minutes maintenant. Dans la continuité de cette action, Rennes part en contre-attaque. Côté droit, Paul-Georges Ntep percute, dribble deux adversaires et rentre dans la surface, Thibault Giresse le tacle maladroitement et fait clairement faute. Compte tenu de l'épisode précédent, il m'est impossible de siffler un penalty. J'avais adopté une stratégie en me montrant indulgent vis-à-vis des Rennais, il n'est plus question de siffler un penalty en leur faveur maintenant. C'est aussi cela arbitrer : faire des choix et garder le cap. D'aucuns parleront de « compensation », moi je préfère « recherche d'équilibre ».

J'aime utiliser des images dans la préparation de mes matches et l'une d'entre elles est une photo de Thémis, la déesse de la Justice. Le matin, j'ai expliqué à mes collègues que notre objectif était de faire en sorte qu'à la fin du match, les plateaux de Thémis soient à l'équilibre. La mission de l'arbitre c'est de rendre la justice, avec parfois quelques entorses au règlement.

Une finale sans carton !

Lorsque je donne le coup de sifflet final, je prends conscience que nous venons de vivre un moment unique. Les drapeaux bretons flottent dans le stade et l'atmosphère est toujours aussi joyeuse. Il ne nous reste plus qu'à profiter de l'après-match désormais. Mais avant, on doit passer par le protocole. Une montée des marches… vers la tribune présidentielle. Là il y a du monde, les présidents de clubs et les maires de Rennes et Guingamp, Benoît Hamon, sympa, qui nous félicite au passage : « Personne ne vous le dira, mais si on a vu une belle finale, c'est aussi grâce à vous, bravo ! »

On arrive au président de la République, François Hollande. Je sais qu'il est amateur de football. Il m'accueille avec un large sourire : « Félicitations monsieur Chapron, vous avez fait un excellent match, et sans carton ! » Je ne sais pas s'il est suffisamment connaisseur pour avoir lu *L'Équipe* qui me colle, à longueur d'articles, l'image d'un arbitre qui sort des avertissements à tout va. Mais une finale sans carton, ce n'est arrivé que deux fois dans l'histoire[1]. Quoi qu'il en soit, sa remarque m'amuse et je saisis la balle au bond : « Monsieur le président, comme je ne m'en suis pas servi ce soir, je vous l'offre ! » Je sors mon carton jaune

1. Depuis l'introduction des cartons dans les années 1970, seule une autre finale s'était jouée sans le moindre avertissement, Metz-Monaco (2-0), en 1984, arbitrée par Michel Vautrot.

de ma poche et le lui tends : « On ne sait jamais, vous pourriez en avoir besoin en Conseil des ministres ! » Il ne manque pas d'humour et me répond : « C'est possible, j'ai déjà une vague idée sur les éventuels candidats. » Avis aux frondeurs ! À ses côtés se trouvent Noël Le Graët, ravi de la victoire de « son » club [1], et Najat Vallaud-Belkacem qui n'a rien manqué de la petite conversation précédente. Elle me tend la main, je me souviens alors de Jean-Pierre Papin faisant la bise au président Mitterrand. Alors je lui tends la joue. Et nous échangeons une bise ; ce n'est pas tous les jours qu'on embrasse « sa » ministre. Je suis fonctionnaire de l'Éducation nationale. Elle me fait remarquer que le président a eu droit à un cadeau. Alors je fouille dans mes poches et sors mon carton rouge. « N'y voyez là aucun message à caractère politique, mais faites-en bon usage ! » « Je n'y manquerai pas ! » me répond-elle, tout sourire. Je ne sais pas si je leur ai porté la poisse avec mes cartons, mais tous les deux ont ensuite été exclus de la compétition électorale.

En redescendant, nous retrouvons nos familles. C'est exceptionnel, d'une part parce qu'on ne monte jamais dans les tribunes et, d'autre part, parce qu'il est rare qu'elles soient présentes au stade et, si elles le sont, elles se font extrêmement discrètes de peur d'être prises à partie par des spectateurs mécontents. Les savoir à mes côtés en ce moment est un réel moteur et partager avec ma femme et mes filles cette soirée inoubliable accentue encore cette sensation de bonheur.

Nous assistons au sacre de Guingamp et nous nous éclipsons, même si nous avions envie de rester encore longtemps sur la pelouse.

Sur le chemin du retour, le stress laisse place à une sorte d'euphorie. Nous sommes heureux d'avoir vécu ensemble

1. Noël Le Graët, président la FFF, a été président du club En avant Guingamp de 1972 à 1991 puis de 2002 à 2011.

cette expérience et, même si tout n'a pas été parfait, nous avons le sentiment d'avoir réalisé un excellent match. Ce soir, tout le monde a oublié les arbitres ; mais les arbitres ne sont pas près d'oublier leur soirée.

À notre arrivée à l'hôtel, notre centaine d'invités nous attend, place à la fête !

Pour pouvoir vivre de telles émotions, il faut du travail, de la patience et de la passion. Cette équipe était construite à partir de ces ingrédients. Quand on est le « manager », on porte un projet et on construit une aventure commune. Nous avions forgé les clés de la réussite car chacun connaissait son rôle et chacun savait pouvoir compter sur l'autre. La force du collectif.

Finalement, je crois que j'avais rêvé d'un tel moment, car ce fut un réel plaisir d'être arbitre lors de cette finale. Ce jour-là, j'ai aimé le football plus que jamais. Et j'ai oublié les moments de galère. J'ai oublié qu'être arbitre est souvent ingrat. J'ai aussi retracé le chemin qui m'avait conduit jusqu'ici, les sacrifices, les conseils reçus, le soutien de mes formateurs à mes débuts et le réconfort quotidien de mon épouse et de mes filles.

Dans le TGV du retour, je reçois un SMS. « Monsieur Chapron, je tenais à vous féliciter pour votre arbitrage. Car, si tout s'est bien passé lors de cette finale, c'est aussi grâce à vous… » C'est Jocelyn Gourvennec. Un beau témoignage de respect et un beau moment de sport aussi.

On vit de la même passion. On doit pouvoir bâtir des ponts à partir de ce constat.

Chapitre 6

La planète comme terrain de jeu

Un tour du monde en sifflant

J'ai toujours aimé voyager. J'adore découvrir de nouvelles cultures, comprendre le monde à travers les rencontres. J'avais cette appétence déjà tout jeune, alors quand je suis devenu arbitre international, j'ai pu réaliser un double rêve simultanément : arbitrer et voyager. Ainsi, j'ai parcouru la planète avec mon sifflet et j'ai découvert quelque cinquante pays. De la Pologne à l'Arabie saoudite, de la république du Tatarstan à la Tunisie, du Kazakhstan au Koweït, que de souvenirs et parfois d'aventures cocasses.

Ce que je retiens surtout c'est l'universalité du football, cette grande « religion » planétaire qui partout déchaîne les mêmes passions. J'ai toujours gardé cette candeur à chacun de mes déplacements et me suis étonné de l'enthousiasme que génère le football. Dans le même temps, j'ai découvert la relation singulière qu'on entretient avec l'arbitre. Un personnage à part qui suscite tant de questionnements et de fantasmes.

J'ai compris aussi son rôle de missionnaire de la justice sportive et les attentes du public vis-à-vis d'un référent, certes décrié mais respecté.

Quelques images me reviennent de ces nombreux voyages, elles ont toutes une résonance particulière, car elles témoignent des différences culturelles et du contraste avec la vision du football professionnel franco-français. Elles sont aussi des moments de vie et des leçons d'adaptation à son environnement. Un savant mélange de diplomatie et d'autorité.

Mon premier match « exotique », je l'ai dirigé à Tahiti. Un septième tour de Coupe de France aux antipodes, Manu Ura-Mulhouse, en novembre 2003. À la descente de l'avion, un collier de fleurs sur les épaules, je suis interviewé par la télévision locale. Un arbitre de la métropole c'est assez rare, par conséquent on s'interroge sur cet « étranger ». Pour eux, je suis l'exotique... Je ne peux m'empêcher de mesurer le chemin entre Condé-sur-Noireau, mes origines ouvrières, modestes, et ce voyage en Polynésie, où peu d'arbitres métropolitains ont eu la chance d'officier. À l'époque, je suis encore en Ligue 2. Au cours du séjour, je suis amené à piloter une petite formation auprès des arbitres tahitiens. Leurs conditions d'exercice sont incroyables, il y a un gros décalage entre leur enthousiasme et leur dénuement. C'est rafraîchissant. Et affligeant de voir que les arbitres sont tellement passionnés qu'ils en acceptent d'être des laissés-pour-compte.

Quant au match, très déséquilibré et sans grand suspense (victoire 3-0 de Mulhouse), il s'agit qu'il ne gâche pas la fête. Les Tahitiens sont rugueux, c'est leur style de jeu, il faut adapter son arbitrage, faire preuve de diplomatie tout en ne prenant pas sa tâche à la légère dans cette ambiance plutôt émolliente.

Les sensations sont particulières, car on perçoit dans les regards, comme dans les comportements, que l'on représente la FFF, que l'on remplit une fonction d'ambassadeur. Cela implique une certaine tenue, une sorte d'exemplarité. Quoi qu'il en soit, cela reste un inoubliable souvenir et une formidable expérience.

En juin 2011, je suis sélectionné pour arbitrer la phase finale du Mondial des moins de dix-sept ans, au Mexique.

Changement de cadre, changement de contexte, c'est une compétition de la FIFA, une sorte de casting, de revue d'effectif en vue de la Coupe du monde qui aura lieu au Brésil en 2014. Nous sommes dix-neuf arbitres venus du monde entier (dont sept Européens) ainsi que trente-huit arbitres assistants.

L'événement est assez exceptionnel. Par son site tout d'abord : Mexico, avec son altitude, son extrême pollution et sa violence. Et par son contexte ensuite : une organisation de la FIFA qui vous confine toujours dans une prison dorée. Les autorités craignent pour notre sécurité, les kidnappings n'étant pas rares dans une des cités les plus dangereuses de la planète. Ce sera donc un mois de compétition sans pouvoir sortir de l'hôtel, des allers-retours quotidiens hôtel-stade d'entraînement, puis des allers-retours pour les matches. Un fonctionnement en vase clos, un microcosme dans une mégalopole. Le contraste est saisissant.

Et puis ce phénomène particulier à la FIFA : l'attribution des matches semble se faire sans aucune logique sportive, tout paraît dépendre de considérations politiques. Surtout, le comportement des arbitres entre eux est hallucinant ; en descendant les escaliers mieux valait vérifier deux fois qu'un collègue ne se trouve pas derrière vous, un accident est si vite arrivé !

Ainsi lors de chaque débriefing vidéo des matches de la veille, le jeu est, devant les observateurs, d'enfoncer ses petits camarades… Parfois, j'ai l'impression d'être au ball-trap ! Écœurant !

Notre premier match se déroule à Morelia, une ville située à mi-chemin entre Mexico et Guadalajara. Nous avons le privilège d'arbitrer le pays hôte contre le Congo. La ferveur populaire est incroyable, le stade est bondé et l'ambiance surchauffée. Plus de trente-cinq mille spectateurs pour un match de jeunes. Pour nous, c'est un vrai test et le choc tient toutes ses promesses. Entre une équipe survoltée par l'enthousiasme de ses supporters et une autre qui mise tout sur l'impact physique, la rencontre se transforme en combat.

Le retour au camp de base est une épreuve de passage, l'heure du bilan a sonné. À peine le temps de poser nos sacs dans nos chambres, la réunion plénière commence et les images du match sont diffusées devant nos camarades (nos concurrents, devrais-je dire). On nous somme d'expliquer nos décisions. Puis le verdict tombe par l'intermédiaire de l'un des instructeurs de la FIFA : « Depuis le début du tournoi, ce fut le match le plus difficile, avec les meilleurs arbitres ! » Nous sommes étonnés mais évidemment très satisfaits. Là, nous perdons quelques « amis » qui nous voient définitivement comme des adversaires et non plus comme des collègues.

Nous sommes ensuite désignés pour diriger la rencontre Canada-Rwanda ; le vainqueur sera qualifié pour les huitièmes de finale, en cas de match nul les deux seront éliminés. Score final : 0-0. Les deux rentrent à la maison. Quant à nous, tout le monde nous félicite. Le match s'est très bien passé même s'il était facile à arbitrer. Retour à l'hôtel, débriefing collectif et là on sent que le vent tourne. Des images fâcheuses sont ressorties. Et effectivement nous n'avons pas vu qu'un joueur canadien a marché sciemment sur le mollet d'un joueur rwandais. Les collègues s'en donnent à cœur joie… Toutefois, les dirigeants de la FIFA se veulent rassurants : « Vous avez fait un très bon match, il est dommage que vous n'ayez pas vu ce geste, certes difficile à déceler mais qui aurait mérité un carton rouge. »

Le lendemain, à l'hôtel, nous assistons, en compagnie de l'instructeur anglais, à un match arbitré par un Russe. À un moment, l'instructeur nous glisse : « Ce Russe, c'est le plus mauvais du tournoi… » Et pourtant, il sera retenu pour la phase finale alors que nous serons virés. Et sans ménagement. On nous donne nos billets d'avion : « Votre vol est à 8 h 30 demain matin, bon retour ! » Lorsque nous demanderons des explications, on nous envoie voir le préparateur mental des arbitres (le psychologue). Nous aurions dû le faire au début du tournoi, car il nous explique le fonctionnement de la FIFA : « Quand on fait un tournoi, il ne faut pas chercher à comprendre les choix de la FIFA. Les seules questions que vous devriez vous poser c'est "à quelle heure est le petit déjeuner ?" et "quel est le *dress code* ?" En dehors de cela, vous allez vous faire des nœuds dans la tête. »

Avec la FIFA, il ne faut pas s'interroger, ne pas chercher à savoir ce qui justifie leurs choix. Vous êtes un pion dans un jeu géostratégique qui vous dépasse. Il ne faut pas oublier que certaines nations n'ont aucune chance d'envoyer leur sélection nationale à la Coupe du monde. Ces pays-là, qui représentent des votes, qui peuvent faire ou défaire les présidents, ne peuvent exister, sur le plan international, qu'à travers un arbitre. Alors parfois certains arbitres dénotent un peu (ils ne sont pas au niveau). Un après-midi, alors que je faisais la sieste avant un match, j'entends des coups de sifflet. Je sors pour voir ce qu'il se passe. Et là je vois mon collègue panaméen qui s'entraîne sur sa terrasse à… siffler et à faire les bons gestes réglementaires ! Il m'a fait peur. Sur le terrain aussi. Quant aux quatre arbitres africains de la compétition, ils nous ont avoué qu'ils devaient reverser une partie de leurs indemnités à leurs dirigeants !

Le fonctionnement de la FIFA est déjà souvent opaque. En matière d'arbitrage, c'est le noir complet. L'arbitre est une monnaie d'échange du clientélisme. Entre un arbitre français et un arbitre néo-zélandais, il sera sans doute plus « rentable », d'un point de vue électoral, de prendre le représentant de la Nouvelle-Zélande. C'est un handicap contre lequel nous n'avons aucun moyen de lutter.

Mon expérience en Égypte relève encore d'un autre registre, même si finalement, il n'est pas si éloigné des considérations géopolitiques. Le 29 janvier 2015, je me retrouve au sifflet pour donner le coup d'envoi de Zamalek-

Al Ahly, l'explosif derby du Caire, considéré par le journal anglais *The Guardian* comme « le plus dangereux derby du monde [1] ». Rien que ça !

Rappelons que c'est en février 2012, à Port-Saïd, à l'occasion d'un match contre le même club de Al Ahly, que les premières émeutes du « printemps égyptien » s'étaient déclenchées dans le stade, faisant plus de soixante-dix morts et entraînant la suspension du championnat national. C'est dire comme le foot joue un rôle social important dans ce pays et cela laisse imaginer combien le contexte était tendu. Nous n'étions pas un trio mais un quatuor, une exigence inhabituelle, preuve de l'aspect très exceptionnel de l'événement.

Nous avons été immédiatement suivis par deux hommes chargés de notre sécurité qui ne nous ont pas lâchés pendant tout notre séjour. Au point qu'on nous a certes autorisés une brève visite des pyramides, mais au pas de course et entourés de deux gardes armés. Il y avait des « check points » partout, notamment à l'entrée de notre hôtel. Et les médias ne parlaient que de ce choc ; je voyais ma photo passer en boucle sur les télés, ce match était LE sujet de conversation et de débat.

La rencontre allait se dérouler à huis clos pour limiter les risques d'incidents. Huis clos plutôt partiel puisqu'il y avait quand même deux mille spectateurs triés sur le volet dans un stade cerné par l'armée égyptienne et quelques blindés… Un vrai camp militaire retranché, c'était impressionnant !

Le match en lui-même s'est bien passé : au bout de quelques minutes j'ai sorti un carton jaune contre la star locale, un avant-centre qui ne cessait de râler ; il est possible que cela ait calmé tout le monde parce qu'ensuite tout s'est déroulé dans une ambiance plutôt tranquille.

1. James Montague, « The world's most violent derby. Al Ahly v Zamalek », *The Guardian*, 18 juillet 2008. Cité in Mickaël Correia, *Une histoire populaire du football*, La Découverte, 2018, p. 135.

À la sortie, nous avons été applaudis par le public. Le numéro 2 de l'ambassade de France était présent et tout heureux. Il faisait des selfies et récoltait des maillots dédicacés ! C'est lui qui est venu nous expliquer le pourquoi de notre présence. La FFF était passée par la Fédération égyptienne pour demander l'appui de la Confédération africaine (dont le siège est au Caire) pour sa candidature à l'organisation de la Coupe du monde féminine 2019. En échange, les dirigeants avaient sollicité l'envoi de Français pour diriger un match « non arbitrable par des Égyptiens »... Toujours des pions sur l'échiquier !

Le 8 février 2015, soit à peine dix jours après « notre » derby, le stade de Zamalek, qui accueillait un match de championnat, se transforma en cimetière : vingt morts.

Enfin, en octobre 2017, peut-être pour me remercier de quitter l'arbitrage, la DTA m'a proposé d'aller diriger quelques matches du championnat chinois. Une aventure sympathique *a priori* mais qui a débuté par pas mal de flou : un match, puis trois et finalement deux au programme. Des dates, des lieux et des billets d'avion sans cesse modifiés : j'ai senti que le séjour ne serait pas si simple.

Me voilà donc débarquant à Shanghai pour dix jours en solitaire. Vraiment en solitaire. Arrivé un vendredi, je n'ai revu personne jusqu'au dimanche. Je suis resté à l'hôtel, ai pu m'entraîner un peu. Au total, j'aurai un échange d'environ cinq minutes, en tout et pour tout, avec les dirigeants chinois, pas plus ! Quant au contact avec mes assesseurs, aucun ne parlant un mot d'anglais, il se résumera donc à un dialogue de sourds. J'aurai vécu de grands moments de solitude. En dehors de la pelouse comme sur le terrain. En matière d'arbitrage, j'ai pu constater que nous étions très différents. Lors du match à Shanghai, nous arrivons une heure avant le coup d'envoi, un peu juste pour bien se préparer. On entre dans le vestiaire et deux minutes plus tard, débarque un livreur de pizzas ! Deux grosses pizzas sur la table du vestiaire avant le match, j'ai cru qu'ils avaient commandé le repas d'après-match. En fait, non ! Tout en mettant leurs tenues, mes collègues engouffrent quelques parts. J'ai pensé à nos stages de préparation où nos repas se composent de carottes râpées et de concombres. Nous partons à l'échauffement dans la foulée de cette dégustation. Après une mise en route en douceur, je fais signe à mes collègues que nous allons accélérer la cadence. Ils ont pris la fuite… Ils sont allés vérifier les filets des buts !

En dehors du terrain, j'ai appris comment on fait la queue, que ce soit au guichet à la gare ou à l'entrée de la Cité impériale. En fait, il n'y a pas de file d'attente, c'est à qui passera devant l'autre sans se préoccuper du sort de son prochain ; j'y ai vu comme une allégorie de l'arbitrage.

Le point positif de cette mini-tournée, c'est que j'ai revu et arbitré quelques stars exilées en Extrême-Orient : l'Argentin Carlos Tévez et le Colombien Fredy Guarín au Shanghai Shinshua, battu 1-2 par le Tianjin Teda du Nigérian John Obi Mikel et du Ghanéen Frank Acheampong, entraîné par notre vieille connaissance allemande, Uli Stielike[1] ; ou encore le Brésilien Alexandre Pato et le Belge Axel Witsel, avec le Tianjin Quanjian coaché par l'Italien Fabio Cannavaro, qui a battu (2-1) le Hebei FC de l'Argentin Ezequiel Lavezzi et du Camerounais Stéphane M'Bia, entraîné par Manuel Pellegrini, dans un match assez chaud parce que décisif pour la qualification en Ligue des champions asiatique.

Le football en Chine connaît un véritable essor, avec quelques dérèglements économiques qui conduisent à des excès improbables en termes de transferts et de rémunérations. Nul doute que le Parti trouvera les mesures pour réguler cette économie de marché pas très en phase avec l'héritage du Grand Timonier.

---

1. Joueur international, il était sur la pelouse de Séville, en demi-finale de la Coupe du monde 1982, lorsque la République fédérale d'Allemagne battit la France aux tirs au but. Il manqua d'ailleurs le sien…

Mon périple chinois m'aura permis d'arpenter la Grande Muraille ou encore la place Tian'anmen comme le foot m'aura aussi permis de me promener sur la place Rouge ou encore à Jérusalem, de découvrir les pyramides de Teotihuacán et de me rendre au-delà du cercle polaire…

Un tour du monde avec un sifflet et quelques cartons, pas mal de gouttes de sueur aussi.

Partie V

Face aux préjugés

Chapitre 1

Les arbitres manquent de psychologie

À longueur de saisons, on reproche aux arbitres de ne pas faire preuve de psychologie. Et c'est un vrai souci car c'est justement le cœur de leur métier.

Combien de fois, depuis mes débuts, ai-je entendu cette rengaine : « Vous, les arbitres, vous manquez de psychologie ! » Il faut vraiment n'avoir rien compris au football et à l'arbitrage pour sortir ce genre d'argument.

Il s'agit, pendant quatre-vingt-dix minutes, de gérer vingt-deux joueurs et deux entraîneurs devant vingt à cinquante mille spectateurs, plus quelques centaines de milliers de téléspectateurs. Comprendre et intégrer les frustrations, les enjeux, la fatigue, les tensions (entre les équipes, les joueurs, les deux entraîneurs ou les deux présidents, et parfois entre les partenaires) tout en gardant la tête froide et la posture d'arbitre, garant des lois du jeu et de la justice.

Car ne nous y trompons pas : derrière cette « psychologie » tant réclamée, c'est surtout de la clémence que l'on attend de nous. Parce que sur le terrain, la psychologie n'est plus de mise dès lors qu'il faut sanctionner l'adversaire. « En première mi-temps, vous avez sifflé ça contre nous ! » ; ou : « Il y a vingt minutes, on a pris un jaune pour la même faute, et eux, rien ! » À chaque instant du match, l'arbitre navigue entre psychologie, autorité, bienveillance, justice, contestation, agacement et bluff.

Lors d'un OM-PSG, le 7 octobre 2012, l'attaquant marseillais André-Pierre Gignac est encore plus gueulard, plus agaçant que d'habitude. Au bout de trois minutes, il est clair qu'il est dans la provoc. Il a un comportement agressif, toujours à la limite. Il va mettre le match à l'envers. En face, ça ne manque pas de répondant avec Marco Verratti, Thiago Motta ou Zlatan Ibrahimović : il va y avoir du sport ! Une étincelle suffirait à embraser le Vélodrome.

Alors, je tente un coup de poker. Sur un corner défensif, je m'approche et je dis : « Monsieur Gignac, je suis sûr que vous allez marquer ce soir mais restez concentré sur le jeu ! » Dix minutes après, il marque ! Plus tard, il se remet à brancher ses adversaires… Je lui dis : « Si vous restez dans le match, vous allez en mettre un autre. » Et il le fait ! Un doublé juste avant la mi-temps !

On finit sur un nul 2-2 (avec deux doublés, celui de Gignac et celui d'Ibrahimović). Sans histoire, dans un match sous haute tension.

Évidemment, ça ne marche pas à tous les coups. Mais parfois, une mise en confiance, une simple phrase suffisent à créer un climat serein pour tout le match. Sauf que, ça, personne ne le voit, ne l'entend, ne le remarque.

Quelques mois plus tard, j'arbitre un Marseille-Bordeaux, le 5 avril 2013, et, dans le tunnel d'accès à la pelouse, Gignac s'approche : « Monsieur Chapron, si vous voyez que je m'énerve, vous pouvez me le dire ? » C'était amusant de voir ce garçon un peu sanguin être suffisamment en confiance pour venir me demander un coup de main ou un coup de gueule. Nous avions réussi à créer un autre type de relation. Et ça nous était utile à tous les deux. Il a marqué le seul but de la rencontre…

Dans la préparation des matches, il faut mettre en évidence le rôle des joueurs. Certains ont pour mission de faire pression sur l'arbitre, je les appelle les « aboyeurs », toujours collés à vos baskets, toujours à réclamer quelque chose : siffler une faute, mettre un carton, etc. La plupart du temps, ce rôle est dévolu aux milieux de terrain. Quelques spécialistes en France (très sympas en dehors du terrain) : Balmont, Mavuba, Verrati, Cahuzac, Didot entre autres. Mais cela peut être perturbant lorsque l'on ne s'y attend pas[1].

C'est irritant et peut parfois vous faire perdre le fil du match. Surtout, l'effet psychologique entre en ligne de compte. À force d'agacer l'arbitre, ils s'exposent à une plus grande sévérité : pour une faute bénigne, ils sont avertis ; alors que pour la même faute, un autre joueur ne l'aurait pas été. Les joueurs devraient faire preuve de psychologie, eux aussi.

Il y a tout ce qui se passe, se dit, se fait sans que le public ne s'en rende compte. Mercredi 11 avril 2012, demi-finale de Coupe de France. Quevilly, club de CFA, reçoit Rennes, club de Ligue 1, dans un stade Michel d'Ornano à Caen plein à craquer. Le Petit Poucet peut-il réaliser l'exploit d'atteindre la finale de la plus prestigieuse des compétitions françaises ? Rennes mène rapidement 1-0 (8e minute) et joue facile. Puis le match bascule, Quevilly égalise (1-1) et tout devient possible. Lorsque arrive la 90e minute de jeu, on se dirige vers la prolongation. Trois minutes de temps additionnel et on repartira pour trente minutes. Le quatrième arbitre me fait le décompte dans l'oreillette : « Il reste trente secondes à jouer, dix secondes... » Quevilly lance un contre improbable. « 9, 8, 7... » Anthony Laup, l'attaquant de Quevilly, entre côté gauche de la surface de réparation. « 6, 5... » Il frappe. « 4, 3, 2... » But ! Le stade explose, Quevilly est en finale ! Le buteur exulte, se précipite vers ses supporters, ôte son maillot et saute dans tous les sens. Je le vois courir maillot à la main. Problème : le règlement prévoit un

1. Voir partie III, chapitre 1.

avertissement dès lors qu'un joueur enlève son maillot pour célébrer un but. Le match est fini. Doit-on gâcher la fête pour un point de règlement ? Et surtout est-ce qu'en termes d'équilibre et de justice, cela léserait Rennes ? Non. On ferme les yeux. Disons que l'on fait preuve de psychologie, car on comprend cette joie. D'autant qu'en sanctionnant le joueur de Quevilly d'un avertissement – comme le prévoit le règlement –, je l'aurais privé de la finale au Stade de France puisque, et je le savais, il était sous la menace d'une suspension.

Cependant, dans certaines situations, il faut savoir que l'arbitre est prisonnier du règlement car s'il ne l'applique pas, il est ensuite sanctionné par ses instances. Parfois, on sort des cartons à contrecœur.

Un jour que j'arbitre un match d'Europa League en République tchèque opposant Plzen à Villareal, j'observe pendant ma préparation vidéo que le capitaine de l'équipe espagnole est du genre pénible. Mais vraiment pénible, pour rester poli. Il s'agit de Roberto Soldado, l'avant-centre, un super joueur, international et buteur efficace. On ne se connaît pas, ou plutôt, lui ne sait pas que je le connais. Au moment du coup d'envoi, je m'approche de lui pour lui donner le ballon. Je le lui tends et lui dis : « Monsieur Soldado, vous êtes certainement le meilleur joueur sur la pelouse. Mais vous êtes le meilleur quand vous jouez, pas quand vous arbitrez. »

Résultat, il est resté tranquille et le match s'est très bien passé. À la fin, on s'est serré la main dans un grand sourire. On s'était compris.

Malheureusement, ça ne fonctionne pas à chaque fois.

Dans cette anticipation des comportements, il y a des joueurs que l'on repère comme fauteurs de troubles. Soit ils provoquent l'adversaire directement, en faisant des fautes dans votre dos, soit ils énervent tout le monde par de nombreux petits gestes d'antijeu.

Younousse Sankharé jouait à l'époque à Guingamp, qui recevait Bordeaux. C'est un bon joueur hélas affligé d'un caractère imbuvable. Ce jour-là, il est toujours à la limite du tolérable. Je lui mets un carton mais ça ne le calme pas. Je fais passer le message à Jocelyn Gourvennec, son entraîneur, par l'intermédiaire du quatrième arbitre (Olivier Husset) : « Remplacez-le, sinon il ne finira pas le match ! » Il fait une nouvelle faute juste devant le banc. Je croise le regard de Gourvennec. Il a compris, demande le changement. À l'arrêt de jeu suivant, Sankharé doit donc sortir. Le panneau annonce son remplacement. Mais au lieu de se diriger vers la sortie du terrain, il part de l'autre côté de la pelouse et s'agenouille pour nouer ses lacets – qui ne sont pas défaits ! Moralité, je lui mets un second avertissement, donc un carton rouge, remplacement annulé ! Guingamp finit à dix. Le stade a pris feu ! Et, évidemment, on a dit que l'arbitre avait manqué… de psychologie.

Vous me permettrez de penser que le joueur a manqué d'intelligence sur ce coup. Je lui ai donné la chance de s'en sortir sans encombre. Perdu !

Certains dirigeants de Guingamp m'ont cependant félicité de l'avoir expulsé, eux non plus n'en pouvaient plus de sa conduite.

Cet incident l'a probablement transformé. Un jour, à l'échauffement d'un match entre Nice et Guingamp, Sankharé vient me parler : « Il y a eu un problème entre nous mais c'est terminé ! » Et il s'est tenu durant tout le match. Après cela, à chaque fois qu'on se croisait, on se tapait sur l'épaule et ça se passait bien. Il avait compris qu'il ne fallait pas jouer avec moi. Son entraîneur a dû lui expliquer. Heureusement, ils sont loin d'être idiots tous les deux.

Ensuite, Sankharé a énormément progressé, il est devenu un pilier des Girondins de Bordeaux juste en gommant ces scories dans sa manière d'être sur le terrain. Je ne dis pas que c'est grâce à moi, mais je pense que cet événement lui a servi dans sa progression. Et nos relations sont devenues tellement plus agréables.

À l'inverse, il y a des joueurs qui ne comprennent rien à rien. L'attaquant international Jérémy Ménez est de ceux-là. Un jour, alors qu'il joue au Paris Saint-Germain, je lui mets un carton jaune pour contestation. Ça ne l'empêche pas de continuer à râler. Je n'entends pas ce qu'il me dit, il y a du bruit dans le Parc des Princes. Mais sur les images télévisées, on peut clairement lire sur ses lèvres : « La putain de ta mère, ta mère, la pute ! » Je ne capte pas sur le terrain. Toujours énervé, le joueur revient à la charge à la mi-temps. Alors que nous regagnons les vestiaires, il vient de nouveau contester dans un langage à la limite de l'incorrection. Mes assistants me demandent de ne pas le sanctionner : « Si tu l'expulses, on ne va parler que de toi ! »

C'est une des perversités du star-system : il est impossible de sortir certains joueurs vedettes car sinon la foudre s'abat sur vous ! La foudre des dirigeants de club, la foudre de certains médias… Ménez n'est pas viré à la mi-temps, il passe à travers les gouttes grâce à sa notoriété et à celle de son club. Et surtout, quand un arbitre exclut un joueur pour des propos injurieux, on a vite fait de dire qu'il manque de psychologie, qu'il est psychorigide ou pire encore, qu'il a provoqué le joueur.

Mais dans le cas présent, comme les caméras ont révélé la teneur de ses insultes et que j'ai écrit un rapport après visionnage de la rencontre, il se retrouve en commission de discipline et écope d'une suspension de… trois matches !

Jérémy Ménez part du PSG, passe par le Milan AC durant deux saisons et revient en France à l'été 2016, à Bordeaux. Pour la première journée de la saison, je suis désigné sur le match Toulouse-Bordeaux. Nos retrouvailles. Deux minutes de jeu, premier coup de sifflet, j'entends un gars arriver en hurlant derrière moi : « Oh, tu siffles quoi ? Tu vas pas commencer ! » Je sors le carton, je me retourne : c'est lui. J'en étais sûr ! Il n'avait toujours pas compris qu'il valait mieux faire profil bas.

Pour ce qui le concerne, je ne suis pas sûr que ce soit simplement un manque de psychologie…

Chapitre 2

Les arbitres ne sont jamais sanctionnés

Terminus Bilbao !

Bilbao, 29 septembre 2016. Athletic Bilbao-Rapid de Vienne en Ligue Europa, phase de groupes. Il reste trente secondes dans le temps additionnel de la première période. Centre de la droite, le ballon, dévié par un partenaire, arrive dans les pieds de l'avant-centre local, Aritz Aduriz. Crocheté par le gardien adverse, il réussit tout de même à glisser le ballon à un partenaire. Avantage, but pour Bilbao (1-0). Bien joué. Je valide. L'assistant reste comme figé sur la ligne de touche, ne sachant quoi faire. En général, quand un but est marqué il remonte en courant vers la ligne médiane. Là, non. Mais il ne lève pas son drapeau. Par l'intermédiaire de l'oreillette, il m'interpelle : « Qui lui donne le ballon ? » Je sens qu'on va se retrouver dans une galère. Je me dirige vers l'arbitre additionnel, Frank Schneider, et l'assistant nous rejoint. Réunion de crise. Je demande aux joueurs de s'écarter – ça prend un petit moment – pour que l'on puisse discuter tranquillement. Il réitère sa question : « Qui lui donne le ballon ? » Je réponds : « Son partenaire ! » Cela me semble quand même étonnant qu'il me demande cela. Certes il y a eu un contact avec le gardien, mais il paraît évident que ce dernier n'a pas joué le ballon. « Bon, me dit-il, dans ce cas, il y a hors-jeu, alors ! » Waouh ! Il faut donc que j'annule le but alors que le stade est déjà en ébullition.

Mais si j'annule le but, je dois revenir à la faute du gardien qui est antérieure à la position de hors-jeu du buteur. J'annule donc le but et je siffle penalty : le gardien viennois (Richard Strebinger) a en effet commis une faute sur le dernier passeur (Aduriz), ce qui lui vaut même un carton jaune. Personne ne comprend ce qui se passe. Gros moment de flottement malgré mes explications aux joueurs des deux équipes. On se met en place pour exécuter le penalty. Soudain, l'assistant me rappelle : « Tu fais quoi ? Il faut annuler le but ! Je ne parlais pas de la dernière passe mais de celle du départ ! » Je ne comprends plus rien. Autant j'étais surpris qu'il me demande qui avait donné le ballon sur la dernière passe, autant les phases de jeu précédentes me paraissent tellement limpides qu'elles ne peuvent nécessiter un éclairage de ma part. C'est l'incompréhension totale entre nous. L'arbitre additionnel me regarde, interloqué. Nous ne sommes pas là pour juger du hors-jeu, c'est son boulot à lui, l'assistant. En somme, il nous demande de voler à son secours car il ne sait pas. Nous encore moins. Et lui a une sorte de révélation, deux minutes après coup. Il se refait le film dans sa tête et finit par se convaincre qu'il devait y avoir hors-jeu au début de l'action. Nous voilà dans de beaux draps !

Parce que ça change tout. Car sur la première phase d'attaque, le joueur basque (Iñaki Williams) est bel et bien hors-jeu. Sur la phase suivante, quand il donne le ballon à Aduriz, il y a un nouvel hors-jeu, non sanctionné, encore ! La charge incorrecte du gardien n'est donc plus sanctionnable puisque l'action doit s'arrêter au moment du hors-jeu précédent. Je n'ai pas d'autre choix, dans une bronca indescriptible, que de rappeler les deux capitaines et tenter de leur faire comprendre le pourquoi du comment… J'annule penalty et carton et on reprend par un coup franc pour le Rapid. En fin de compte, c'était la bonne décision, et tout le monde l'a reconnu. Mais les images ont fait le tour d'Europe ! Incompréhensibles.

Il nous reste maintenant une seconde période. Et là, il faut être costaud, quand on sait que la note de l'observateur va être désastreuse et qu'il s'agit de tenir quarante-cinq minutes dans un stade hostile, chauffé à blanc ! Devant quarante mille personnes qui n'ont rien compris à ce qui s'est passé.

Comme je sais qu'on va souffrir, j'essaie de réparer ce qui peut l'être et je demande à Aymeric Laporte, le défenseur français de l'Athletic, de venir me voir à la mi-temps. Je lui raconte tout par le détail pour qu'il le rapporte à ses coéquipiers. Et il le fait bien manifestement, puisque Aduriz, l'avant-centre qui est un demi-dieu là-bas, me fait signe dans le tunnel et me dit : « *Good decision !* » Je profite alors de l'aubaine, je l'attrape et on retourne dans l'arène bras dessus bras dessous : je viens d'acheter un peu de répit, le public baisse d'un ton. Finalement, Bilbao l'emporte 1-0. Au moins, sur le terrain, les choses s'arrangent. Et les gens du Rapid n'ont pas trop les moyens de critiquer avec mes quatre décisions en leur faveur : annulations du but, du penalty et du carton, plus coup franc en leur faveur !

Le lendemain, je fais la une du journal local qui titre sur toute la page « Arbitrage illégal ! », en référence à notre utilisation supposée de la vidéo, pas encore admise, pour prendre notre décision. Mais nous n'avons rien visionné, il s'agit juste d'un problème de communication de la part d'un de mes assesseurs ! L'assistant, qui est par ailleurs un garçon sympa, n'a pas été très courageux sur ce coup. Car en nous demandant de trouver une solution à sa place, il nous a tous entraînés par le fond. Son manque de concentration l'a sûrement conduit à une mauvaise appréciation. Cela peut arriver. Mais ses tergiversations, ses questionnements transforment son erreur (ou plutôt ses erreurs) en une erreur collective. En assumant sa faute, il aurait certainement eu une mauvaise note ; là, en voulant se protéger, il a mis tout le monde dans le seau. Et on a tous été pénalisés pour le manque de vigilance d'un seul.

Sur ces matches internationaux, l'observateur attribue une note aux six officiels (arbitre central, assistants, quatrième arbitre et les deux additionnels). Mais la seule qui compte vraiment, c'est celle de l'arbitre central. En l'espèce, je m'en sors avec 8,0 sur 10. Dit comme cela, on pourrait s'imaginer que c'est une bonne note ; mais, traduit en langage UEFA, c'est l'équivalent d'un 5 sur 20 ! Une catastrophe. Car pour être sûr d'aller plus avant sur la scène européenne, il faut obtenir 8,3 minimum. Finalement, je n'ai plus arbitré en Europe de toute la saison.

Quinze jours plus tard, nous devions officier à Madrid pour un match du Real. Évidemment, nous n'y sommes pas allés. L'UEFA nous a retiré la désignation. Adieu l'Europe pour toute l'équipe ! Six Français sur le carreau pour le reste de la saison. Non, pardon, pas pour l'un d'entre eux, qui a retrouvé les joutes européennes quelques semaines plus tard… L'assistant « fautif » ! Comme l'UEFA désigne l'arbitre central et non un groupe, lui a réintégré l'équipe française avec laquelle il officie habituellement. Ceux qui formaient mon équipe dépendaient de ma désignation. Et dans la mesure où j'avais été écarté, eux aussi l'ont été.

Malgré l'issue plutôt heureuse de la rencontre et finalement aucune faute d'arbitrage puisque nous avions justement invalidé le but, les conséquences de ce simple flottement ont été très lourdes : ce fut la fin de ma carrière internationale. L'UEFA m'a encore confié des matches l'année suivante mais j'ai traîné cet épisode comme un boulet. Et surtout je l'ai vécu comme une injustice.

Les arbitres ne passent pas au travers des mailles du filet en général. Simplement, l'institution ne communique pas sur les sanctions qu'elle prend. Cela se passe en catimini. On retire les désignations des uns ou des autres, on placardise Untel, on confie des matches de seconde zone aux arbitres ayant de mauvaises notes. Et à l'UEFA, on recompose les groupes de niveau tous les six mois. Ainsi, chaque semestre votre place dans la hiérarchie européenne est remise en cause. Vous êtes bon, vous êtes maintenu dans votre catégorie ; vous êtes très bon, vous pouvez être promu dans la catégorie supérieure ; vous êtes mauvais, vous êtes rétrogradé dans la catégorie inférieure. Tous les arbitres vivent avec cette épée de Damoclès au-dessus de la tête, une pression permanente. Car, comme tout compétiteur, l'arbitre aspire à faire partie des meilleurs, à officier lors des gros matches, à participer aux grandes compétitions, à la Ligue des champions plutôt qu'à l'Europa League. Une erreur, une mauvaise décision et tout peut chavirer. Des carrières se brisent sur un simple coup de sifflet.

Privés de la Coupe du monde par la main d'Henry

En ce soir de mars 2010, la France du football retient son souffle. Le match retour des barrages oppose les Bleus à l'Irlande pour une place en phase finale de la Coupe du monde en Afrique du Sud. Après la terrible désillusion de la finale de 2006 perdue aux tirs au but contre l'Italie, les Français espèrent disputer le premier Mondial organisé sur le continent africain. Pour ce faire, il suffit de ne pas perdre contre l'Eire. Au match aller, l'équipe dirigée par Raymond Domenech l'a emporté 1-0 à Dublin. Un résultat qui laisse augurer une qualification sans trop de souci au Stade de France. Seulement, tétanisée par l'enjeu, cette équipe bafouille son football et les Irlandais, fidèles à leur *fighting spirit*, donnent du fil à retordre aux Tricolores. À l'issue du temps réglementaire, l'Irlande mène 1 à 0, les deux équipes sont à égalité sur l'ensemble des deux rencontres… Tout peut arriver lors de la prolongation. L'atmosphère est irrespirable. Sur un long ballon dans la surface irlandaise, Thierry Henry contrôle le ballon, centre pour William Gallas qui marque de la tête. L'équipe de France a un pied en Afrique du Sud. Les Irlandais, pourtant fair-play habituellement, se précipitent sur l'arbitre, courent vers son assistant. Que s'est-il passé ? En direct, on s'interroge sur le contrôle de l'attaquant tricolore. Étonnant, dans sa position, de pouvoir réaliser un enchaînement contrôle-centre avec autant de facilité. Le ralenti ne laisse aucun doute : Thierry Henry a joué volontairement le ballon avec la main pour mieux le donner ensuite à son partenaire. Le but doit être invalidé. Mais les arbitres suédois n'ont rien vu. La France se qualifie sans gloire. Une sorte d'avant-goût du fiasco sud-africain.

Ce soir-là, j'ai pensé à Martin Hansson, mon collègue scandinave. J'ai pensé à son rêve d'être choisi pour une Coupe du monde. Il était dans la *short-list* des arbitres candidats pour la phase finale. Ce n'était pas un hasard si on lui avait confié ce match de la plus haute importance. Il comptait parmi les meilleurs Européens. Dans quelques semaines, on devait annoncer les arbitres sélectionnés et il en ferait partie. Le Graal de tout amoureux du football était à portée de main. Mais il y eut celle, illicite, de Thierry Henry. Je me suis mis à la place de Martin et j'en aurais pleuré. Quand il a vu les Irlandais l'assaillir, il a certainement compris qu'il avait raté quelque chose. Les joueurs ne réagissent pas à l'unisson sans raison valable, avec la même conviction, les mêmes gestes pour signifier la main du Français. Mais lui, seul dans ce stade de quatre-vingt mille places, devant tout un pays qui jubile, pouvait-il refuser un but sans avoir vu la faute de Henry ? Pouvait-il, sur la foi d'une protestation apparemment sincère et univoque, remettre en cause la qualification de l'équipe de France ? Pouvait-il sur la base d'un doute, voire d'une conviction intime, refuser un but si important ? Malheureusement, quand on n'a rien vu, quand bien même on a la certitude de s'être laissé berner, on ne peut juger un fait qui nous a échappé. Pour juger, il faut voir. Et Hansson n'avait pas vu.

Il restait vingt minutes à jouer. Et ces vingt minutes furent sûrement un calvaire pour lui. Tout en continuant à arbitrer, il savait que la Coupe du monde venait de lui glisser entre les doigts. Il a fallu qu'il soit sacrément costaud mentalement pour rester concentré sur sa mission, poursuivre le match, se focaliser sur la prochaine décision, oublier l'erreur pour ne pas en faire une autre. Une leçon de courage pour le petit arbitre que je suis, de dignité aussi. Finalement, il est allé en Afrique du Sud. La FIFA l'a retenu pour être quatrième arbitre. Un lot de consolation. Presque une humiliation.

L'équipe d'arbitres suédois a payé cher le comportement antisportif d'un joueur. Une main qui a brisé le rêve de passionnés de football, qui ont surmonté tant d'obstacles pour atteindre le plus haut niveau, travaillé si durement, se sont préparés comme des fous pour aller un jour arbitrer la plus grande compétition sportive mondiale. Qui a dit que les arbitres n'étaient jamais sanctionnés ?

Ce soir-là, j'ai pensé aux Irlandais. J'ai pensé aux joueurs bien sûr et au sentiment d'injustice ; eux aussi rêvaient d'une Coupe du monde, ils avaient été si vaillants, si courageux. Ils se sont fait dérober leur billet pour Johannesburg au nez et à la barbe du monde entier. J'ai pensé au peuple irlandais, à son hospitalité, sa ferveur, sa chaleur et à la tristesse dans les pubs de Dublin.

Ce soir-là j'ai pensé au football qui venait de se tirer une balle dans le pied (à cause d'une main, ironie du sort). Quelle image invraisemblable ! Comment se réjouir d'un tel dénouement quand on connaît les circonstances de cette qualification au goût amer ? Le proverbe « Bien mal acquis ne profite jamais » s'est vérifié quelques mois plus tard dans un bus, du côté de Knysna. L'équité venait d'être bafouée, non par une erreur d'arbitrage mais à cause de la tricherie d'un joueur. Ce n'est pas l'arbitre qu'il fallait incriminer mais l'attaquant français.

Ce soir-là, j'ai pensé à Thierry Henry. Un jour, dans le vieux stade d'Arsenal à Highbury, nous avions discuté et sympathisé après un match de Ligue des champions. Il avait pris mes coordonnées pour m'envoyer un maillot. Je les lui avais données sans illusion. Mais trois semaines plus tard, je recevais un maillot dédicacé. Il avait tenu parole et j'avais apprécié ce geste. En guise de remerciement, je lui avais adressé un livre avec un petit mot de l'auteur. Un ouvrage pour enfants. À l'époque, je gérais une maison d'édition et il venait d'avoir un bébé. On ne s'est jamais revus. Quand les Irlandais ont couru vers l'arbitre, je me suis dit : « Thierry, va voir l'arbitre ! Dis-lui que tu as fait main ! Demain, même si la France est éliminée, tu seras un héros. Montre-nous le vrai visage du sportif, pas celui qui triche mais celui qui gagne parce qu'il est le meilleur. Tu es un joueur fantastique, ne gâche pas ton image avec ce geste. Pas toi ! » Après Zizou et son coup de boule, à Berlin en 2006, encore une idole qui nous attriste. C'est facile à dire aujourd'hui bien sûr, c'est facile de donner des leçons depuis son canapé. L'euphorie, le stress, la ferveur populaire annihilent souvent toute réflexion et je peux comprendre l'attitude de l'attaquant français bien sûr. Une attitude de compétiteur. Mais ma posture d'arbitre m'impose une autre vision du jeu.

En définitive, je crois que je suis un idéaliste. J'ai rêvé qu'il allait le faire et ainsi écrire un chapitre à la gloire de l'esprit du sport. Au lieu de quoi, quand on parle de Thierry Henry désormais, on en revient inévitablement à sa main, au jour où il a fraudé pour finalement… ne pas descendre du bus ! Quel gâchis ! Aujourd'hui tu aurais des statues à ton effigie dans tous les musées du sport, Thierry !

Je suis triste pour toi, tu ne méritais pas une telle image.

Je suis triste pour le football qui serait sorti grandi, valorisé si un tel joueur, un jour, dans un match au sommet, avait délivré ce message de fair-play au monde entier.

Je suis triste pour les Irlandais qui auraient mérité d'aller en Afrique du Sud, ne serait-ce que pour leurs supporters enthousiastes.

Je suis triste pour Martin Hansson et ses assistants, qui ne méritaient pas qu'on les prive d'un rêve. Le football est cruel ! Les arbitres le savent, mais ne se résigneront jamais. C'est ça la passion du sport.

Chapitre 3

Les arbitres sont corrompus

À mes débuts dans les matches de campagne, j'entendais des parents lancer : « Arbitre trop payé ! » ou « Arbitre vendu ! » Bon, trop payé, d'accord, 100 francs (environ 15 euros), c'était une somme. Mais vendu ? Cela voulait dire qu'on m'avait acheté ? Avec quoi ? Des andouilles de Vire, des tripes, du camembert, du livarot, du calva ?

Avec le temps, je me suis rendu compte que l'arbitre avait cette étiquette de corrompu collée à son short. Pourtant, au cours de ma longue carrière, je n'ai jamais vécu une seule histoire d'enveloppe… Mais j'ai connu deux ou trois situations ambiguës.

Un jour de février 2011 à Kiev, le Dynamo reçoit Besiktas pour le match retour d'un seizième de finale d'Europa League. À l'aller, les Ukrainiens ont gagné 4-1 en Turquie. Autant dire que l'on s'attend à une soirée facile. Avec mes assistants, on prend nos chambres d'hôtel et on y trouve un sac avec un maillot, une écharpe, un fanion, un pin's, en somme rien de très surprenant, c'est le cas avec de nombreux clubs. Cela fait des souvenirs à distribuer aux amis en rentrant. Et il y a aussi une boîte avec une montre dedans. Une grosse montre avec un bracelet en plastique. Je n'y fais pas attention. Je ne porte que très rarement de montre (sauf quand je cours). Le Dynamo confirme, gagne 4-0. Au moment de faire mon sac pour repartir, il est plein à craquer, la boîte est trop grosse et ne rentre pas. Je vais la laisser, ça fera le bonheur de la femme de ménage ! Mais mon assistant insiste : « Ils vont être vexés. Prends-la, mets-la dans ton petit sac à dos. » Finalement, je l'écoute. Le copain me rappelle le lendemain. « Tu en as fait quoi de ta montre ? — Je l'ai rangée dans un placard – elle y est toujours d'ailleurs. Pourquoi ? » Il s'était renseigné : cette montre, une Alpina, avait une valeur de 1 500 euros ! Je croyais que c'était une montre en toc. Ils avaient donné de la confiture à un cochon. Bon, j'ignorais sincèrement sa valeur donc cela ne m'a pas perturbé. Mais si j'avais pris conscience de la nature de ce cadeau, j'aurais été bien embêté. Que faire ? La rendre, dénoncer un comportement délictueux, contacter l'UEFA ? Cela n'avait rien d'une tentative de corruption mais c'était aux limites de l'acceptable quand même.

En revanche, en Slovaquie, à Bratislava, pour un match de barrage contre un club allemand, le VfB Stuttgart. Là, on est plus que *borderline* mais nous n'aurons que des paroles. On arrive la veille, assez tôt. Le soir, nous allons au restaurant avec le dirigeant chargé de notre accueil. Après le repas, il prend un de mes coéquipiers à part : « J'ai quatre copines, si vous voulez elles peuvent vous accompagner à l'hôtel... » Mais bien sûr... Il a décelé le maillon faible de notre groupe. Lequel vient me voir et me fait part du projet de soirée. Il achève son compte rendu par : « Je lui réponds quoi, au gars ? » Je le regarde fixement : « Tu as besoin de ma réponse ? — Euh, non ! » Le lendemain, en sortant du vestiaire, juste avant le coup d'envoi, le même bonhomme vient me voir, me serre la main et me glisse, avec un clin d'œil : « Prêts pour l'après-match ? » Je n'y crois pas, il revient à la charge ! Il n'avait pas très bien compris à qui il avait à faire. Moralité, Bratislava a perdu 1-0 et on n'a jamais vu ses copines. Elles devaient être trop déçues par le résultat du match !

À l'heure des réseaux sociaux, de la diffusion immédiate d'images partout dans le monde, y a-t-il encore un arbitre assez inconscient pour se laisser piéger de la sorte ? Au-delà de l'aspect moral – nous sommes presque tous mariés – et éthique – l'arbitre représente la justice, la probité –, le risque est énorme d'être instrumentalisé et discrédité à vie. Parfois, lors des déplacements à l'étranger, je ne suis pas très à l'aise en fonction du lieu dans lequel nous nous trouvons. Car nous ne choisissons ni les restaurants ni les hôtels. Il m'est arrivé de manger dans des bars-restaurants avec des gens qui s'amusent, boivent plus que de raison. Une ambiance festive, une photo avec une fille qu'on ne connaît pas, et le tour est joué. On frôle souvent la paranoïa quand on est arbitre. Mais cette histoire arrive fréquemment dans le sport universitaire américain. Les jeunes sportifs sont approchés par des mafieux dans des lieux festifs. On leur paie des bouteilles, tout est gratuit. Ils reviennent la semaine d'après, tout est offert, ils sont entourés de jeunes filles (des *escorts*), finissent la soirée dans un hôtel. Le lendemain, on vient les voir avec une vidéo des ébats de la nuit. Et c'est l'engrenage, le chantage.

Dans un tout autre registre, voici un exemple pour bien comprendre quelle est la position de l'arbitre et son exigence morale. Avec mon épouse, nous décidons d'aller passer un week-end en Normandie. Elle ne connaît pas la région et je prévois de lui faire visiter le Mont-Saint-Michel (en Normandie, n'en déplaise aux Bretons). Je suis ami avec l'arbitre Fredy Fautrel. Il est normand lui aussi et vit dans la Manche. Je lui demande s'il a une adresse pour dormir au Mont-Saint-Michel. Il me dit qu'il va en parler à Gilbert Guérin, son président. Il est licencié au club d'Avranches. Guérin, je le connaissais déjà, j'avais eu des relations parfois tendues avec lui. Mais les années ont passé et chacun s'est sûrement arrondi. Toujours est-il qu'il me trouve un hôtel sur le Mont, très bien, on est parfaitement accueillis. Au moment de payer, la réceptionniste me dit : « C'est offert par M. Guérin. » Je lui réponds : « Non, c'est très gentil mais je paie ! » Et je règle l'intégralité de la note.

Rentré chez moi, je prends un coffret, je mets deux bouteilles dedans et j'envoie le tout avec un petit mot : « M. Guérin, je vous remercie infiniment de nous avoir trouvé ce charmant hôtel sur le Mont… » Évidemment, M. Guérin faisait cela par pure gentillesse et assurément sans arrière-pensée. Il est généreux, ceux qui le connaissent vous le diront.

Mais imaginons qu'un jour je sois désigné pour un Avranches-PSG en Coupe ! J'aurais été mal à l'aise. Ce n'était pas de la corruption mais accepter aurait été une faute !

Les jeux d'argent

Le vrai péril, ce sont les paris. Auparavant, les dirigeants des clubs essayaient de mettre les arbitres dans de bonnes dispositions, une sorte de conditionnement positif destiné à obtenir les bonnes grâces de l'homme en noir. Désormais, ce ne sont plus des dirigeants qui tentent de modifier le cours d'un match, son résultat. Aujourd'hui, ce sont des entreprises mafieuses qui n'ont aucun lien avec le football mais qui s'en servent pour faire de l'argent. Le jour où l'on a autorisé les paris sportifs, on a ouvert la boîte de Pandore. Tout est devenu monnayable, peut être trafiqué, dévoyé. Le sport est un produit comme un autre, il se vend au plus offrant.

Le football, par l'étendue de sa pratique et la multiplicité des matches, se prête bien à la tentation du gain facile. Et acheter un arbitre est une opération qui peut rapporter gros. Qui mieux que lui a le pouvoir d'influer sur le déroulement et l'issue d'une rencontre ? Pas besoin de corrompre toute une équipe, un seul homme suffit. L'investissement peut s'avérer rentable.

C'est l'une des craintes des institutions internationales. Elles ont d'ailleurs pris des dispositions en ce sens.

Depuis quelques années, les désignations des arbitres, en Champions League et en Europa League, sont publiées trois jours seulement avant les matches. Ainsi, on limite le délai dont disposeraient les parieurs véreux pour entrer en contact avec les arbitres. Monter une entreprise de corruption doit prendre un certain temps, j'imagine. L'UEFA se prémunit de la sorte de toute tentative malhonnête et protège ses arbitres. Tous les ans, les arbitres internationaux signent un document les engageant à signaler toute approche suspecte et s'interdisent de parier sur les compétitions sportives.

Il en est de même en France. Les arbitres ont interdiction de miser sur les compétitions sportives (exception faite des paris hippiques) et cette interdiction s'étend même aux membres de leur famille.

Pour les rencontres européennes, les arbitres sont également accompagnés lors de leurs mouvements par un observateur mandaté par l'UEFA. Celui-ci a pour mission principale d'évaluer la prestation des arbitres mais son rôle s'étend aussi à la surveillance des agissements des uns ou des autres. On évite ainsi toute situation qui ne serait pas éthiquement acceptable.

Lors des séminaires internationaux (et nationaux), il arrive qu'une session de sensibilisation aux risques de corruption soit organisée. Cela reste un sujet qui fait sourire chez les arbitres. On sait que cela existe mais aucun de nous ne pense que cela puisse lui arriver un jour.

La seule fois où j'ai senti cette menace présente fut lors de la Coupe du monde des moins de dix-sept ans au Mexique en juin 2011. Nous étions dix-neuf arbitres et trente-huit assistants logés dans un hôtel de Mexico pour toute la durée de la compétition. Deux jours après notre arrivée, la FIFA nous réunit en séance plénière. Thème : paris et corruption. On assiste donc à cette session avec décontraction, comme de coutume. Seulement, la corruption prend vie lorsqu'est projetée sur l'écran géant une série de visages. Un groupe d'une dizaine de personnes identifiées comme faisant partie d'une organisation spécialisée dans le pari sportif et plus spécifiquement dans « l'achat » de matches. La plupart sont asiatiques et on nous explique que ce groupe opère principalement depuis Singapour et Hong Kong. Leur principale cible : les compétitions de jeunes, peu médiatiques mais à fort potentiel de paris. Ainsi on passe sous le radar des grandes chaînes de télévision et les comportements suspects demeurent confidentiels. Moins de risque pour plus de gains.

Toujours est-il que nous étions sur le qui-vive pour le reste de notre séjour mexicain. Et ces visages sont restés gravés comme l'incarnation de la menace.

Je sais qu'ils existent et à eux seuls ils suffisent à jeter un voile de suspicion sur l'ensemble du sport et des sportifs. Triste constat d'une époque où tout s'achète, même son âme.

Reste que je suis persuadé, qu'en France, aucun arbitre fédéral ne se laisserait tenter par de telles pratiques. Car je suis convaincu que les arbitres français sont honnêtes.

CHAPITRE 4

Le milieu du football est raciste

« Ta gueule, sale Noir »

Au milieu des années 1990, un match de National 3 à Saint-Pol-de-Léon, à 60 kilomètres de Brest. Un attaquant adverse réclame une touche, va prendre le ballon, mais un défenseur de l'équipe locale s'interpose et lui crie : « Ta gueule, sale Noir ! » C'est facile de faire la sourde oreille, certains préfèrent ne pas avoir entendu ce genre de propos... Moi j'ai entendu. Carton rouge ! Et le joueur d'origine africaine de me dire : « Merci monsieur l'arbitre ! » Il avait dû en entendre d'autres, le malheureux. Les dirigeants bretons étaient venus me demander le pourquoi de cette expulsion après la rencontre. Pas de manière virulente, ils voulaient comprendre et ont bien accepté. Je suis blanc de peau et originaire de la Normandie profonde, on ne peut pas dire que ce soit une terre très cosmopolite. J'avais bien un copain métis dans les années 1980 qui jouait au foot avec moi ; quelques Turcs et quelques Maghrébins, ouvriers dans l'amiante, habitaient dans ma cité HLM. Je me foutais pas mal de leur couleur, de leurs origines. On vivait ensemble et cela se passait bien. Point. Je ne suis pas un militant antiraciste mais je suis sensible au sujet. J'ai d'ailleurs écrit un article dans une revue dans lequel je mettais en lumière l'inanité du racisme, en partant du principe qu'il n'y a pas de races. À part la race humaine. Je n'accepte donc pas qu'on fasse une différence en fonction de l'origine des uns ou des autres. Et c'est pour cela que j'ai été d'autant plus blessé par « l'affaire Chafni », survenue bien plus tard.

Chafni, le racisme en boomerang

Coïncidence, cela se passe encore dans le Finistère, en décembre 2011, à l'occasion d'un Brest-Auxerre de Ligue 1. Le scénario est plutôt calme, rien de notable à signaler. Sur une action le long de la touche, il y a peut-être une faute, c'est difficile de se prononcer, je laisse jouer. Le ballon sort. À ce moment, l'Auxerrois Kamel Chafni me fonce dessus : « Tu n'as pas entendu ? Ton assistant m'a mal parlé, il m'a dit "Dégage !", et les fautes tu les siffles jamais ! » Et Chafni me bouscule ! À sa façon de m'apostropher, j'avais déjà sorti le jaune… Je le transforme aussitôt en rouge !

Compte tenu du langage dont usent souvent, envers nous, les joueurs, je n'étais pas autrement surpris qu'un « Dégage ! », dans le feu de l'action, ait pu sortir de la bouche d'un assistant. Je pense que Chafni avait dû bien l'agacer par nombre de remarques désagréables voire de propos déplacés pour qu'il l'envoie promener. Quoi qu'il en soit, il est invité à aller se calmer au vestiaire. Le ton monte et je remarque qu'un de ses équipiers le prend par les épaules et l'éloigne de moi. Plusieurs partenaires viennent lui parler, dont Issam Jemâa, remplaçant ce soir-là et que j'avais expulsé lors d'un Lens-Lille la saison précédente[1]. Chafni revient alors vers moi et me lance : « Il m'a dit : "Dégage l'Arabe !" » Je tombe des nues. En quittant le terrain, devant un micro qui lui est tendu, il éructe : « Insultes racistes ! Dégage l'Arabe ! L'arbitre m'a insulté ! » À croire que l'un de ses coéquipiers l'avait briefé, lui suggérant probablement de modifier sa version…

1. Voir p. 172-173.

En tout cas, tout ça me paraît complètement surréaliste. L'assistant en question, Johann Perruaux, je le connais depuis l'âge de seize ans, il est normand comme moi, je ne l'ai jamais entendu dire un mot plus haut que l'autre et, surtout, il est impensable qu'il puisse tenir ce genre de discours : il n'y a pas la moindre pointe de racisme dans sa personnalité ! Nous sommes allés ensemble, bénévolement, faire de la formation au Bénin dans le cadre d'une association humanitaire, Unis vers le sport. Association dont le but est de rapprocher les cultures à travers le sport. Nous sommes amis et nous ne le serions assurément pas s'il tenait des propos xénophobes.

À la fin du match, on sent que cet esclandre sera une patate chaude, que ça va se transformer en affaire. Quand de telles phrases sont lâchées publiquement, ça ne peut plus s'arrêter. Le président d'Auxerre, Gérard Bourgoin, n'est pas là mais les dirigeants présents crient au scandale. C'est chaud, une bombe à retardement ! C'est une précédente expérience à Valenciennes [1] qui va sauver mon assistant !

En effet, ne voulant plus risquer d'être accusé d'insultes inventées par les joueurs, depuis presque deux ans je porte sur moi, pendant les rencontres, un boîtier MP3 pour enregistrer mes conversations. On y entend tout ce que je dis, tout ce qui est dit par mes assistants et autour de nous puisque nous sommes reliés par micros et oreillettes. En l'occurrence pour ce match, j'avais équipé le quatrième arbitre de ce dispositif.

Je dis au délégué qu'on précisera dans le rapport que les propos rapportés n'ont jamais été tenus. Vu l'émotion, l'excitation, je vais en conférence de presse confirmer qu'à aucun moment je n'ai entendu d'injures racistes dans la bouche de mon assistant.

En face, les versions ne cessent d'évoluer : une fois c'est « Dégage l'Arabe ! », une autre « Casse-toi l'Arabe ! », ou

1. Voir p. 171.

encore : « Sale Arabe ! » N'en jetez plus ! Quand les discours changent, le mensonge rode.

Dans la soirée, toute la France du football m'a appelé ! Une déferlante ! Partout on parle de « l'assistant de Tony Chapron », jamais de « Johann Perruaux ». On prend un avocat auquel on explique que je détiens un enregistrement audio du match, qu'il faudrait peut-être le faire savoir. D'autant que le banc de Brest, pourtant à portée de voix de l'incident, ne se mouille pas, ne confirme ni n'infirme rien…

Le dimanche soir, l'émission « Canal Football Club » invite Chafni. L'affaire est trop belle, on va pouvoir se payer un arbitre. Et pas pour un penalty oublié. Donc on attaque sur le thème : « Inacceptable, une honte, du racisme dans les stades français » ; tous les bien-pensants se précipitent, réclament justice, s'indignent, veulent voir des têtes tomber, sans rien connaître de l'affaire. Pendant l'émission tombe le communiqué de l'avocat : « M. Perruaux réfute les accusations portées contre lui et fournira les enregistrements audio des arbitres du match à la commission de discipline. » Hervé Mathoux lit la dépêche en direct sur le plateau et là, on sent Chafni gêné, qui recule un peu, le verbe est soudain moins tranchant, les accusations moins virulentes.

Le lundi matin, les avocats des deux parties entrent en contact. Commence une négociation pour sortir de cet affrontement « plainte pour injures » contre « plainte en diffamation ». La position de Chafni évolue au point qu'il « reconnaît pour vraie » la version de Perruaux. Pour résumer, Chafni admet avoir menti.

Et pour cause, maintenant qu'il sait que les propos de l'assistant ont été enregistrés, la version change. On est loin du racisme ordinaire. En revanche, on est dans l'instrumentalisation du racisme. Et cela est inacceptable, on a jeté l'opprobre sur un homme. C'est peu de dire qu'il a été lynché, humilié et terriblement affecté par cette affaire.

Mais on s'en fiche après tout. En outre quand on utilise le racisme comme arme de défense on nuit à tous ceux qui, dans leur vie quotidienne, sont réellement victimes de tels actes. Car oui, il faut le dénoncer, oui il faut s'indigner, combattre. Mais pas en faire un outil qu'on utilise à tout va et sans fondement.

Bilan : Chafni écope de quatre matches de suspension pour son comportement. Plus important, Perruaux est lavé de tout soupçon d'injure raciste. Il écope tout de même de deux matches pour avoir reconnu un dérapage verbal : « Dégage ! » Pour rappel, le Niçois Balotelli, pour m'avoir conseillé d'aller me faire enculer[1], a été sanctionné d'un match…

Enfin, et ce n'est pas le plus agréable, des années plus tard et encore aujourd'hui, des reportages et des vidéos continuent à affirmer que Chafni, ce soir-là, a été victime de racisme alors que la commission de discipline a infirmé ses accusations, que le joueur a reconnu avoir menti. Les mensonges ont la vie dure !

Racisme au goût bulgare

Dans ma carrière internationale, faite d'une centaine de matches, je n'ai été confronté qu'une seule fois à un public ouvertement raciste. C'est à Sofia, en octobre 2012, à l'occasion d'un Bulgarie-Danemark assez chaud, qualificatif pour la Coupe du monde. Un des arrières latéraux danois (Patrick Mtiliga), entré en jeu vers la 70e minute, est noir. À chaque fois qu'il touche le ballon, j'entends des bruits bizarres. Je me rends compte assez vite que des spectateurs imitent des cris de singes. J'interromps le match. Je vais voir le quatrième arbitre, Olivier Thual, pour qu'il demande au délégué de faire une annonce dans la sono du stade. On attend l'annonce. Brouhaha dans le stade. Le speaker explique les raisons de l'arrêt du match et le protocole : si ça

1. Voir p. 120.

continue, on renvoie les équipes aux vestiaires ; on revient dix minutes après et, si on constate toujours une ambiance raciste, on arrête définitivement la partie. Heureusement, l'annonce a eu un effet dissuasif et on a pu terminer dans une chaude ambiance, tout un pays derrière son équipe (réduite à dix pendant plus d'une heure). Match nul 1-1. Je me souviens avoir exclu un Bulgare (Ivan Bandalovski, à la 26e minute) pour un tacle violent. Décision loin d'être appréciée par les supporters locaux… À la fin du match, Daniel Wass, le Danois qui jouait alors à Évian, vient me remercier : « Bravo, parce qu'ici c'est toujours compliqué. » Tu m'étonnes ! Les Danois s'attendaient sûrement à un arbitrage légèrement favorable à l'équipe locale. Quoi qu'il en soit, c'est la seule manifestation nette de racisme que j'ai connue sur un match international. Tant mieux. Malheureusement, il est impossible, pour nous arbitres, d'agir contre deux ou trois abrutis dans un coin. D'abord, parce que souvent on ne les entend pas et surtout il nous faut distinguer ce qui relève du racisme ou pas, tout en étant concentrés sur le jeu. Nous ne pouvons être chargés de surveiller les tribunes. On peut être affligés du comportement de ces « supporters » idiots, écrire une remarque dans le rapport, mais ça ne va pas très loin.

Même si la France n'est pas un modèle, on ne peut pas y noter, à la différence d'autres pays, une expression forte de racisme dans les stades. Par exemple, il n'y a pas de clubs dont l'identité politique est marquée et revendiquée comme c'est le cas du club de la Lazio de Rome, au caractère nationaliste assumé, ou encore le Steaua Bucarest, qui a longtemps refusé d'intégrer des joueurs noirs dans son effectif.

Toutefois cela n'empêche pas les discours xénophobes. Un jour où je faisais mes courses sur le marché, à Grenoble, un vendeur qui me reconnaît vient me voir, après le nul des Bleus contre le Luxembourg (0-0 en septembre 2017) : « Pas fichus de battre ces amateurs ! Remarquez, ce n'est plus l'équipe de France, c'est l'équipe du Sénégal ! » Un racisme ordinaire, latent, diffus mais révélateur. En 2017, au second tour de l'élection présidentielle, l'extrême droite était présente. Je n'ai pas le souvenir que cela ait beaucoup ému le pays. Moi, si.

Chapitre 5

Les clubs corses sont protégés

Arbitrer en Corse, c'est particulier. On peut parler d'un effet « arbitrage à la maison ». Et c'est ainsi que certains clubs arrivent à surévaluer leur niveau. Les résultats du SC Bastia, de ce point de vue, sont éloquents : sur les dix dernières saisons avant sa relégation administrative en 2017 pour une comptabilité catastrophique et opaque, tendance cavalerie, sous les yeux mi-clos des autorités[1], que ce soit en Ligue 1 ou 2, son classement à domicile est extrêmement flatteur, toujours très nettement supérieur à celui des matches à l'extérieur[2]. C'est ainsi que les clubs corses se maintiennent dans l'élite. Cette distorsion n'est sans doute pas la conséquence d'une « grinta » aiguillonnée par l'ambiance de Furiani, mais plus sûrement du conditionnement de l'équipe visiteuse, déjà frileuse quand elle débarque et consciente, qu'ici, les choses peuvent vite déraper[3].

1. On lira avec intérêt l'enquête de *L'Équipe* sur le football corse (février 2018).

2. Bastia, entre 2008 et 2017 (Ligue 2 puis Ligue 1), classement à domicile/à l'extérieur : 10e/14e ; 10e/19e ; 1er/6e ; 12e/16e ; 9e/16e ; 9e/17e ; 5e/17e ; 17e/20e.

3. Le 30 novembre 2012, le président de Valenciennes, Jean-Raymond Legrand, déclare : « Tous les présidents de Ligue 2 qui sont allés là-bas [à Furiani] la saison dernière, savent comment ça se passe. Les

En Corse, où les manœuvres d'intimidation (quelques gifles dans les couloirs des vestiaires, par exemple) mettent la pression, ça n'a rien à voir avec un match à Nancy, Lorient ou Angers, ça ne vous met pas dans les meilleures dispositions pour jouer.

Quant aux arbitres, ils ne dirigent pas en toute quiétude ; quand on sait que les sorties de stades sont compliquées, avec une seule issue au bout d'une rue en cul-de-sac, cela fait réfléchir… L'insularité, de plus, crée un contexte, avec deux aéroports – quatre, si l'on compte Figari et Calvi – pour repartir sur le continent. D'ailleurs dès ton arrivée, on ne se prive pas pour t'informer que chacun connaît l'horaire de ton vol retour. Et contrairement aux joueurs, les arbitres sont seuls et sans protection. C'est une pression insidieuse, comme celle que mettent en creux les dirigeants, capables de porter plainte contre l'officiel qui, dans son rapport, n'aurait pas vu les mêmes choses qu'eux [1].

Dans le même ordre d'idées, le club de Bastia a publié une liste noire des arbitres. En gros, ceux qui ne se laissent pas intimider et qui ne ferment pas les yeux. Ainsi, Benoît Bastien, Sébastien Moreira, Antony Gautier, Frank Schneider et moi figurons, très probablement, sur cette liste d'arbitres non « corso-compatibles » adressée aux instances. Le règlement ne permet pas de récuser des arbitres mais mettre la pression est un exercice bien maîtrisé sur

---

joueurs ont du mal à tirer les corners parce qu'ils se font cracher dessus. […] Les clubs ont peur d'aller jouer là-bas. » www.parolesdefoot.com/va-legrand-les-clubs-ont-peur-daller-jouer-a-furiani/63449/

Le 18 mai 2018, Vincent Volpe, le président du Havre, déclare, après l'annulation du match de barrage AC Ajaccio-Le Havre, à France Info : « Les insultes et les menaces de mort ont commencé ce matin. Les pétards, eux, ont retenti toute la journée, autour de l'hôtel… Il y a un racisme extraordinaire : je suis choqué… »

1. Le procureur de la République a classé sans suite, en décembre 2016, une plainte pour « faux » déposée par le SC Bastia à la suite d'un rapport de l'arbitre Sébastien Desiage.

l'île. Alors pour acheter la « paix sociale », la DTA et Garibian, son courageux directeur en tête, ont décidé de ne pas désigner ces cinq arbitres « pestiférés » pendant une longue période[1].

Les équipes corses ont un traitement de faveur : elles sont sous-sanctionnées, la commission de discipline les protège de manière scandaleuse, c'est une farce permanente... Quand on voit un envahissement de terrain (contre Lyon, en avril 2017) et l'agression de joueurs lyonnais par les spectateurs (et stadiers ?) traités de manière si légère ! Bastia était sous la menace d'un retrait de points au classement (sursis) pour cris racistes de la part du public. Finalement, le club a été pénalisé du match perdu (et trois matches sur terrain neutre) mais le sursis ne tomba pas. Imaginons que cette situation soit survenue à Lorient ou à Metz...

Oui, je l'affirme, les clubs corses sont protégés. Le Gazélec Ajaccio a pu jouer en Ligue 1 dans son stade Mezzavia piteux alors que Luzenac, malgré ses efforts, a été interdit de montée en Ligue 2 avec des structures bien moins vétustes... Tout cela est franchement honteux !

Je pense surtout aux autres clubs qui essayent d'avoir des comportements exemplaires mais qui ne bénéficient pas de la même mansuétude et constatent que tout est permis aux Corses[2]. Quand on joue au foot, les règles sont les mêmes partout dans le monde (ou presque), c'est ce qui en fait le sport le plus populaire. Jusqu'à quand ?

1. Seul Moreira a été désigné une fois le 3 octobre 2015. De la date du communiqué sur cette « liste noire » le 24 septembre 2015 jusqu'au 15 janvier 2016, plus aucun des cinq ne l'a été.

2. Le président de Reims, Jean-Pierre Caillot, déclare à ce sujet dans *L'Équipe* du 11 février 2018 : « On me prend pour un con ! », en référence à la clémence de la Direction nationale du contrôle de gestion (DNCG) vis-à-vis des comptes du SC Bastia.

Petites histoires corses…

J'ai arbitré à tous les niveaux en Corse, du CFA2 à la Ligue 1. Jamais dans une ambiance parfaitement saine. Avant toute chose, je précise que je ne fais pas l'amalgame avec tous les Corses ; ici on parle de football. Mais sur l'île, le football rime trop souvent avec nationalisme, violence et relents anti-Français. Je suis de ceux qui pensent que les nationalismes sont à combattre, que le repli sur soi entraîne la haine de l'autre et que Brassens avait raison de dénoncer « ces imbéciles heureux qui sont nés quelque part ».

Mais il faut s'y faire, quand tu rentres sur la pelouse et que tu es accueilli par un « sale Français ! », tu comprends que tu n'es pas le bienvenu. Ce qui est paradoxal car, par ailleurs, les gens y sont très chaleureux et savent te recevoir avec générosité. À croire que le foot rend idiot.

J'y ai vécu une série d'aventures, des plus cocasses aux moins drôles, jusqu'au jour où j'ai demandé à ne plus y aller. C'était devenu trop dangereux.

Quand le match aurait dû s'arrêter avant l'heure

Commençons par du léger. Mais révélateur. Je dirige un match de fin de saison, en CFA, un club du nord-ouest de l'île reçoit Beaucaire. Le match se passe bien, très bien, étonnamment bien… Beaucaire, qui joue la montée, mène tranquillement 2-0, puis encaisse un but vers la 80e minute. Je me dis que la fin devrait monter en intensité. Rien… Et le coach corse crie, avec de grands signes, alors qu'on est encore à la 87e minute du match : « C'est fini ! » Son équipe est menée 1-2, on n'est même pas entré dans le temps additionnel et il me demande d'arrêter le match ? Que dire ? Je n'ai aucune preuve mais cette attitude était pour le moins bizarre. Beaucaire a gagné et tout le monde était content.

Quand il vaut mieux se tenir à distance du président

Non loin de là, quelques mois plus tard, avant un match de l'AC Ajaccio en Ligue 2, je discute tranquillement sur la pelouse avec le président du club local. C'est sympa, convivial, on échange quelques banalités sur le foot, le soleil, la mer. Au retour dans le vestiaire, un dirigeant du club vient me voir : « Plus jamais ça monsieur Chapron ! » Surpris, je lui demande : « Plus jamais quoi ? — Ne vous approchez pas à moins de deux mètres du président dans un lieu public ! Sa tête est mise à prix. Une balle perdue... » Et il m'emmène sur le parking du stade où il me montre deux voitures. « Ce sont les mêmes, et alors ? — Oui, et elles sont toutes les deux blindées. À la fin du match, l'une part à droite, l'autre à gauche et personne ne sait dans laquelle est le président ! » Le pire, c'est que ce gars me disait ça par pure bienveillance, pas pour me mettre la pression. Tapez « Alain Orsoni », le nom du président de l'époque (il en est devenu ensuite le vice-président), dans un moteur de recherche, sur Internet, et vous verrez qu'il y avait effectivement de quoi être prudent...

Bastia, portrait tout craché

À Bastia aussi j'ai connu pas mal de situations étranges. J'avais entendu dire par les assistants qu'à chaque match à Furiani, ils ressortaient couverts de crachats. Il y avait un côté folklore local, une tradition consistant à balancer des jets de salive dans le dos d'un pauvre type avec un drapeau au bord d'un terrain de foot. À croire que cela ne choquait personne. Mais qu'on crache sur mes assistants, je n'aime pas l'idée. Alors je les préviens avant le match : « Si tu reçois un crachat, tu me le dis immédiatement, je m'en charge. » Évidemment, au bout de quelques minutes, l'assistant placé à l'opposé de la tribune principale m'informe qu'il est victime de crachats répétés. J'arrête le match, vais voir le délégué et lui demande de faire une annonce : « Si cela se répète, le match sera arrêté ! » L'entraîneur local, Frédéric Hantz, s'approche et entend ma conversation avec le délégué. Il se retourne alors vers des personnes de la sécurité et leur dit : « Y en a marre, c'est toujours les mêmes, vous les virez du stade, fait chier ! » Preuve que M. Hantz est quelqu'un de bien et que tout le monde sait que ce genre de comportement est habituel, accepté et n'émeut plus.

Dans le même ordre d'idée, les assistants sont directement interpellés depuis les tribunes : « Untel ! Tu habites bien 17, impasse des Mimosas à Toulouse ? Ton numéro, c'est bien 03 56 75 27… ? On appelle ta femme ! » Et effectivement, ils ont appelé sa femme.

« Allô ! Madame Untel ? Votre mari, il est arbitre ?

— Oui.

— Nous sommes désolés de vous apprendre que votre mari est mort… »

Ça s'est réellement passé ! Comment officier sereinement quand ils savent où tu habites, où se trouve ta famille ? Quand ils sont capables d'appeler chez toi et que tu es sur le terrain sans possibilité de contacter ton épouse, tenaillée par l'angoisse.

Lors d'un Bastia-Lille en Coupe de la Ligue, mon assistant reçoit un projectile sur la tête (un caillou ou la graine dure d'un arbre). J'arrête la rencontre et on retourne aux vestiaires. Dans mon idée, on ne va pas reprendre et je convoque dirigeants, officiels et autorités pour l'annoncer. Je demande juste à la directrice départementale de la sécurité publique (DDSP) si elle pourra évacuer huit à dix mille spectateurs sans trop de souci. Là, elle me répond qu'elle n'a qu'une demi-compagnie de CRS à sa disposition, soit une trentaine d'hommes. En gros, elle me fait comprendre que ça va être compliqué. Dilemme. Mon assistant est choqué et, surtout, quand un arbitre est touché, on doit arrêter. Soit. Imaginons un instant que je décide, comme je l'avais envisagé, que le match s'arrête là. On évacue alors le stade dans quelles conditions ? Et si les spectateurs en viennent aux mains, dégradent le stade, s'en prennent aux CRS ? Et s'il y a des blessés ou pis ? On dira alors : « L'autre tête de mule, avec son intransigeance, il a fait du zèle, voilà le résultat ! »

Finalement on est revenus sur le terrain et le match est allé à son terme, mais dans l'amertume. Est-ce qu'on est à 100 % dans ces conditions ? Et si on commet une grosse erreur d'arbitrage, est-ce qu'on comprendra que nous n'étions plus là pour arbitrer un match de foot, mais pour assurer une fin de soirée civilement acceptable ? On attend quoi ? Une balle dans le dos ? On tolère, jusqu'où ?

En octobre 2014, Bastia-Nantes. Vers la 15e minute, un tacle trop appuyé vaut un avertissement à un joueur corse. Banal. Quelques minutes plus tard, sur un contre, juste après le franchissement de la ligne médiane, une faute. Je la siffle contre les Nantais. Mon assistant me dit : « Non, tu te trompes, c'est l'inverse ! » Je réponds que ce n'est pas grave, on est à quarante mètres du but, rien de dangereux, je vais gérer. À ce moment, le Bastiais Yannick Cahuzac me fonce dessus et râle : « Eux, ils font des fautes mais ils ne prennent jamais de carton ! » Là, mon gars, il ne fallait pas me parler comme ça ! Le coup franc n'était pas en ta faveur et, en plus, tu viens me pourrir ! Tu as raison Cahuzac, je vais rétablir l'équilibre, tout de suite ! J'ai renversé la sanction, rendu justice. Coup franc en faveur de Nantes ! Alors là, on a pris la marée… Le public est devenu comme fou ! À jouer au plus idiot, j'avais une bonne chance de gagner ! Dix minutes plus tard, penalty contre Bastia. Cahuzac proteste et me pousse. Je l'exclus. Comment dirais-je ? Le stade est devenu hostile…

C'est la dernière fois que j'ai arbitré en Corse.

Ajaccio, un doigt et un idiot

Avant d'en avoir assez de Bastia, j'avais eu ma dose à Ajaccio. C'était en mars 2013, pour un Gazélec-Monaco de Ligue 2.

On s'échauffe sous les insultes habituelles : « Sale Français, rentre chez toi ! », « Chapron, tu n'as pas fini ta

chimio ? » On en aurait presque de la pitié pour tous ceux qui viennent éructer ainsi contre le semblant d'autorité que nous représentons. Puis le match se déroule normalement, avec un carton jaune à un Ajaccien puis à un Monégasque. Vers la 40e minute de jeu, survient un tacle très dur au milieu du terrain. C'est le deuxième jaune de l'Ajaccien Yohan Bocognano, qui est donc exclu. L'assistant me dit que je suis gentil, pour lui c'était rouge direct ! Je ne voulais pas en rajouter… À la mi-temps, on se fait traiter de tous les noms par le président, hystérique, qui nous attend à l'entrée du tunnel et nous en met plein la tête… En deuxième mi-temps, j'octroie un penalty à Ajaccio, mais le tireur le rate. Avec son 1-0, Monaco, qui est largement leader au classement, gère la fin de match assez tranquillement. À dix minutes du terme, je repère deux types au bord du terrain, passés de l'autre côté du grillage, qui insultent un Monégasque en train d'effectuer une remise en jeu à la touche. Ils ne sont pas identifiés, ne portent ni badge ni tenue : en les voyant, j'interromps la rencontre et exige qu'on les évacue. Sort alors un bonhomme situé entre les deux bancs de touche qui m'apostrophe : « Pour qui tu te prends toi ? » Je me demande bien qui est cet hurluberlu ! Alors je l'exclus aussi : « Merci de sortir avec les deux autres ! » En fait, c'est le responsable de la sécurité ! Il me répond : « Je fais ce que je veux ! Chapron, tu feras moins le malin tout à l'heure quand on ira au restau, je serai là aussi ! » Ça me fait sourire, parce que je ne vais plus manger avec les dirigeants après le match depuis des années. Il obtempère mais ne s'éloigne guère. À l'issue du match, le quatrième arbitre me dira : « Tu as bien fait de le mettre dehors, il nous a enquiquinés toute la soirée… À chaque fois que Claudio Ranieri (entraîneur de Monaco) posait le pied hors de sa zone, il nous criait : “Faut l'exclure !”
— Pourquoi tu ne me l'as pas dit plus tôt ? On aurait réglé le problème bien avant. »

À la fin du match, je suis en train de serrer la main des joueurs, je discute avec le capitaine corse, il n'y a aucun conflit, je ne vois rien arriver. Et une meute surgit ! Le président, le gars de la « sécurité », les deux types que j'ai virés et plusieurs autres, certains sous une capuche. Mon quatrième arbitre prend une claque au passage et là, je suis traité de tous les noms ! Immédiatement, ma crainte c'est qu'un coup parte et là, en cas de pugilat, on serait mal lotis ! C'est l'une des rares fois où j'ai craint pour ma vie, Sa sécurité, sur un stade en Corse, il vaut mieux l'assurer soi-même.

Je vois la peur sur le visage de mon assistant, qui tient le manche de son drapeau bien en main. Il veut me défendre, c'est après moi qu'ils en ont. Deux ou trois gars sont là, qui portent des chasubles, à moitié pour protéger, à moitié pour pousser. Autour, une horde accrochée au grillage qui hurle : « Il faut les tuer ! » On a l'impression d'une mise à mort dans l'arène.

Le président nous lance : « Vous les entendez ? Si j'ouvre les grilles, vous allez voir ce qui va vous arriver ! D'ailleurs, je vais demander qu'on les ouvre ! » Ce septuagénaire est totalement hors de lui ! Nous avons mis plus de cinq minutes pour quitter la pelouse. Nous nous sommes vraiment sentis en danger physique, sous pression de la foule. On réussit à regagner le vestiaire. Ça cogne contre les murs, contre les portes. Des fonctionnaires de la BAC (brigade anticriminalité) arrivent, à notre demande, quelques minutes plus tard : « On va patienter le temps que ça se calme, puis on vous escortera. » On sortira deux heures après la fin du match ! Et il y a encore cinquante personnes pour nous attendre !

C'est incompréhensible. Le match s'est bien passé, il a été propre, rien à signaler. Aucun sentiment d'injustice, aucun signal pour nous mettre en alerte. Le passage du vestiaire à la voiture est chaud ! Qui nous dit que parmi ces gens qui nous entourent, l'un d'eux ne porte pas une arme ? Je me souviens qu'on m'a raconté l'histoire du trésorier de l'autre club d'Ajaccio, retrouvé criblé de balles au pied de notre hôtel… Au moment où la BAC prend la tête du mini-convoi, un stadier passe la tête par la porte arrière : « Chapron, me dit-il, tu as eu de la chance. La prochaine fois tu en auras moins ! »

À l'ouverture du portail du parking, une quinzaine d'individus se mettent en travers du chemin, bloquent notre voiture, la défoncent à coups de pied, ruinent la carrosserie, la couvrent de crachats. Un de mes assistants, blême, regard perdu, s'angoisse : « Moi je ne dors pas ici ! » lance-t-il. Dans son témoignage, le propriétaire de l'auto, dirigeant du Gazélec, M. Pettinato, signalera qu'elle est intacte. Il avait un modèle en mousse…

À l'hôtel, l'officier de la BAC nous indique qu'il repassera nous prendre un quart d'heure plus tard, avec un véhicule banalisé, pour nous conduire au commissariat et déposer notre plainte. Nous montons faire nos sacs, nous refusons de passer la nuit ici.

L'enregistrement de nos dépositions prend un temps fou. À 3 h 30, on décide d'aller en taxi prendre l'avion pour Orly à… Bastia ! Entre-temps, Noël Le Graët, président de la Fédération, m'a téléphoné, consterné par les images qu'il a vues à la télé. Et j'ai eu Frédéric Thiriez, le président de la ligue, auquel j'ai fait part de mon inquiétude : « Un jour, il y aura un événement très grave en Corse. Et, à force de laisser faire, vous allez finir par en être responsables ! »

Le samedi, écriture du rapport. Et le dimanche soir, appel d'un journaliste de *L'Équipe* : « Le club a sorti une vidéo où on vous voit faire un doigt d'honneur au public… » Je suis abasourdi, je n'y comprends rien ! Je visionne le document où on me voit lever la main avec un doigt levé… et ça me revient ! C'est une image d'avant-match, je suis en tenue d'échauffement, et avec mes assistants nous avions joué au premier arrivé pour une dernière accélération en rentrant nous changer. Et moi, comme un gamin, comme un sprinter sur la ligne, je tends le bras en l'air pour leur dire : « J'ai gagné ! » Voilà tout ! Le moindre début d'enquête aurait permis de le prouver. Le geste peut certes prêter à confusion, encore que… je lève l'index. En revanche, le timing ne laisse aucun doute. C'est juste que les dirigeants du Gazélec ont trouvé cette image pour détourner l'attention et noyer le poisson.

C'est toujours ainsi qu'ils procèdent, ils emmènent sur une fausse piste pour qu'on porte le regard ailleurs que sur leurs propres turpitudes. En août 2016, Bastia a procédé de la même façon avec Lucas, l'attaquant brésilien du PSG, quand il a pris une hampe de drapeau sur la tête. La question est vite devenue : a-t-il simulé un coup reçu ? Ainsi, on ne cherchait plus le coupable du geste, simplement à savoir si Lucas en rajoutait…

Avec moi, à partir d'une image de très mauvaise qualité, sortie de son contexte et évidemment interprétée à charge, ils ont construit une vérité, leur vérité. Pourtant, quand nous étions arrivés à l'entrée du tunnel, il y avait deux hommes devant l'entrée, que je connais bien. L'un était José Pettinato, celui qui est chargé de l'accueil des officiels. Celui qui a la voiture en mousse, un « anti-arbitres » notoire, ce qui ne l'empêche pas de tenir ce rôle et de siéger au comité directeur de… la ligue de Corse ! L'autre, c'est Christophe Ettori[1], maintenant directeur général après avoir été joueur puis directeur sportif, condamné en juin 2013 par un tribunal correctionnel à dix mois de prison avec sursis et trois ans d'interdiction de stade pour injures et violence aggravée à caractère raciste, après une agression sur l'entraîneur du Paris FC, Alain Mboma[2]. J'aurais

1. Condamné, en mars 2018, à cinq ans de prison avec sursis par les assises d'Aix-en-Provence pour son implication dans l'affaire du meurtre d'Antoine Nivaggioni. Une condamnation encore susceptible d'être contestée en appel.

2. Au moment de ces faits, Ettori était suspendu de cinq mois de terrain mais présent sur la pelouse. Ce jour de mars 2013, Ettori est suspendu pour deux ans mais présent sur le bord du terrain…

fait un doigt d'honneur juste sous leur nez et ils n'auraient pas bronché ? Ils n'auraient même pas dit un mot, pas un murmure ? Non, le geste s'est transformé en « doigt d'honneur » quarante-huit heures plus tard, quand il a fallu ouvrir un contre-feu. Classique !

D'ailleurs, quand l'affaire est passée en commission de discipline, deux semaines après, les images et mes explications ont convaincu. Celles du président du Gazélec, François dit Fanfan Tagliaglioli, beaucoup moins !

Pourtant, il était bien accompagné dans la salle d'audience. Autour de lui, deux avocates, le fameux directeur de la sécurité, Toussaint Luciani, et ce Christophe Ettori, suspendu de toutes fonctions mais étrangement autorisé à venir témoigner.

Le rapporteur fait lecture de son instruction, issue d'un dossier de quatre-vingts pages. Puis le président mis en cause se lance dans un laïus improbable : « Moi, menacer de mort M. Chapron ? Alors que je suis un vieux bonhomme et lui dans la force de l'âge ? Mais tout le monde rigole en Corse, tout le monde me connaît, j'ai travaillé dans l'Éducation nationale, je visite les malades dans les hôpitaux, je suis quelqu'un de tranquille, irréprochable… » Il se tourne vers moi, croise mon regard et disjoncte soudain : « Chapron ! Voleur ! Bandit ! Ordure ! » Il faut le maîtriser, le sortir de la salle, l'audience est suspendue. Son avocate revient, cherche dans son sac et sort une boîte… de calmants ! Il ne reviendra plus, trop incontrôlable. Les membres de la commission sont interloqués, on voit des sourires amusés. L'un d'eux lance : « On n'ose imaginer son état le jour du match ! » Au final, il écopera d'un an de suspension de toutes fonctions dans le football. Deux semaines plus tard, il sera à nouveau sur la pelouse avant un match de son club à domicile, comme si les sanctions s'arrêtaient sur la rive nord de la Méditerranée… En revanche, aujourd'hui encore on me parle du fameux « doigt », ce « doigt » pour lequel j'ai pourtant été immédiatement blanchi puisque l'affaire est passée en commission de discipline. Bizarrement, personne ne parle des menaces de mort, des insultes et des coups portés aux arbitres ce soir-là. Quand le sage montre la lune, l'idiot regarde le doigt…

L'affaire ne s'arrête pas là. Nos dépôts de plainte ont permis de poursuivre au pénal le président du club, pour menaces de mort. Nous avions choisi de confier nos intérêts au conseil du Syndicat mais l'UNAF, l'amicale des arbitres, a souhaité prendre en charge ce dossier sensible. Nous avons donc eu affaire à un avocat local qui est un sketch à lui seul, clone de Saul Goodman dans la série *Better Call Saul* ! Je reçois son appel pour une prise de contact et d'emblée il me dit : « Vous savez, je suis supporter du Sporting [de Bastia]. » Puis : « Entre nous, parfois, les arbitres, vous déconnez ! » Je n'en crois pas mes oreilles ! Dans la foulée, j'appelle l'un de mes assistants (également plaignant). Je lui demande s'il a reçu un appel de l'avocat. Et lui de me répondre : « Oui. (*Long silence.*) On est mal ! »

Malgré ce drôle de défenseur et quatre-vingts personnes plus un député au soutien de Tagliaglioli au procès, on a gagné ! Cinq cents euros de dommages et intérêts pour menaces de mort envers des arbitres de football. En appel, devant le tribunal d'Ajaccio ! Joli succès à l'extérieur.

Le racisme anti-Corse

En écrivant ces lignes en ce printemps 2018, je suis avec attention le match de play-off d'accession à la Ligue 1 qui oppose Ajaccio au Havre. Évidemment, je suis consterné par le traitement médiatique de cette affaire car, selon Jean-Guy Talamoni, le président de l'Assemblée corse, il y a un « racisme anti-Corse » qui s'exprime. Pour être précis, il y a surtout une indignation qui naît, suite à la vandalisation du bus des joueurs du Havre, qui ne peuvent accéder au stade. À quelques mètres des grilles, le bus est stoppé par des « supporters » qui lancent des pierres et des bombes agricoles sur le véhicule. Bloqués pendant de longues minutes et traumatisés, les joueurs rentrent en Normandie sans avoir joué. En revanche, ils ont été choqués par cette agression et par les propos qui l'ont accompagnée. Comme le rapporte France Info TV, les insultes ont été nombreuses : « Français de merde », « ramasseurs de coton », « négros », « sale Arabe ».

Dans ce contexte, toute la France du football et au-delà s'attend à une réaction de la LFP à la mesure des événements. Finalement, le match est donné à rejouer, mais sur le même terrain, et quarante-huit heures plus tard. Au Havre, comme partout, c'est la consternation voire l'indignation. Quant au déroulement du match, il suffit de lire les propos de l'entraîneur du Havre pour comprendre sa colère : « Je suis dégoûté du football », se contentera-t-il de déclarer.

Mais ce qui retient ici mon attention ce sont les écrans de fumée, que personne ne relève et qui pourtant sont à la limite de la caricature.

Quand le président de la plus haute autorité corse s'indigne du « racisme anti-Corse », curieusement, il ne s'indigne pas, dans son communiqué, des propos tenus par les Corses à l'entrée du stade François-Coty. Quand bien même tous les racismes sont condamnables, il est regrettable qu'il passe sous silence celui envers les Français, les Noirs et les Arabes.

Par ailleurs, les déclarations sur l'état du bus laissent songeur, elles ne sont pas sans rappeler l'épisode de la voiture en mousse de notre hôte du Gazélec d'Ajaccio. Alain Orsoni, le vice-président de l'Athletic Club ajaccien (ACA), trouve « troublant » que le bus ait pu rouler « entre 80 et 100 kilomètres à l'heure pour aller jusqu'à l'aéroport » après que le match a été reporté. Le chauffeur expliquera plus tard détenir les disques d'enregistrement de la vitesse de son véhicule qui ne fonctionnait plus qu'avec deux vitesses.

Les clubs corses sont protégés

Enfin, lorsque le président du Havre, Vincent Volpe, a déclaré avoir été agressé par des personnes dans le stade et que la députée de Seine-Maritime, Agnès Firmin Le Bodo, qui l'accompagnait, a confirmé ses propos, la réponse du président de l'ACA fut au diapason du reste : il déclara vouloir porter plainte contre Volpe, pour dénonciation calomnieuse.

Chapitre 6

La vidéo comme solution miracle

S'il y a un sujet qui concerne l'arbitrage et qui suscite un consensus général, c'est bien évidemment l'utilisation de la vidéo. Tout le monde s'accorde à dire qu'il s'agit d'une évolution majeure, indispensable et tellement évidente. On ne comprend d'ailleurs pas comment on a pu s'en passer si longtemps…

Je mesure cette fascination pour la vidéo à chaque fois qu'une personne me parle de mon métier d'arbitre. C'est d'ailleurs devenu un jeu, avec mon épouse, qui consiste à chronométrer le délai qui va précéder la question : « Et vous, vous en pensez quoi de la vidéo ? » En général, il faut moins d'une minute avant qu'elle ne fuse. Il me faudrait une heure pour y répondre avec des arguments un tant soit peu construits. Si bien que je finis par dire que c'est très bien, très utile, afin de ne pas contrarier mon interlocuteur qui, de toute façon, est convaincu que la solution miracle pour résoudre les problèmes de l'arbitrage est la vidéo.

Je m'autorise donc ici à répondre succinctement à cette question. Cela suppose une posture différente, je ne m'exprime plus uniquement en ma qualité d'arbitre, j'adopte un point de vue citoyen, tout en y mêlant une pointe de philosophie et de sociologie. Cela peut décontenancer mais, finalement, rien n'empêche de parler de football en réfléchissant.

Plutôt que d'adopter une attitude dogmatique, je vais essayer une réflexion en forme d'interrogation. Car s'opposer à la vidéo, surtout après l'usage si bénéfique (pour l'équipe de France) de celle-ci lors de la Coupe du monde en Russie, relève de l'outrage à la deuxième étoile sur le maillot bleu.

Je me permets donc un contre-pied pour analyser ce que l'utilisation de la vidéo nous dit du football et, au-delà, de notre société.

Il convient d'abord de questionner le rapport entre football et télévision. À l'origine, le football était vécu uniquement sous l'angle de la pratique, avant que des spectateurs ne viennent assister à des matches opposant des équipes rivales. Il en fut ainsi pendant plus d'un siècle. Mais aujourd'hui, lorsque l'on évoque le spectacle sportif, nous l'envisageons avant tout dans une approche télévisuelle. En effet, vivre le sport c'est essentiellement le vivre à distance par l'intermédiaire de la télévision. Pour illustrer cette évolution, deux chiffres suffisent : au cours de la saison 2017-2018, les trois cent quatre-vingts matches du Championnat de France de Ligue 1 ont attiré 8 278 680 spectateurs. Pour la finale de la Coupe du monde, entre la Croatie et la France, il y avait plus de 20 millions de téléspectateurs rassemblés devant TF1 et beIn Sports. Le football est donc passé d'un spectacle à un télé-spectacle.

Sa structure économique en a été complètement modifiée, si bien qu'en l'espace de vingt ans (1998 à 2018), la principale source de revenus des championnats professionnels français s'est mise à reposer quasi exclusivement sur les droits télévisuels. Cette dépendance financière expose donc le football soit à un krach, soit à un adoubement. Le football s'est déjà plié à nombre d'exigences pour satisfaire aux carcans télévisuels. On a ainsi modifié les règles du jeu pour le rendre plus télégénique : le gardien ne dispose que de cinq à six secondes pour dégager le ballon dès qu'il l'a en mains ; il lui est interdit de s'en saisir si celui-ci lui est envoyé, du pied, par un partenaire ; autour de la pelouse sont répartis une dizaine de ballons que les ramasseurs envoient dès que celui qui est en jeu sort des limites du terrain. Moins de temps morts et plus de rythme, ce sont plus d'actions, potentiellement plus de buts, donc plus de spectacle. Comme le souligne le sociologue Jean-François Diana, « le média de référence exerce de relatives pressions pour modifier les règles et intervenir sur le caractère imprévisible d'un événement (horaires et calendriers adaptés, plus grande diversité de choix, simplification des règles, etc.)[1] ». L'étape suivante consiste à intervenir sur la justice sportive. Et c'est à partir de ce constat que de nombreuses questions interviennent.

La vidéo va-t-elle éradiquer la contestation ?

Dans la mesure où l'image dit la vérité, les joueurs ne passeront plus leur temps à râler auprès de l'arbitre. Dès lors que celui-ci aura consulté la vidéo et pris sa décision à partir des images mises à sa disposition, plus personne ne pourra contester son jugement.

Lors de la finale de la Coupe du monde, après que Nestor Pitana, l'arbitre argentin, a vérifié sur l'écran et désigné le point de penalty en faveur de la France, à la 37e minute, il fallut près d'une minute et trente secondes avant l'exécution du tir d'Antoine Griezmann. Huit joueurs croates entouraient l'arbitre pour contester sa décision prise à partir de la vidéo. Il en avait été de même après le penalty obtenu par la France lors de son match contre l'Australie.

Lors du match Brésil-Suisse, les joueurs brésiliens interpellèrent l'arbitre après le but suisse, prétextant une faute (assez nette) du buteur sur un défenseur auriverde. Malgré

1. Jean-François Diana, « Identité de l'image du sport », *MédiaMorphoses* n° 11, 2004, p. 24.

leurs protestations et leurs gesticulations pour que l'arbitre consulte l'écran géant du stade, le but fut accordé. La compétition fut marquée par ce geste nouveau dans le football, après chaque action litigieuse, consistant à dessiner un rectangle imaginaire avec ses doigts. Il fallait absolument utiliser cet outil pour avoir la vérité, quitte à la contester après coup. Car, malheureusement, même avec les images, tout est contestable.

La vidéo va-t-elle éradiquer la polémique ?

Au lendemain de la finale de la Coupe du monde, il n'y eut en France aucune polémique autour de l'arbitrage. Et pour cause, les décisions avaient été plutôt favorables aux Bleus. En revanche, ce ne fut pas le même son de cloche à l'étranger. Les journaux hispaniques et anglo-saxons, notamment, parlèrent beaucoup du penalty polémique obtenu à la 38e minute sur une main du Croate Perišić par les futurs champions du monde. Et bien d'autres situations prêtèrent à débat tout au long de cette compétition. C'est d'ailleurs là l'une des spécificités du football : l'arbitrage est essentiellement basé sur l'interprétation des règles et des contacts entre joueurs. Certains sports sont plus adaptés à l'usage de la vidéo. En effet, les décisions y sont pour la plupart binaires. Le tennis l'illustre parfaitement. La balle est en dehors du terrain ou pas. Idem au volley-ball.

Dès lors que l'action implique des individus, le jugement est plus complexe et nécessite une part d'analyse, de ressenti et de contextualisation. Il suffit pour s'en convaincre de regarder un match de football à plusieurs. L'idéal étant un match « neutre », entre deux équipes étrangères par exemple, pour garder un minimum d'objectivité. On constate facilement que, pour une même situation, avec les mêmes images, les avis sont divergents dès lors qu'il faut accorder ou non un penalty. Lors des stages d'arbitres (que ce soit en France ou au niveau international), on nous passe régulièrement des images de situations de jeu, l'objectif étant d'uniformiser les décisions. Nous disposons de tablettes pour donner notre point de vue en votant sans concertation sur la base des images proposées. On pourrait présumer qu'en qualité d'experts (les meilleurs arbitres étant réunis au même endroit), les décisions sont unanimes puisque prises à partir des mêmes images. Or il n'y a quasiment jamais de consensus sur une décision un tant soit peu complexe (dans certains cas, les pourcentages sont proches du 50-50). Preuve que le jugement humain est toujours une affaire de ressenti et par essence imparfait. Tout comme le jeu est un équilibre imparfait, puisque joué par des hommes qui commettent des erreurs.

La vidéo est-elle l'assurance d'une juste justice ?

On ne peut légitimement pas s'insurger contre l'utilisation d'un outil qui permettrait d'établir une juste justice. Toutefois, cela ne doit pas nous empêcher de nous interroger sur l'usage que l'on en fait. La FIFA a décidé d'un protocole limitant celui-ci. Ainsi seuls quatre cas justifient le recours à la vidéo, à condition que l'erreur soit évidente : la validation d'un but ; l'attribution d'un carton rouge direct à un joueur ; une action pouvant être sanctionnée d'un penalty ; la correction d'une erreur dans l'identification d'un joueur pénalisé par l'arbitre.

Si l'on peut comprendre que cette restriction vise à réduire le temps d'interruption des matches, on peut s'étonner que l'objectif ne soit pas de tendre vers une justice parfaite. Ainsi, faisons un pas de côté. Le premier but de la France en finale est consécutif à une faute sur Antoine Griezmann. En regardant l'image de plus près, on constate que la faute est loin d'être évidente et relève plutôt d'une simulation. Petite décision, petite erreur d'interprétation, lourde conséquence : la France mène 1-0 dès la 18e minute. Pourquoi, si l'on souhaite une justice parfaite, ne pas revenir sur cette erreur pour l'équité sportive ?

Curieusement, lors de ce match, il y eut une nouvelle main (qui semblait volontaire) d'un joueur croate (Domagoj Vida), alors que le score était de 4-1 en faveur de la France. Il n'y eut aucune protestation des joueurs français (le score semblant acquis) et pas de ralenti, pas plus que de recours à l'assistance vidéo. Faut-il en déduire que la justice est différente en fonction du score ?

Lors du match Maroc-Espagne (2-2), le 25 juin 2018, une erreur d'arbitrage a permis à l'Espagne d'égaliser, le corner obtenu par les Espagnols n'ayant pas été exécuté du bon côté du terrain. Petite erreur une nouvelle fois lourde de conséquences ; cette fois pour les Marocains, qui se sont indignés que la vidéo n'ait pas permis de rétablir la justice. Et c'est là que l'humain refait surface. En effet, si l'on doit tout revoir, tout déconstruire pour tout rejuger, le jeu n'a plus de sens. Car toutes les actions sont susceptibles d'être revues, corrigées et rejugées. Une spirale sans fin. C'est donc la finitude de l'homme que l'on questionne. Pour pouvoir avancer, il nous faut affronter les aléas et les dépasser, sans quoi nous sommes condamnés à l'immobilisme. Vouloir tout rejuger jusqu'à la perfection conduit à s'interroger sur notre perception de la justice qui, par définition, est humaine donc imparfaite.

La technologie est-elle infaillible ?

En revanche, il ne fait aucun doute que la technologie est parfaite contrairement à l'homme… Lors de l'expérimentation de l'assistance vidéo en France sur certains matches, plusieurs collègues m'ont raconté que les traitements de l'image posaient quelques problèmes. Ainsi, dans plusieurs rencontres, il est arrivé que les images ne soient plus disponibles pour les arbitres dans le car-régie ou bien que le dispositif de quadrillage du terrain pour juger du hors-jeu soit inopérant pendant plusieurs minutes. Bien évidemment, ces couacs ne furent pas révélés au public.

Mais d'autres soucis technologiques furent suffisamment visibles pour susciter l'émoi au sein des instances dirigeantes, qui se sont alors décidées à intervenir. En France, nous utilisons la technologie sur la ligne de but (Goal Line Technology, GLT) dans le championnat de Ligue 1 depuis la saison 2015-2016. Cet outil (3 millions d'euros hors frais de maintenance) permet, grâce à un dispositif de caméras, d'indiquer si un ballon a bel et bien franchi la ligne de but (l'arbitre dispose d'une montre qui vibre le cas échéant). La société Goal Control, qui gérait ce système, s'est vu retirer son contrat par la LFP, laquelle a décidé de suspendre son utilisation en plein championnat en janvier 2018. Il faut dire que les arbitres étaient déboussolés par les indications de leurs montres qui vibraient même quand le ballon était loin des buts. Si bien que, *in fine*, les arbitres prenaient le pas sur la technologie et corrigeaient les erreurs des appareils. L'homme volait au secours de la machine, un comble !

S'agissant de l'assistance vidéo, on peut légitimement s'interroger sur sa totale efficacité, ne serait-ce que d'un point de vue technique. Si les hommes commettent des erreurs, il me semble que les machines tombent parfois en panne.

L'image est-elle neutre ?

Comme évoqué dans le chapitre concernant la corruption, le fantasme qui entoure l'arbitre et son intégrité demeure un fantasme. Pour autant, celui-ci est bien ancré dans l'imaginaire collectif : on prête souvent des préférences à tel arbitre envers tel club ou, inversement, des détestations au regard de statistiques toutes plus farfelues les unes que les autres. Ainsi, la vidéo viendrait mettre un terme définitif à cette suspicion permanente quant à l'éthique de l'arbitre.

Curieusement, personne ne s'interroge sur l'éthique de l'image. Car après tout, l'image n'est rien d'autre que ce que l'on nous donne à voir. Comme l'écrit Pierre Bourdieu, « de fil en aiguille, la télévision qui prétend être un instrument d'enregistrement, devient instrument de création de réalité. On va de plus en plus vers des univers où le monde social est décrit-prescrit par la télévision[1] ». Or, ce monde social créé par la télévision se construit à partir des images filmées par des cameramen, montées, choisies par un réalisateur. Il est tout de même surprenant que la question de la neutralité des images ne se pose jamais. On sait que certains médias sont propriétaires de clubs, que par ailleurs l'intérêt sportif (et économique) de certaines compétitions repose sur la présence de grands clubs dans les phases finales pour la retransmission desquelles les télévisions investissent beaucoup d'argent.

Loin de moi l'idée d'accuser de mauvaises intentions les diffuseurs, toutefois, on peut légitimement s'interroger sur la neutralité de celui qui filme et choisit les images à montrer (ou pas). C'est une discussion avec un réalisateur de programmes sportifs qui m'a amené à cette réflexion. Il me disait en effet qu'« en fonction de mon choix d'image, je peux décider de montrer qu'un joueur est hors-jeu ou pas ». Cela m'avait indigné en tant qu'arbitre mais plus encore en tant que citoyen susceptible d'être berné par l'image qu'on me donne à voir. Il est fort possible que cela ait beaucoup influencé mon jugement sur l'utilisation et les bienfaits supposés de la vidéo. Je ne suis pas un adepte de la théorie du complot, qui conduit souvent à l'obscurantisme. Toutefois, je suis sensible à conserver un esprit critique, notamment lorsqu'il s'agit de la diffusion ou de la création de l'information. C'est pourquoi je m'interroge sur la justice parfaite que l'assistance vidéo nous fait miroiter.

1. Pierre Bourdieu, *Sur la télévision*, *op. cit.*, p. 21.

Quels changements pour les arbitres ?

Il est évident que la vidéo aura un impact (je l'espère positif) pour les arbitres. Ainsi, ils pourront toujours se réfugier derrière la technologie pour se justifier. Après tout, ils jugeront à partir des mêmes éléments que tous les téléspectateurs. C'est une spécificité du football télévisé : tout le monde est arbitre (pas besoin de connaître les règles du jeu), l'image se suffit à elle-même. Ainsi, le journal de référence, *L'Équipe*, affirmait, images à l'appui, dans son édition du 7 juillet 2018 que le Brésil avait été lésé suite à un penalty oublié lors du quart de finale de la Coupe du monde 2018 contre la Belgique (1-2), malgré l'assistance vidéo. Le problème c'est qu'il y avait effectivement une faute mais qu'auparavant le ballon était sorti des limites du terrain. Or la loi précise que le ballon doit être en jeu (sur le terrain pour faire simple) pour qu'une faute puisse être sanctionnée d'un coup franc ou d'un penalty. Qu'importe, on peut être juge sans connaître les lois !

Reste que cela pose question sur la sérénité des arbitres. Après qu'une de leurs décisions aura été invalidée par la vidéo, auront-ils la même assurance pour en prendre d'autres, difficiles, dans la suite du match (hors contrôle de la vidéo) ? Est-ce que les joueurs leur feront confiance en retour ou bien pointeront-ils du doigt leur défaillance passée, fragilisant leur crédit ? Est-ce que les arbitres se réfugieront derrière la vidéo à chacune de leurs décisions, comme ils le font de plus en plus au rugby, tant et si bien que l'organisateur du championnat des provinces de l'hémisphère Sud a demandé un rapport pour statuer sur l'utilisation de la vidéo, laquelle ne fait plus l'unanimité[1] ?

Avec ou sans vidéo, quel respect pour les arbitres ?

Pour les observateurs, l'introduction de l'assistance vidéo a eu un impact majeur sur le rôle des assistants. À l'occasion d'un débat lors d'un stage à Clairefontaine,

1. *L'Équipe* du 17 juillet 2018.

fin 2017, avec un retour d'expérience d'arbitres engagés dans la formation pour les officiels de la Coupe du monde, j'ai entendu les assistants dire que la consigne était désormais de ne sanctionner que les hors-jeu très évidents et, en cas de doute, d'attendre que l'action soit terminée par un but éventuel. Dans ce cas de figure, en effet, la vidéo viendrait corriger leur jugement s'il était erroné. En somme, la FIFA leur demandait de ne plus sanctionner les hors-jeu, quitte à se tromper tant qu'il n'y a pas de but. En gros, laissez la vidéo juger *a posteriori*, contentez-vous des choses simples ! Un transfert insidieux de leur fonction de juge vers la technologie.

Voilà qui est problématique car, au-delà de la symbolique, se pose une question concrète : si l'arbitre assistant, dans le doute, laisse le jeu se poursuivre et que le ballon sort en corner, il n'y aura pas de recours à la vidéo puisqu'il n'y a pas but. Mais si, sur le corner, il y a but, celui-ci sera validé ! Drôle de notion de la justice sportive que d'inciter les assistants à accroître les risques d'erreurs !

Quoi qu'il en soit, le vrai souci demeure l'éducation au respect de l'arbitre, sans ou avec vidéo. Il s'agit d'une question de fond, car sur les terrains amateurs et même les championnats professionnels (hors grandes nations), l'arbitrage sera toujours confié à un arbitre avec ses qualités et ses défauts. Un homme faillible à qui l'on demande d'être parfait alors que le jeu ne l'est pas.

Pour illustrer cette humanité hors vidéo, je me souviens de la fête nationale du Gabon, le 16 août 2014. Ce soir-là, nous dormons, avec mon équipe, dans un hôtel bordelais et, dans cet établissement, toute la nuit est rythmée par des cris, de la musique, des rires et des chants. Un vacarme invraisemblable. D'habitude ce genre d'ambiance m'amuse, mais là, nous devons arbitrer le lendemain l'affiche du dimanche soir, Bordeaux-Monaco. À 5 heures du matin, je n'ai toujours pas fermé l'œil et je ne suis pas allé danser avec nos amis gabonais.

Au petit déjeuner, je constate que mes assistants ont connu les mêmes soucis nocturnes. La séance vidéo préparatoire est écourtée, les capacités de concentration sont altérées. Vivement la sieste !

Sur la pelouse, les effets de l'ikokou[1] se font sentir. Nos décisions sont assez contestables dans certaines circonstances et nous sommes souvent à contretemps. Après quelques minutes, je découvre que deux écrans géants placés au-dessus de chacun des virages du stade Chaban-Delmas diffusent le match en direct, tel que proposé aux abonnés de Canal +. Or, si l'on peut diffuser des images dans le stade, il est strictement interdit de proposer des ralentis qui pourraient prêter à confusion (ou à contestation). J'en fais la remarque au délégué du match et lui demande de faire cesser tout cela. Je réitère ma requête à la pause. En seconde période, je siffle un penalty pour Bordeaux sur une faute peu évidente d'un Monégasque. Les ralentis se succèdent sur les écrans et tous les joueurs sont tournés vers les images. Les Monégasques, preuves télévisuelles à l'appui, contestent ma décision. Jérémy Toulalan, alors capitaine de Monaco, me dit : « C'est sévère ! » Effectivement, il n'a pas tort. Moi aussi j'ai jeté un coup d'œil à l'écran ; c'est un penalty généreux…

Dans la foulée, agacé, je demande à nouveau au délégué de faire couper les écrans. Dans les minutes qui suivent, j'accorde un coup franc aux Bordelais. Le centre qui s'ensuit, venant de la droite, trouve une tête puis un pied girondins. But ! En remontant vers le rond central, j'entends mon assistant, Johann Perruaux, dans mon oreillette. Il se parle à lui-même : « Et merde ! » En jetant un œil à l'écran, encore allumé, je constate que le but est entaché d'un hors-jeu évident. Lui comme moi sommes désormais convaincus d'avoir commis une erreur, on vient de la voir grâce à la vidéo. Nous voilà dans une situation plutôt compliquée. Les joueurs de la principauté ont revu les images et se

1. Chant et danse traditionnels du Gabon.

précipitent pour nous le faire savoir. Le penalty, passe encore, mais là le hors-jeu est flagrant. Tout le monde l'a vu, nous y compris. Le sentiment d'injustice est patent. Mais nous ne pouvons pas annuler le but qu'on vient d'accorder, cela reviendrait à admettre qu'on a utilisé la vidéo, et c'est alors interdit (nous sommes en 2014).

La tentation de croquer dans la pomme est pourtant là. On accepte notre condition d'humains imparfaits, résignés à vivre avec l'erreur mais pas avec le péché « vidéaste ». Heureusement que les partenaires de Toulalan ne sont pas jusqu'au-boutistes, d'autres qu'eux auraient volontiers quitté la pelouse ou bien refusé de donner le coup d'envoi. On reprend finalement le match. Dans les minutes qui suivent, une nouvelle situation, toujours à l'encontre des Monégasques, se produit devant mon assistant fautif. Cette fois, il faut déterminer s'il y a un penalty pour Bordeaux, la faute étant commise à la limite de la ligne de la surface de réparation. D'où je suis, impossible de le savoir. Seul mon assistant a la solution. À moins que la vidéo ne vienne à mon secours, là-bas au-dessus du virage. Mais cette fois, les écrans sont éteints. En effet, après le but sur hors-jeu, j'ai menacé le délégué d'arrêter le match si les images étaient encore diffusées.

Me voilà face à mes convictions. Sans vidéo, je dois faire confiance à l'homme. Et ça tombe bien, je fais confiance à mon assistant. En dépit de son erreur précédente, je sais pouvoir compter sur lui, je suis convaincu par son attitude et sa gestuelle sans équivoque : penalty ! La faute a été commise sur la ligne (il s'en est fallu d'un rien) et son jugement est le bon. Finalement, l'humain aura toujours ma préférence.

Même s'il nous est arrivé de faire des erreurs, nous les avons faites dans l'instant, avec nos certitudes et nos doutes, nos convictions et notre courage. Et notre imperfection.

Partie VI

Mes propositions pour l'avenir

D'aucuns considèrent que le football est malade et que l'arbitrage en est la cause. Je pense surtout que la crise qui touche les arbitres en constitue un symptôme. En un siècle et demi, le football s'est développé à une cadence infernale, passant d'un jeu de collégiens britanniques à une activité économique dont la puissance financière représente plusieurs centaines de milliards par an[1]. Cette croissance exponentielle, tant en nombre de pratiquants à travers le monde qu'en termes financiers, a créé des transformations profondes de sa structure et de ses règles. Des ajustements permanents ont été nécessaires à son attractivité et à son universalité. Toutefois, ces dernières années ont marqué un tournant. Toutes les modifications des règles portent le sceau de la « télé-généisation ». Pour satisfaire aux exigences de la télévision, le football s'est doté de nouvelles lois. Ce faisant, l'arbitrage est devenu un sujet sensible puisqu'il a dû s'adapter constamment et rapidement, alors que, dans le même temps, la télévision n'a eu de cesse de montrer les limites du jugement humain instantané.

1. Selon l'agence Euromericas Sport Marketing, ce chiffre aurait été de plus de 700 milliards de dollars pour l'année 2015.

Dans cet univers ultra-médiatisé, la formation des arbitres se doit d'évoluer elle aussi. Elle ne peut se contenter de reproduire les méthodes du passé au risque de connaître un profond décalage avec ce nouveau monde.

CHAPITRE 1

Changer les arbitres

Et dans les autres sports, c'est comment ?

La formation des arbitres est exclusivement centrée sur le football ; or, pour évoluer, il faut savoir apprendre des autres disciplines. Il doit y avoir une ouverture vers l'arbitrage des autres sports collectifs que ce soit le rugby, le handball, le basket-ball et pourquoi pas des disciplines individuelles. La mutualisation des compétences est toujours utile et source de progrès. Le rugby l'a bien compris et la Fédération française de rugby m'a sollicité pour que j'intervienne au cours de l'une de ses formations. Un échange enrichissant et un partage d'expériences qui ouvrent vers de nouvelles façons d'arbitrer. Il me semble que cette approche pluridisciplinaire servirait grandement les arbitres de football. On devrait envisager des formations communes et croisées : des arbitres de football en stage avec des arbitres de rugby (ou d'autres sports).

Taper dans un ballon

Bien que nous passions beaucoup de temps sur les terrains à courir lors de nos stages, nous ne touchons jamais le ballon en situation de match. C'est bien simple, les seules images de football que l'on voit lors de ces rassemblements sont des images vidéo. Un comble quand on sait que nous sommes réunis à Clairefontaine !

Il faudrait nous aussi nous rapprocher du terrain, taper dans un ballon avec les joueurs ou entre arbitres, plutôt que passer son temps devant des écrans. Cela ouvrirait vers des conseils concrets en situation, sur le positionnement et les déplacements par exemple. Cela permettrait aussi de se mettre de l'autre côté de la barrière, de marquer un but, de commettre une faute, d'en être victime, de vivre le fait de recevoir un carton, par exemple, et donc d'adapter éventuellement son comportement.

Être arbitre, c'est aussi aimer jouer. Lors des stages, la hantise de se blesser est trop forte, alors on ne touche pas à la balle ! C'est ridicule.

À Clairefontaine, tout est réuni pour travailler en collaboration avec les joueurs. Ce faisant, il y aurait aussi un double effet : les arbitres apprendraient à mieux percevoir les sensations du joueur ; quant aux jeunes joueurs de l'Institut national du football (INF), la relève, ils pourraient arbitrer des arbitres. Ce serait un apprentissage par l'expérience, une mise en perspective des rôles de chacun. La pédagogie serait bénéfique pour tous. Au lieu de cela, chacun vit dans son monde. Il n'y a aucune relation entre les arbitres et les joueurs dans ce centre dédié au football. Malheureusement, les murs ne suscitent que des préjugés ; alors que les passerelles créent des relations et du respect.

La tête et les jambes

À croire que pour arbitrer, il suffit de courir. Au cours de mes dix-sept années dans le secteur professionnel, je n'ai pas de très grands souvenirs de formations basées sur la dimension psychologique (trois ou quatre tout au plus). Cela me semble pourtant indispensable, non seulement par rapport aux joueurs mais également pour nous-mêmes : apprendre à se connaître soi pour mieux comprendre les autres. Un psy pourrait aussi nous aider à mieux gérer notre stress, à prendre des décisions avec plus de sérénité ou de discernement. Développer les personnalités serait un objectif autrement plus ambitieux et fructueux que se contenter de fabriquer de bons petits soldats, des agents dociles qui remplissent leur tâche sans se poser de questions. Des coureurs sans fond.

English required

L'arbitrage au niveau international nécessite bien entendu des compétences d'arbitre exceptionnelles. Mais pour atteindre le sommet des grandes compétitions, il faut autre chose (pour rappel depuis 1998, aucun arbitre français n'a franchi le premier tour d'une Coupe du monde : Marc Batta avait arbitré un huitième de finale en France ; depuis rien). Il y a donc probablement un problème de savoir-faire mais plus sûrement un problème de faire-savoir. Les arbitres français ont un niveau très moyen (je suis gentil) en anglais, ce qui ne leur permet pas d'expliquer leurs décisions, de justifier leurs choix dans un débriefing auprès d'un observateur (j'ai vu un collègue taper une phrase sur Google Traduction avant de parler devant un représentant de l'UEFA !). Rien de très surprenant si l'image des arbitres français à l'étranger est celle de personnes arrogantes. Ce qui n'est pas le cas : en fait, s'ils ne parlent à personne, c'est parce qu'ils ne maîtrisent pas le langage international. Peut-on vraiment le leur reprocher ? Le directeur de l'arbitrage lui-même, représentant la France dans les instances internationales, peine à soutenir une conversation dans la langue de Shakespeare, un bel ambassadeur !

Il semblerait légitime qu'un niveau minimal soit exigé pour prétendre aller arbitrer des matches internationaux. Des certifications existent dans le monde de l'entreprise qui permettent de valider les compétences linguistiques. On peut aussi accentuer la formation interne en systématisant des cours individuels et collectifs lors des stages. Avec un vrai contrôle des connaissances, qui serait bien entendu très utile dans la vie de l'arbitre, et un élément de valorisation des compétences en vue d'une reconversion en fin de carrière.

S'ouvrir au monde extérieur

Augmenter nos capacités d'analyse est un autre levier pour l'amélioration du niveau d'ensemble. Pour ce faire, il ne faut pas hésiter à solliciter des avis extérieurs. J'ai le souvenir d'un chercheur de l'École normale supérieure de Lyon, Luc Ria, qui ne connaissait pas grand-chose au foot et que j'avais invité au match PSG-Montpellier. De retour à l'hôtel, il était venu partager avec notre trio les notes qu'il avait prises en cours de match. Une heure très riche à décrypter des images de la rencontre. Il avait identifié trois moments clés, que l'observateur n'avait même pas remarqués, et qui avaient directement eu un impact sur ma gestion de l'événement et ma relation aux joueurs. Passionnant. Nous avions fait de même, avec le sociologue Philippe Liotard et Géraldine Rix-Lièvre, universitaire et spécialiste de l'arbitrage, notamment du rugby, un soir de derby à Saint-Étienne. Cette dernière avait demandé à Garibian de pouvoir nous suivre sur cette rencontre ; la réponse fut (c'est facile à deviner) : « Non ! » Nous avons procédé autrement sans l'accord de l'institution. Je crois que j'ai appris plus pendant ces deux soirées qu'en dix ans de débriefing avec des contrôleurs arbitres.

Ce recours à des personnes issues de l'université constitue aussi une piste de progrès pour l'arbitrage. Il y a, en France, un réseau de chercheurs de très haut niveau qui ne demandent qu'à mettre en pratique les résultats de leurs travaux. Cette ouverture vers un monde où l'on réfléchit ne ferait assurément de mal à personne, encore faut-il ne pas craindre de découvrir ses propres limites. À force de considérer que seuls les arbitres ont les solutions pour régler leurs problèmes, le système s'est sclérosé et n'apporte pas de vision élargie de la fonction.

S'ouvrir au monde c'est aussi faire l'expérience de l'arbitrage à l'étranger. Il faut donc multiplier les échanges avec les pays voisins ou lointains. S'il existe des initiatives en ce sens, elles demeurent sporadiques et surtout se bornent à arbitrer un match. Il n'y a aucun « transfert de technologie ». Un arbitre étranger venant en France se voit confier la direction d'un match et repart chez lui. Il serait bon de définir des thématiques pour les travailler ensemble à partir de ce qui se fait ailleurs. Je pense à l'organisation et à la logistique de l'arbitrage à l'étranger mais aussi à la gestion d'une rencontre dans sa globalité, aux postures, aux relations avec les différents acteurs du football. À l'échelle européenne, on pourrait définir une règle simple : pour chaque journée de championnat (meilleure division), un match sera arbitré par un arbitre étranger. Un échange culturel hebdomadaire et régulier.

On peut également envisager de transmettre les acquis de l'expérience aux autres collègues. Je me suis toujours étonné que le savoir dans l'arbitrage soit toujours descendant. Un manager qui décide et impose aux autres. Or, après des compétitions internationales, des matches à l'étranger ou encore une finale, l'arbitre devrait venir partager avec ses autres collègues les enseignements de ces expériences exceptionnelles. Finalement, le problème soulevé tient peut-être au terme même de partage. Puisqu'ils sont en compétition entre eux, certains arbitres n'ont pas envie de transmettre leur savoir-faire à leurs concurrents. Question de mentalité.

Dans la continuation de cette internationalisation de l'arbitrage, l'idée serait également de créer un pool d'arbitres de haut niveau, avec des formateurs dédiés chacun à deux ou trois arbitres. N'oublions pas qu'il y a trois « catégories » d'arbitres en France : ceux qui jouent le titre et l'Europe, ceux du ventre mou et les quelques-uns qui jouent le maintien. Il convient donc d'individualiser, de gérer ces groupes en fonction de leurs compétences et des objectifs qu'ils poursuivent. Il faut bien sûr un noyau de bons arbitres solides mais, arrivés à un certain âge, ils seront bloqués dans leur évolution. Favoriser les Espoirs, les moins de trente ans, serait une bonne politique, un investissement sur l'avenir. C'est ce que fait le rugby, avec trois ou quatre arbitres triés sur le volet qui ont un référent les accompagnant tout au long de la semaine et avec lequel ils débriefent chaque match. On pourrait imaginer dans ce rôle les confrères qui ont eu l'expérience du haut niveau (Alain Sars, Éric Poulat, Stéphane Lannoy, Gilles Veissière, etc.), qui seraient à l'affût de ce qui se passe ailleurs, dans les grands championnats étrangers, qui identifieraient les principaux concurrents au plan international et observeraient leurs techniques d'arbitrage. Il est essentiel d'élargir notre champ culturel, de ne pas rester dans le « franco-français », de profiter aussi à fond de la plate-forme vidéo à laquelle nous avons accès et qui nous permet de visionner pratiquement tous les matches des championnats professionnels à travers le monde entier. Actuellement, la professionnalisation s'effectue, en France, avec deux ou trois encadrants pour gérer vingt arbitres. C'est trop peu. En Angleterre, ils sont dix ; quant aux clubs, pour un effectif d'une trentaine de joueurs, leur staff est composé d'une quinzaine de personnes. Il faut tendre à un ratio qui permette un véritable suivi.

Des conseillers à la place des comptables

Il y a nécessité de procéder à une analyse plus approfondie des matches. Par autoanalyse et avec un débriefing complet de la part des observateurs. Ceux-ci sont bénévoles, d'anciens arbitres dont on se contente de rembourser les frais, cela induit une forme de sélection par le bas. Je ne leur jette pas la pierre mais lorsqu'on veut progresser, se professionnaliser, on ne peut le faire en s'appuyant sur le bénévolat. Il faudrait donc les rémunérer correctement tout en se montrant plus exigeants avec eux, que cela devienne une vraie fonction opérationnelle, avec des missions précises et des bilans de compétences réguliers. Aujourd'hui, les observateurs se contentent d'un débriefing de quelques minutes après les matches, qui n'apporte rien, et d'une note ou d'un classement à l'issue de la saison. Autant dire qu'ils ont le même rôle qu'une caisse enregistreuse à la sortie d'un supermarché. Eux-mêmes l'ont intégré puisque la plupart commencent ou terminent leur analyse du match par : « De toute façon, on sert à rien ! » Il faut dire que depuis la création d'une note spécifique attribuée par la DTA, leur pouvoir de sélection et de décision s'est réduit comme une peau de chagrin. Moralité, là où il y a un levier pour transmettre du savoir, des compétences et ouvrir des pistes de réflexion pour améliorer les prestations des arbitres, on a instauré un système basé sur une double frustration : absence de considération de leur fonction – puisqu'on corrige leurs classements *in fine* – et absence de considération financière. Pour faire progresser les arbitres, il y a mieux.

Une compétition totale sans classement officiel

Quoi qu'on ait pu dire du système de classement par points, celui-ci présentait quelques avantages. Bien que mettre une note soit un exercice de pure subjectivité, l'addition des notes et le classement opéré à partir des moyennes de toutes les notes avaient un côté quasi scientifique qui rendait le résultat final objectif. Ainsi, tous les arbitres étaient classés du premier au dernier comme dans n'importe quelle compétition sportive. Ce système a pourtant été abandonné au profit d'un autre qui prête plus encore le flanc à l'arbitraire. Il n'y a plus de classement ou, plus exactement, il y a un classement catégoriel : on décide qui est le premier, qui est nommé arbitre international et qui est rétrogradé en catégorie inférieure. Du deuxième au dix-neuvième, c'est donc le flou. Plus encore, il existe une perte de sens chez les arbitres. Lorsqu'un marathonien finit sa course, il aime regarder son temps et son classement, c'est le propre de tout compétiteur. Pour les arbitres, il y a un classement sans rang précis. Je me souviens de l'annonce des classements chaque année avant l'instauration de cette formule. À chaque fois, c'était une émotion particulière, une manière de se situer par rapport aux autres, une façon de se motiver aussi. Finir septième c'était un bon résultat mais cela donnait envie d'être cinquième, de rattraper ceux qui étaient devant. Aujourd'hui les résultats sont figés avant le début de la saison, on connaît le premier et on devine que la descente se jouera entre deux ou trois. Les autres participent à une compétition sans hiérarchisation. En réinstaurant un système de classement par les notes, on donnerait ce goût de la compétition aux arbitres, l'envie de faire le meilleur match à chaque fois, ne plus être dans une gestion de sénateur. Il y a un côté confortable avec cette logique de fixation par avance des catégories. Plus besoin de fournir le maximum à chaque fois puisque cela n'a pas d'incidence sur le classement final. Il serait opportun de faire disparaître la « note de sélection » instaurée par la DTA et de mettre en place un système de notation sur une base de 20 points, avec des notes en nombres entiers, 3 sur 20, 14 sur 20, etc. – pas de 15,65 ou 16,25 comme ce fut le cas précédemment. Mais le plus intéressant serait de faire intervenir les entraîneurs dans cette évaluation. À chaque match, une fiche d'évaluation serait remise aux entraîneurs, elle comporterait différents critères (plus ou moins objectifs) et serait à adresser soixante-douze heures après la rencontre aux instances. On déterminerait des coefficients en fonction du résultat final pour pondérer le mécontentement qui suit une défaite. Coefficient 1 pour l'entraîneur qui a perdu, coefficient 3 pour celui qui a gagné, 2 en cas de match nul. Au terme de la saison, une note dite « note des acteurs » serait intégrée à l'ensemble des notes obtenues lors des observations. Cela permettrait alors d'élaborer un classement qui tienne aussi compte de l'avis de ceux qui sont jugés.

On pourrait, pourquoi pas, établir le classement final des acteurs qui serait indicatif et le comparer au classement final de la DTA. Ce serait sûrement riche d'enseignements.

Apprendre à communiquer

Dans un monde hypermédiatisé, il est étonnant, pour ne pas dire invraisemblable, que les arbitres ne soient pas formés à la communication. Au cours de ma carrière, je n'ai jamais été convié à une séance de *média training* (mes collègues l'ont été une ou deux fois au cours de ces dix dernières années). C'est aujourd'hui une obligation que de savoir s'exprimer et de faire savoir, d'expliquer les décisions dans un but pédagogique. Or les arbitres fonctionnent une fois de plus en solo : pas (ou très peu) de communication interne, encore moins externe. Ils n'ont pas le droit de répondre à la presse sans autorisation expresse de la DTA et du service communication de la FFF. Dans la mesure où ils ne sont pas formés, c'est peut-être plus prudent mais en adoptant une autre stratégie qui consisterait à expliciter le rôle de l'arbitre et la difficulté de prendre une décision, on pourrait envisager une communication positive et les inviter à s'exprimer régulièrement. À l'issue de chaque journée de championnat, un point presse dédié à l'arbitrage pourrait être mis en place dans les quarante-huit heures par exemple, qui aurait pour but de revenir sur les faits marquants du week-end. Il ne s'agirait pas de montrer du doigt tel ou tel arbitre mais d'éclairer certaines décisions. Sans nier les éventuelles erreurs, l'objectif serait de transmettre une vision positive de l'arbitrage tout en détaillant certains points du règlement qui sont souvent méconnus ou mal interprétés.

Cette communication aurait une visée de formation pour certains commentateurs ou journalistes. En fait, rares sont ceux qui connaissent parfaitement le règlement et il est fréquent d'entendre des inepties en plein direct qui finissent par devenir des vérités pour le téléspectateur. C'est dramatique pour le football car on ancre dans l'esprit des gens des certitudes, alors qu'il existe un règlement accessible à tous en quelques clics. Encore faut-il prendre la peine de le lire.

Comme le média forme l'opinion, il est indispensable de former le média aux lois du jeu. C'est pourquoi il me semble important d'inviter régulièrement les journalistes aux stages des arbitres ; pas nécessairement pour faire un reportage, mais pour partager le quotidien des arbitres, voir leurs conditions d'entraînement, leur préparation et leurs questionnements sur certaines situations de match. Ce serait aussi l'occasion d'échanges et d'apprentissages réciproques. Mieux se connaître pour mieux se comprendre.

Un management en confiance

Comme pour tout sportif, l'arbitre a besoin d'être serein pour être performant. Or son quotidien professionnel est un espace de remise en cause de ses compétences. L'arbitre se construit donc par le négatif puisqu'il essuie en permanence les critiques venant de toutes parts : public, joueurs, entraîneurs, présidents, médias. Jamais, ou très exceptionnellement, sa prestation n'est saluée ou mise en exergue. En conséquence, l'image qu'on lui renvoie de lui-même est une image dévalorisante. On pourrait alors s'attendre à ce que l'institution lui apporte en contrepoint une image réajustée. Malheureusement, là encore ce ne sont que des réprimandes[1]. Pourtant, on ne peut donner le meilleur de soi-même que lorsque l'on est en confiance, la défiance conduit inéluctablement à une altération des performances.

Un jour, dans un amphithéâtre à Clairefontaine, on nous présente le système de notation des arbitres assistants. Et d'énumérer les cas de figure où ceux-ci seront évalués. Tous les points soulevés étaient en négatif : « Vous vous trompez sur un hors-jeu, – 1 point ; sur un penalty, – 3 points ; une touche, – 0,5 ; etc. » Je lève la main : « Pourquoi n'y a-t-il que des points en moins et jamais en plus ?

1. Voir partie II, chapitre 3 : Une formation par l'erreur.

J'imagine pourtant que, de temps à autre, les assistants prennent de bonnes décisions. » Réponse d'Éric Borghini, président de la Commission fédérale d'arbitrage : « Vous êtes payés pour prendre de bonnes décisions, on ne va pas vous mettre de points en plus, puisque c'est normal. »

Voilà ce que l'on peut appeler du management positif ! Imagine-t-on un président de club, un entraîneur dire de son attaquant vedette, après qu'il a marqué deux buts : « Certes, mais il est payé pour ça, c'est normal. »

Il faut donc un véritable changement de logiciel de management, en s'inspirant à la fois de l'encadrement des sportifs de haut niveau et des managers dans l'entreprise. Il serait intéressant d'ailleurs de faire intervenir ce type de responsables au cours des séminaires de formation des arbitres. Ne plus vivre en vase clos mais aller chercher des solutions auprès de ceux qui au quotidien travaillent sur la gestion des ressources humaines et sur le management – positif – des hommes.

C'est pourquoi il me semble que la direction de l'arbitrage ne doit plus être confiée seulement à d'anciens arbitres mais aussi à des managers dont le métier est la gestion humaine. Dans notre milieu, on considère que le directeur doit inévitablement être un arbitre. En résumé, un ancien arbitre fera toujours un bon manager. Mais ça ne marche pas comme ça. Diriger les autres, cela s'apprend, se travaille.

Comme dans toute structure professionnelle, la conduite de l'entreprise doit se faire avec un responsable technique certes mais par un dirigeant capable de définir un cap et de gérer des cadres de haut niveau. Aujourd'hui, les arbitres sont formés uniquement par d'anciens arbitres, quelle ouverture d'esprit ! On est parfois proche de la consanguinité.

CHAPITRE 2

Changer les dirigeants

Coaches et dirigeants : vers une pédagogie interactive

Sachant que les arbitres sont réunis en moyenne deux fois par mois à Clairefontaine, il serait tout à fait envisageable d'inviter à chaque stage des entraîneurs qui viendraient assister aux différentes séances (physiques et techniques) afin de comprendre le travail spécifique des arbitres. Dans le même temps, on pourrait leur demander d'intervenir sur une thématique de leur choix. Cela permettrait d'avoir un éclairage nouveau du football, tout en échangeant nos points de vue et ainsi expliquer le pourquoi de certaines décisions ou de certains comportements. On peut également imaginer que les arbitres aillent régulièrement participer à des journées en immersion dans les clubs (cela se fait déjà, mais sur une demi-journée et de façon très aléatoire, une seule fois par saison), découvrir les conditions d'entraînement des joueurs et partager avec eux une part de leur quotidien.

Dans le rugby professionnel, après chaque journée de Top 14, les clubs envoient des vidéos à la cellule d'arbitrage pour avoir une analyse et un retour. Chaque entraîneur peut sélectionner quelques cas qui suscitent des interrogations sur l'interprétation de la règle, la façon de diriger de l'arbitre ou l'attitude des joueurs. Tous ces clips donnent ainsi chaque semaine l'occasion d'éclaircissements et de précisions utiles, qui peuvent être retranscrits auprès des joueurs. Cela brise la porte de la tour d'ivoire, crée une relation, un échange pédagogique.

On pourrait imaginer qu'une telle démarche soit lancée par la DTA. Ainsi, après chaque journée de championnat, les entraîneurs qui le souhaitent pourraient transmettre leurs remarques dans un but constructif. Cela aurait l'avantage d'instaurer un dialogue entre les différents acteurs (trop souvent cantonnés dans leur monde), de créer une meilleure acceptation des décisions si elles sont expliquées et argumentées et de mettre fin aux insinuations auprès des médias qui nuisent autant à l'image des arbitres qu'à l'instauration d'une relation saine. En offrant l'occasion aux dirigeants de faire part de leurs questionnements ou réflexions, on peut s'attendre ensuite à une retenue puisqu'ils auraient la possibilité de dialoguer ; et non comme aujourd'hui de se heurter à un mur de silence de la part des instances arbitrales.

À partir de ce dialogue, nous serions en mesure de définir ensemble des axes de travail au début de chaque saison, sous la forme d'un séminaire (arbitres, entraîneurs, joueurs – capitaines). On élaborerait ainsi des consignes communes dans le but d'améliorer le football et la protection des joueurs. Une concertation qui éviterait le reproche souvent fait aux arbitres de prendre des décisions dans leur coin et de venir les appliquer brutalement. L'exemple des tirages de maillot en est l'illustration, il faut bâtir autour d'une vision commune les points de règlement à améliorer. On peut dès lors envisager de faire un bilan en fin de saison, et pourquoi pas à mi-saison. L'important étant de passer d'une structure verticale, qui impose ses choix, à une coconstruction, qui se fixe des objectifs dans l'intérêt du jeu.

CHAPITRE 3

Changer les joueurs

Responsabiliser les joueurs

Puisque l'on a parlé des arbitres et de leur nécessaire évolution, parlons des principaux acteurs d'un match : les joueurs. Je me suis toujours étonné de leur méconnaissance du règlement. Je me mets dans le même sac : lorsque je jouais, je croyais bien connaître les règles. Mais quand j'ai ouvert pour la première fois le livre sur les règles du foot, je me suis aperçu que je ne connaissais rien des lois du jeu. J'ai compris plus tard que cette absence de maîtrise des règles était généralisée et touchait également les joueurs professionnels.

Il m'est arrivé de très nombreuses fois d'entendre un joueur me dire : « C'est nouveau ça ! » Alors que la règle existait depuis des années. Voilà donc l'un des principaux problèmes du football : on pratique sans culture réglementaire. C'est donc par une connaissance rudimentaire que l'on aborde la pratique. Pas besoin de connaître les règles pour jouer et l'apprentissage se fait sur le terrain ou, le plus souvent, via la télévision. Le souci c'est que, sur certains points, de nombreux commentateurs ne connaissent pas le règlement et finissent par inculquer de fausses idées dans l'esprit des téléspectateurs qui sont aussi des joueurs ou des supporters. Ainsi, on arrive à une situation complexe puisque d'un côté nous avons ceux qui connaissent parfaitement les lois du jeu (les arbitres) et d'un autre côté ceux qui croient savoir. Cela crée une tension qui serait pourtant évitable.

Imagine-t-on pouvoir passer son permis de conduire sans connaître le code de la route ? Il pourrait en être de même pour les joueurs et dirigeants. Il suffirait de remettre à chaque licencié un petit guide des lois du jeu en début de saison. Inutile de donner l'intégralité du règlement mais quelques points précis et les éventuelles modifications d'année en année. Ce serait une œuvre de pédagogie positive : la transmission d'une culture législative et la meilleure compréhension des décisions de l'arbitre.

Comme dans d'autres sports, on peut envisager de responsabiliser les joueurs dès le plus jeune âge. Au handball, les jeunes d'une catégorie d'âge arbitrent à tour de rôle, tout au long de l'année, les jeunes de la catégorie d'âge inférieure. Une façon d'apprendre, par l'expérimentation, le rôle de l'arbitre et d'en percevoir la difficulté tout en montrant l'exemple aux plus jeunes qui, un jour, auront à remplir cette mission. Cela ne doit pas être une punition mais la découverte d'une autre facette d'un sport. On pourrait d'ailleurs bonifier cet exercice par la présence d'un adulte (dirigeant de club, arbitre, etc.) qui viendrait faire un petit bilan de l'expérience à l'issue du match. Il s'agirait également de susciter l'intérêt voire de recruter de jeunes arbitres qui se sont épanouis dans la fonction.

On entend souvent les clubs amateurs regretter, certainement avec raison, qu'ils n'ont pas de moyens. Leur budget est très serré et il y a une dépense qui coûte cher aux clubs : les amendes à payer à chaque carton jaune ou rouge. Une simple mesure de bon sens consisterait à faire des économies sur le prix des cartons ; certains clubs ont d'ailleurs adopté une pratique simple et draconienne : ils font payer ces amendes aux joueurs lorsque les sanctions concernent la contestation des décisions de l'arbitre ou tout autre comportement déviant vis-à-vis des officiels. Il y a là un effet économique dissuasif et une meilleure optimisation du budget du club. L'objectif étant de réduire le nombre de sanctions tout en garantissant une meilleure protection des arbitres et un jeu plus fluide basé sur le respect.

C'est dans cet esprit qu'il faut réfléchir à des sanctions intelligentes et efficaces. Aujourd'hui, un joueur suspendu cinq matches est simplement puni, il en garde vraisemblablement une rancœur vis-à-vis des arbitres. On pourrait envisager « une réduction de peine » si le joueur en question était envoyé sur un terrain en tant qu'arbitre pour un match officiel de jeunes ou dans une division où les arbitres ne sont pas officiels mais bénévoles faute d'effectifs. Une autre façon de vivre la sanction en se sentant utile, en rendant service et en se mettant à la place de l'arbitre, ce qui permet toujours de faire preuve d'humilité *a posteriori*. On peut d'ailleurs appliquer cette expérience aux joueurs professionnels qui viendraient arbitrer des matches amateurs, ce serait gratifiant pour les amateurs, certainement très enrichissant humainement pour les joueurs professionnels de revenir à l'esprit du football qu'ils ont connu à leurs débuts et une valorisation de la fonction d'arbitre. En extrapolant un peu, on pourrait même penser que certains joueurs professionnels découvriraient là une possibilité de reconversion[1].

Enfin, afin d'instaurer une relation apaisée sur le terrain, il me semble important de réévaluer la fonction du capitaine. Aujourd'hui, ce rôle est quasi exclusivement administratif. Le capitaine passe signer la feuille de match, échange deux mots avec l'arbitre, entre sur la pelouse, participe au tirage au sort et, au coup d'envoi, devient un joueur comme un autre. Au rugby, le capitaine est l'interlocuteur privilégié de l'arbitre : s'instaure alors un dialogue respectueux et des échanges en confiance. C'est pourquoi je préconise que

1. Il existe déjà une passerelle qui permet aux joueurs professionnels d'accéder à un concours adapté avec une progression accélérée.

seul le capitaine puisse discuter une décision avec l'arbitre ; cela permettrait de prendre son temps pour expliquer dans le calme. Car lorsqu'il y a quatre ou cinq joueurs autour de l'arbitre, il est impossible d'avoir un dialogue constructif. En tête à tête, les rapports sont toujours plus détendus et permettent de faire passer des messages d'apaisement et d'instaurer un climat propice au bon déroulement d'un match.

Chapitre 4

Changer les règles

Vers un football apaisé

Au cours d'un stage, le directeur général de la LFP, Didier Quillot, intervient auprès des arbitres du secteur professionnel et leur demande de favoriser le développement du jeu en intervenant moins, à l'exemple du football anglais ou allemand, pour que le temps de jeu effectif soit plus important. Malheureusement, l'exemple allemand n'est pas le bon, car statistiques à l'appui, il s'avère qu'on siffle moins en France qu'en Allemagne[1]. Mais la réflexion est intéressante : comment faire pour gagner du temps de jeu ? En regardant un match, on constate que l'une des principales causes de la perte de temps est la contestation des décisions de l'arbitre. Par conséquent, si l'on veut voir plus de jeu, plus de buts, plus d'actions, on peut prendre des décisions qui la sanctionnent plus fortement.

Sur le terrain tout d'abord, toute contestation se verrait punie à la manière du rugby. Une contestation de l'équipe coupable de la faute entraînerait le déplacement de dix

1. Voir le site Cahiers du football. En Angleterre, on siffle en moyenne vingt-deux fautes par match contre vingt-huit en France, vingt-huit en Espagne, vingt-neuf en Italie et trente-deux en Allemagne. http://www.cahiersdufootball.net/article-les-arbitres-francais-ne-sifflent-pas-plus-que-les-autres-5194

mètres de l'emplacement du ballon pour tirer le coup franc. Ramené de trente à vingt mètres du but, il deviendrait ainsi beaucoup plus dangereux. Dans la mesure où on ne peut plus appliquer cette règle dès lors que le coup franc se situe à moins de 26,50 mètres (puisqu'on entre alors dans la surface de réparation), les défenseurs devraient alors se tenir à 15 mètres du ballon (contre 9,15 mètres normalement). Faire reculer un mur à 15 mètres du ballon sur un coup franc à moins de 25 mètres du but serait un sérieux avantage pour l'équipe victime de la faute, avec une potentialité amplifiée de marquer. Dans le cas où le contestataire serait le bénéficiaire du coup franc, la sanction serait inversée. Le ballon rendu à l'adversaire. On pourrait imaginer que cela dissuade de discuter les décisions.

Dans le même ordre d'idée, il me semble que l'exclusion temporaire aurait un effet très intéressant et nettement plus utile que le carton jaune. Ainsi le joueur pénalisé prendrait conscience de l'impact de son comportement vis-à-vis de ses partenaires mis en difficulté par leur infériorité numérique pendant un temps à définir (dix minutes par exemple). Cela éviterait aussi l'accumulation de cartons jaunes dans un temps court. Car bien souvent, une équipe arrive à un tel degré de nervosité que l'arbitre doit sévir en adressant plusieurs cartons jaunes en quelques minutes pour retrouver un climat acceptable propice à la poursuite du match. Se voir priver d'un, deux ou trois éléments, et ainsi jouer à huit contre onze, calmerait certainement les ardeurs et permettrait d'assister à un spectacle concentré sur le jeu.

Sur le principe du basket, on pourrait envisager de sanctionner d'une exclusion temporaire l'équipe qui a cumulé un nombre de fautes important. Par exemple, au bout de dix fautes, on exclut le joueur qui a commis la dernière faute pour cinq minutes. Cela éviterait que certaines équipes accumulent les fautes dites « tactiques » et empêchent l'adversaire de développer son jeu en faisant des fautes au milieu du terrain. Fautes que les arbitres se contentent de sanctionner d'un simple coup franc.

Autre piste de réflexion, basée sur le basket également : une équipe qui cumulerait un nombre de cartons jaunes élevé dans la même rencontre se verrait sanctionnée d'un penalty automatique. On peut discuter le nombre, mais pourquoi ne pas accorder un penalty au bout de quatre cartons jaunes contre la même équipe ? Aujourd'hui, le carton jaune n'a pas vraiment d'effet dissuasif, il faut donc trouver des compléments à son usage.

À propos d'effet dissuasif, j'ai déjà eu l'occasion de dire dans cet ouvrage que les commissions ont un rôle important dans la dégradation du climat sur les terrains de football. En adoptant des sanctions fermes à l'encontre des tricheurs, des contestataires ou des joueurs violents, on dissuade plus facilement les récidivistes et, surtout, la sanction a vocation à servir d'exemple vis-à-vis des autres. La mainmise des clubs professionnels sur la commission de discipline de la LFP est une catastrophe pour le football français car elle a des répercussions dans le football amateur. Puisque les stars ont le droit de se comporter de la sorte, alors pourquoi les amateurs ne suivraient-ils pas leur exemple ?

La théorie du ruissellement fonctionne très bien dans le football. Les arbitres amateurs sont victimes de violence chaque week-end sans que cela n'émeuve plus personne, à commencer par la FFF et la DTA. Aucune mesure phare n'a été prise ces dernières années pour protéger les arbitres amateurs, alors que l'on a encore recensé 4 841 agressions verbales ou physiques lors de la saison 2016-2017, dont 379 ont donné lieu à une interruption temporaire de travail[1]. Une honte ! En instaurant un barème disciplinaire plus strict ou, mieux, en se contentant d'appliquer le barème existant sans complaisance, on réduirait inéluctablement ces actes

1. Chiffres indiqués par l'Union nationale des arbitres de football (UNAF).

inadmissibles sur les terrains. Encore faut-il avoir le courage de prendre des décisions qui ne soient pas populaires mais qui serviraient grandement le football dans lequel la violence s'enracine, au point que certains parents refusent d'inscrire leurs enfants dans des écoles de foot.

Un arbitrage humain mais plus nombreux

Le football est le sport collectif dont la surface de jeu est la plus vaste avec le nombre d'arbitres le moins important. Voilà une sorte d'aberration supplémentaire. Au basket, au handball, au hockey sur glace, il y a deux arbitres sur de petits terrains, sans compter la table de marque. Au rugby, les arbitres assistants ont un vrai rôle de soutien et apportent une aide non négligeable aux arbitres centraux. Au football, l'arbitre prend, dans la très grande partie des cas, ses décisions seul et les assume seul. Il ne s'agit pas de blâmer les assistants car leur mission principale est de contrôler le hors-jeu, tâche très délicate qui nécessite une concentration permanente et ne favorise pas l'implication dans la gestion du match. Chacun son travail, sans réelle collaboration. Pour modifier cette relation, il me semble que l'on pourrait intégrer deux arbitres supplémentaires. J'ai participé à l'une des toutes premières expérimentations de l'arbitrage à cinq lors d'un tournoi international à Chypre en novembre 2008. L'idée de mettre deux arbitres pour contrôler les surfaces m'a paru pertinente. Malheureusement, cette innovation a certaines limites. D'abord, les arbitres additionnels (AA) sont quasi immobiles tout le temps, ce qui ne favorise pas la perception de l'esprit du match ; de plus, cela décrédibilise leur rôle car ils donnent l'impression de ne servir à rien. Ensuite, la hiérarchie étant très forte, les arbitres additionnels sont d'un niveau très en deçà de l'arbitre central. Ceci conduit à une prise de décision restreinte car l'additionnel n'a pas de légitimité vis-à-vis du central. Ainsi certains AA ne sont pas des internationaux, tant et si bien qu'arbitrer un match de Champions League avec un arbitre Élite de l'UEFA, c'est pour nombre d'entre eux une grande chance, mais ils ne sont pas en mesure de prendre des décisions fortes en lieu et place d'un arbitre de haut niveau. Ils sont généralement inhibés par leur responsabilité, le poids de leur décision étant souvent énorme : lorsqu'ils interviennent c'est neuf fois sur dix sur une situation de penalty, avec une incidence décisive sur le résultat du match. On comprend dès lors plus facilement quelques errements.

Pour remédier à ce problème, il me paraît intéressant d'impliquer un plus grand nombre d'arbitres dans la couverture du terrain. En gardant la même structure d'équipe (avec deux AA), on pourrait les faire entrer sur l'aire de jeu pour en contrôler une partie. On aurait un arbitre central qui conserverait son périmètre d'action (dans la diagonale du terrain) et un arbitre additionnel chargé de superviser la partie opposée à cette diagonale. Ainsi tout le terrain serait contrôlé par des arbitres et les assistants seraient uniquement focalisés sur le jugement du hors-jeu. Pour résumer, il y aurait trois arbitres de terrain plus deux arbitres assistants.

L'apport de la technologie

J'ai déjà eu l'occasion d'écrire dans cet ouvrage et dans des revues universitaires que le recours à la vidéo n'était, selon moi, pas une solution. La gestion d'un match est trop complexe pour juger de façon binaire une situation de jeu qui mêle vitesse, impact, intentionnalité, engagement, maîtrise corporelle, maîtrise émotionnelle et tant d'autres paramètres. Croire que la vidéo permettra d'appréhender tous ces critères est une supercherie. En revanche, je ne suis pas fermé à l'apport de la technologie dès lors qu'elle fonctionne correctement (voir les couacs à répétition de la société Goal Control choisie par la LFP jusqu'à la suspension de son contrat) et surtout si elle résout des problèmes simples, à savoir les questions binaires. Or, au football, le binaire se limite aux lignes. Savoir si le ballon a, ou non, entièrement franchi une ligne. En dehors de cela, tout est une question d'interprétation. C'est pour cette raison que cela fonctionne très bien au tennis : la balle est dedans ou dehors, c'est factuel. On peut donc réfléchir à installer un système qui contrôle toutes les lignes du terrain (lignes de touche et ligne de but). On sait envoyer une sonde sur Mars, on doit bien pouvoir installer un système de surveillance des quatre grandes lignes d'un terrain de foot.

CHAPITRE 5

Changer les médias

Le média : transmettre du savoir

S'en prendre aux médias est assurément toujours un risque, notamment lorsque l'on publie un livre. Après tout, ce sont eux qui vont partiellement contribuer à son destin.

Mais ne pas en parler serait contraire à l'esprit de cet ouvrage. Au fil du temps, j'ai fini par comprendre qu'on ne pouvait faire passer aucun message en construisant un mur. Pourtant la tentation est grande : se faire critiquer chaque semaine de façon facile et parfois grossière ne facilite pas l'instauration de rapports amicaux ni même cordiaux.

Il m'a fallu dépasser cette impression pour accepter de discuter avec les journalistes et autres consultants. Pendant longtemps j'ai refusé même le minimum, je leur disais à peine bonjour et les ignorais la plupart du temps. Cette posture s'est avérée contre-productive. Plus je prenais de la distance, plus ils étaient agressifs à mon égard. En me rapprochant sans me compromettre, je me suis rendu compte que j'avais un idéal médiatique. Ce travail d'information m'a toujours intéressé et j'ai parfois été tenté d'en faire mon propre métier. Je partais donc avec un *a priori* favorable mais j'ai surtout été déçu du manque de recul de certains et de la facilité avec laquelle ils hurlent avec les loups.

J'aurais tellement apprécié un pas de côté pour prendre la distance nécessaire et le temps d'analyser, de comprendre et d'expliquer. Finalement, là encore, mon idéalisme s'est heurté à la réalité d'un monde cruel. Vivre avec une âme d'enfant dans cet univers, c'est aller de désillusion en désillusion. Quoi qu'il en soit, il n'est jamais trop tard pour faire un vœu, à tout le moins, chercher des solutions pour que le média soit un outil de connaissance et non le simple relais d'un populisme abêtissant.

Un souhait tout d'abord, la disparition de cette ligne de la tromperie qu'on appelle « révélateur ». Une ligne tracée par les télévisions pour indiquer si un joueur est hors-jeu ou non. Or, cette ligne (quand elle est correctement placée) n'a aucune valeur scientifique. C'est de l'arbitraire pur[1]. Pour un traitement honnête de l'image, il faudrait donc une bande d'une certaine largeur pour intégrer la marge d'erreur liée à la technologie de prise de vue de la télévision (vingt-cinq images par seconde). Un petit pas pour le téléspectateur, un grand pas pour les arbitres et le football.

J'ai évoqué plus haut la possibilité d'inviter, lors des stages, les journalistes désireux de mieux connaître le fonctionnement de l'arbitrage. Ils pourraient le faire dans un but pédagogique pour eux-mêmes ainsi que dans un rôle d'information de leurs lecteurs ou téléspectateurs. Cela aurait aussi le mérite de démythifier le rôle de l'arbitre. Ce serait également un temps d'échange et de compréhension mutuelle.

Outre l'absence de connaissance du métier d'arbitre (en grande partie due à la DTA qui ferme ses portes), c'est l'absence de maîtrise des lois du jeu qui est criante et parfois à la limite de la faute professionnelle. Il serait intéressant d'organiser une journée d'échange avant chaque début de saison entre arbitres et journalistes, autour de débats, de questions-réponses sur notre fonction et, sous forme de jeu,

1. On lira avec intérêt l'article paru sur le site Cahiers du football qui démontre l'inexactitude d'un tel procédé. http://www.cahiersdufootball.net/article-la-science-confuse-du-revelateur-5222

tester les connaissances des uns et des autres. On apprendrait certainement tous une chose : l'humilité. Car contrairement à ce que l'on peut penser, arbitrer est une école de l'humilité.

Savoir que nous sommes faillibles parce qu'humains mais continuer à faire face, à avancer avec détermination et dignité.

Être arbitre, en somme.

Annexe

La structure du football en France
par niveau de compétition

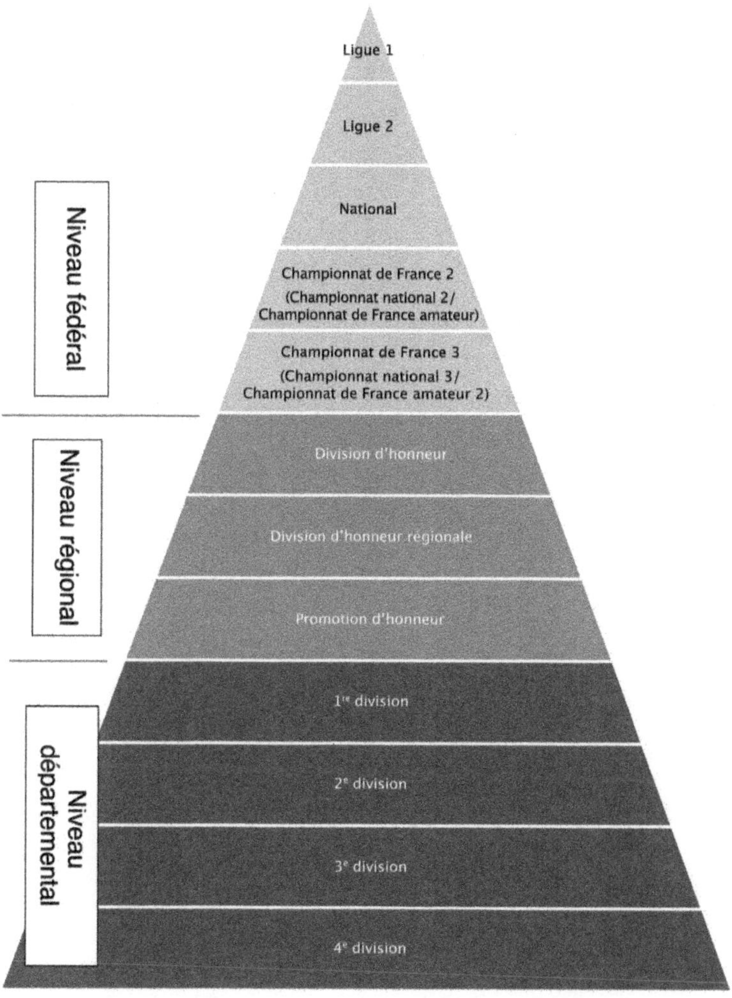

Remerciements

Après ce périple, il est temps de remercier quelques-uns de mes compagnons de route (en ayant conscience d'en oublier, qu'ils m'en excusent). Tout d'abord, ceux qui ont ouvert la voie, je pense notamment à Jean-Pierre Peauger et à tous les bénévoles bas-normands (y compris les dirigeants de mon petit club de Condé-sur-Noireau).

À celles et ceux avec qui j'ai eu plaisir de faire équipe et de vivre des moments d'amitié inestimables (Alexandre, Corinne, Emmanuel et Johann, fidèles amis).

Autour du livre, il m'a fallu des avis, des conseils, des questionnements pour trouver le bon angle, le bon ton ; merci donc à celles (Anaë, Anne-Sophie) et ceux (Nicolas, Yves) qui ont pris le temps de lire, relire, re-relire… Ce temps consacré m'a été précieux.

Merci surtout à Patrick pour ces soirées et ces débats champêtres qui furent studieux et amicaux.

Merci enfin à tous ceux, si riches d'humanité, qui savent tendre la main pour aider, accompagner, retrouver la confiance et se relever.

Table des matières

Avant-propos 9

Partie I
Arbitre, pourquoi pas ?

Chapitre 1. Le foot par passion 15

Chapitre 2. Une ascension comme un Everest 23

Partie II
Face aux instances

Chapitre 1. Devenir arbitre, c'est entrer dans les ordres 31

Chapitre 2. Malheur aux insoumis ! 39

Chapitre 3. Une formation par l'erreur 55

Chapitre 4. Le syndicalisme ou comment se faire de nouveaux ennemis 59

Chapitre 5. Nantes-PSG 2018 : le tacle de fin ! 79

PARTIE III
Face aux acteurs

CHAPITRE 1. Les joueurs : le refus de l'autorité 105

CHAPITRE 2. Les entraîneurs : la recherche du bouc émissaire 125

CHAPITRE 3. Les présidents : la paranoïa en partage .. 129

PARTIE IV
Au milieu du terrain

CHAPITRE 1. Comment l'arbitre joue avec les règles ? 149

CHAPITRE 2. Comment les règles paralysent-elles l'arbitre ? 157

CHAPITRE 3. Au Nord, c'était le charbon 167

CHAPITRE 4. Changer les règles : quand les bonnes résolutions s'évaporent... 177

CHAPITRE 5. Une finale de Coupe de France pas comme les autres 187

CHAPITRE 6 . La planète comme terrain de jeu 199

PARTIE V
Face aux préjugés

CHAPITRE 1. Les arbitres manquent de psychologie .. 211

CHAPITRE 2. Les arbitres ne sont jamais sanctionnés . 219

CHAPITRE 3. Les arbitres sont corrompus 229

CHAPITRE 4. Le milieu du football est raciste 235
CHAPITRE 5. Les clubs corses sont protégés 243
CHAPITRE 6. La vidéo comme solution miracle 259

PARTIE VI
Mes propositions pour l'avenir

CHAPITRE 1. Changer les arbitres.................... 275
CHAPITRE 2. Changer les dirigeants 287
CHAPITRE 3. Changer les joueurs.................... 289
CHAPITRE 4. Changer les règles 293
CHAPITRE 5. Changer les médias.................... 299

Cet ouvrage a été mis en page par IGS-CP
à L'Isle-d'Espagnac (16)

N° d'édition : L.01EBNN000539.A003
Dépôt légal : novembre 2018

Imprimé en France par CPI
en décembre 2018

N° d'impression : 150693